novum pro

Für das

DS7 -Team

Elvira
Hauska

Zur Kunst des Friedens

Leben und Wirken österreichischer Friedensstifterinnen
und Friedensstifter der Gegenwart

novum ⏶ pro

Dieses Buch ist auch als e-book erhältlich.

www.novumverlag.com

Bibliografische Information
der Deutschen Nationalbibliothek:

Die Deutsche Nationalbibliothek
verzeichnet diese Publikation in
der Deutschen Nationalbibliografie.
Detaillierte bibliografische Daten
sind im Internet über
http://www.d-nb.de abrufbar.

Alle Rechte der Verbreitung,
auch durch Film, Funk und Fernsehen,
fotomechanische Wiedergabe,
Tonträger, elektronische Datenträger
und auszugsweisen Nachdruck,
sind vorbehalten.

© 2015 novum Verlag
ISBN 978-3-99048-198-1
Lektorat: Dr. phil. Ursula Schneider
Umschlagfoto: Andreas Zauner,
Bild „Konfrontation", A-2500 Baden,
www.furnierbilder.at;
Umschlaggestaltung, Layout & Satz:
novum Verlag
Innenabbildungen:
siehe Bildquellennachweis S. 278

Gedruckt in der Europäischen Union
auf umweltfreundlichem, chlor- und
säurefrei gebleichtem Papier.

www.novumverlag.com

Inhaltsverzeichnis

Einleitung
Das Geheimnis des Friedens 7

1 Frieden und Wissen 15
   Shirin Khadem-Missagh
   Leiterin von Bahá'í Kinderklassen 22
   Anselm Eder
   Professor der Soziologie im Ruhestand 42

2 Frieden und Sicherheit 65
   Oliver Jeschonek
   Berufssoldat, Coach und Mediator 74

**3 Frieden in Bildung
und Erziehung** 87
   Christine Haberlehner
   Wirtschaftspädagogin und Pionierin
   der Peer Mediation 89
   Susanne Stahl
   Tagesmutter und Krisenpflegemutter 114

**4 Frieden im Spannungsfeld
zwischen Wirtschaft und Sozialem** 129
   Margit Burger
   Expertin für Arbeitsintegration von
   psychisch erkrankten Menschen 139

5 Frieden und Gesundheit 149
 Judith Jaindl
 Erste Pflegemediatorin in Österreich 153
 Imre Márton Reményi
 Psycho- und Lehrtherapeut, Berater 175

6 Frieden und Medien 189
 Nina Krämer-Pölkhofer
 Medienexpertin und Mediatorin 194

7 Frieden und Gerechtigkeit 205
 Reinhard Dittrich
 Jurist und Mediator 213
 Nicole Sveda
 Büroadministration Österreichischer
 Bundesverband für Mediation 239

**8 Die Kunst des
 Friedensstiftens** 259

Weiterführende Informationen 267

Einleitung
Das Geheimnis des Friedens

"Der größte Feind einer Geschichte des Vermittelns sind zweifellos die Quellen. Da die Vermittlung selbst weithin zu den informellen Verfahren der Konfliktbeilegung gehört und vielfach ihr eigentliches Arbeitsfeld in der Sphäre des Geheimen und Verborgenen liegt, hinterlässt sie kaum schriftliche Spuren. Das ist noch heute der Fall."

Hermann Kamp,
Friedensstifter und Vermittler im Mittelalter, S. 10.

Der deutsche Historiker Kamp beschreibt das große Dilemma von Friedensstifterinnen und Friedensstiftern. Kämpfe und Kriege sind durch unterschiedliche Zeugnisse und Dokumente meist hinreichend gut belegt. Viele Friedensstifter der Vergangenheit haben sich durch Heldenmut und wehende Fahnen hervorgetan, während sie den Feind besiegten und damit zum Frieden beitrugen. Natürlich ist auch heute noch das Ende eines Krieges durch einen Friedensprozess gekennzeichnet, der von Menschen getragen wird. Dennoch wandelt sich das Bild des Friedens an sich und mit ihm auch jene, die sich für ihn einsetzen. Frieden und Krieg finden auf ganz unterschiedlichen Ebenen statt. Die Bandbreite reicht von der zwischenstaatlichen Völkerverständigung bis hin zur inneren Zufriedenheit im Alltag einzelner Menschen. Frieden zeigt sich durch Verständnis füreinander und Vertrauen zu Bekannten, aber auch Fremden. Vorgänge, die Frieden ermöglichen und fördern, sind oft schwer durchschaubar. Das Auffinden und die Nennung jener Menschen, die maßgeblich dazu beitragen, ist für sich allein eine Kunst und auch ein Wagnis. Eine Beschränkung auf jene, die sich nur der Völkerverständigung, der Reduktion stehender Heere oder der Abhaltung von Friedenskongressen widmen, greift heute zu kurz. Es sind auch nicht immer allein jene, die in der Öffentlichkeit dafür gefeiert werden. Das Stiften von Frieden war und ist auch ein Geheimnis. Trotzdem findet es tagtäglich erfolgreich statt: in den Familien, am Arbeitsplatz, zwischen Freunden oder Feinden. Eine systematische Suche und Darstellung lohnt sich genauso wie das anhaltende Bemühen, selbst Frieden zu schaffen.

Viele Faktoren weisen darauf hin, dass die Kunst des Friedens im Verborgenen abläuft. Zu dieser Erkenntnis kommt auch die Enzyklopädie des Friedens aus Oxford, die historische Zusammenhänge untersuchte. Aktivitäten von Friedensstiftern sind oftmals vertraulich und in diesem Fall von außen nicht erkennbar. Die am Konflikt oder Krieg beteiligten Parteien haben oft kein Interesse daran, die Öffentlichkeit an diesem Prozess teilhaben zu lassen. Auch eine erfolgreiche Friedensstiftung hat nicht immer direkt messbare Konsequenzen. Kann eine kriegerische Auseinandersetzung abgewendet werden, so kann das auch die Aufrechterhaltung des Status quo bedeuten. Dadurch werden für Außenstehende keine Änderungen sichtbar, die dokumentiert werden könnten. Die Bewertung, welche einzelne Handlung welchen Effekt erzielt, ist selten möglich. Oft verursachen unterschiedliche Menschen Wendungen. Eine besonders schwerwiegende Bedeutung haben die gegenteiligen Auffassungen von Theoretikern und Praktikern zur Friedensstiftung.

Trotz der oben genannten Schwierigkeiten betrifft das Thema uns alle. Jeder hat seine persönlichen Konflikte, aus denen Kriege oder Frieden entstehen können. Die

Entscheidung, welche Richtung er einschlägt, trifft jeder allein für sich. Die Welt wird wahrscheinlich weiter bestehen, unabhängig davon, ob die Menschheit überlebt oder die Erde zerstört. Den Menschen sollte es allerdings ein Anliegen sein, ihr kulturelles Erbe zu erhalten. Dazu gehört auch und vor allem die Kunst des Friedens. Auch wenn diese Kunst vielfältig ist, so ist es notwendig, sie anhand von konkreten Alltagsbeispielen zu dokumentieren und zu üben. Heute ist noch vieles unbekannt, was morgen sein wird. Es ist nicht klar, welche Eigenschaften und Fähigkeiten Friedensstifter unmittelbar brauchen. Die Kunst des Friedens ist vergleichbar mit anderen Künsten: So, wie es unendlich viele Möglichkeiten gibt, ein Bild zu malen oder Musik zu komponieren, so sind auch hier zahllose Varianten möglich. Es ist letztlich Geschmackssache, woran und wie jemand das Stiften des Friedens üben will. Es ist auch Ansichtssache, welchen Beitrag unterschiedliche Vorgehensweisen zum Frieden leisten. Dennoch, wenn die Menschen das Wissen um die Kunst des Friedens weiter vererben wollen, dann müssen sie es auch angemessen dokumentieren.

Es liegt mir sehr am Herzen, über die Aktivitäten jener zu berichten, die ich persönlich als Friedensstifterinnen und Friedensstifter erlebt habe. Nachdem ich schon viele Jahre den Wunsch gehegt hatte, ein eigenes Buch zu schreiben, war mir bald klar, dass ich mir nun den Wunsch mit diesem Thema verwirklichen werde. Ich wollte über die Lebensgeschichten von mir bekannten Menschen schreiben. Dabei war die Auswahl nicht einfach. In meiner Zeit als langjährige Funktionärin in unterschiedlichen Mediationsvereinen gab es viele Kandidatinnen und Kandidaten, die dafür infrage kämen. Ergänzend dazu wollte ich auch jene darstellen, die Mediation nicht als Beruf ausüben und dennoch in ihrem Leben Frieden stiften. Im Verlauf der Suche überraschte es mich, dass manche Menschen, die ich auserwählt hätte, sich nicht als Friedensstifter darstellen wollten – vor allem dann, wenn sie dies aufgrund der Befürchtung ablehnten, diesem Anspruch nicht zu genügen. Ich freue mich sehr, Beispiele aus unterschiedlichsten Lebensbereichen geben zu können. Bei der Auswahl der Kandidatinnen und Kandidaten waren folgende Kriterien für mich wichtig:

- Friedensstifterinnen und Friedensstifter erkennen, dass Konflikte naturgegeben sind und die Zeiten des Friedens stören. Sie bemühen sich trotzdem, mit ihnen so umzugehen, dass Frieden wieder möglich ist.
- Friedensstifterinnen und Friedensstifter wissen, dass sie selbst und andere nur dann zufrieden und glücklich werden können, wenn es auch ihrem Umfeld – und somit der ganzen Welt – gut geht.
- Friedensstifterinnen und Friedensstifter akzeptieren und nutzen die Vielfalt unterschiedlicher Wege zum Frieden.

Damit komme ich zu den Beitragsgebern dieses Buches. Durch ihre Offenheit zeigt sich die Vielfalt in eindrucksvoller Weise. Die Initiatorin der Bahá'í Kinderklassen in Baden bei Wien, Shirin Khadem-Missagh, weckt die Hoffnung auf die Verständigung zwischen den Religionen. Anselm Eder stellt seine langjährigen Erfahrungen als Professor der Soziologie der Universität Wien zur Verfügung. Seiner kritischen Durchsicht und seinen Impulsen verdanke ich auch die Qualität der ein- und überleitenden Texte sowie der Zusammenfassung. Dem Berufssoldaten und Mediator Oliver Jeschonek bin ich besonders für die Erkenntnis verbunden, dass das Österreichische Bundesheer der Zweiten Republik traditionell in seinem Grundverständnis eine friedensstiftende Einrichtung ist. Christine Haberlehner gibt als Wirtschaftspädagogin und Mediatorin Einblicke in Aufbau und Betrieb von Konfliktanlaufstellen in Österreichs Schulen. Susanne Stahl erzählt von ihren Erfahrungen als Tages- und Krisenpflegemutter. Margit Burger stellt die Arbeitsweise von Interwork als soziale Einrichtung zur Integration von psychisch erkrankten Menschen in das Arbeitsleben dar. Judith Jaindl zeigt Entstehung und Alltag ihrer beispiellosen Pionierarbeit als Pflegemediatorin. Imre Martón Reményi als Supervisor, Berater und Psychotherapeut verdient meine größte Hochachtung, weil er mir Klarheit über die drei Grundbedürfnisse des Lebens verschaffte, die er in diesem Buch auch selbst darstellt. Nina Krämer-Pölkhofer als Mediatorin und Medienexpertin zeigt Aspekte des Journalismus für den Frieden. Der Jurist und freiberufliche Mediator Reinhard Dittrich enthüllt hier ein paar seiner Geheimnisse erfolgreicher Mediationen, besonders im Wirtschafts- und Familienbereich. Nicole Sveda fasst ihre Erfahrungen in der mehrjährigen Arbeit als Büroadministratorin des größten österreichischen Verbands für Mediation zusammen. Auch wenn die hier dargestellten Menschen vorwiegend in Österreich wirken, so ist dies auch im Lichte der internationalen Entwicklung zu sehen. Ein- und Überleitungen zu den Biografien geben Blitzlichter in diese Rahmenbedingungen. Die Vielfalt ist ein Teil der Kunst des Friedens. Dies drückt sich auch in der Formulierung aus. Daher gehe ich bewusst von einer einheitlichen Sprache in Bezug auf unterschiedliche Geschlechter ab.

Abschließend zu dieser Einleitung möchte ich eine Entwicklung darstellen, die einen großen Beitrag zum

Frieden leistete. Die Idee eines vereinten Europa gibt es schon sehr lange. Damit die Europäische Union in der heutigen Form entstehen konnte, brauchte es viele Menschen. Dennoch hat besonders die Pionierarbeit des Journalisten und Historikers Richard Coudenhove-Kalergi diesen Trend deutlich geformt. Er setzte mit seinem Buch „Pan-Europa" im Jahr 1924 den Grundstein einer bedeutsamen Bewegung. Sie konnte zwar den Zweiten Weltkrieg nicht verhindern, dennoch bestand sie darüber hinaus. So schreibt Coudenhove-Kalergi:

„Die Europäische Frage lautet: ‚Kann Europa in seiner politischen und wirtschaftlichen Zersplitterung seinen Frieden und seine Selbständigkeit den wachsenden außereuropäischen Weltmächten gegenüber wahren – oder ist es gezwungen, sich zur Rettung seiner Existenz zu einem Staatenbunde zu organisieren?' Diese Frage stellen, heißt sie beantworten. ... Ob ein Gedanke Utopie bleibt oder Realität wird, hängt gewöhnlich von der Zahl und der Tatkraft seiner Anhänger ab. Solange an Pan-Europa Tausende glauben – ist es Utopie; wenn erst Millionen daran glauben – ist es politisches Programm; sobald hundert Millionen daran glauben – ist es verwirklicht. Die Zukunft Pan-Europas hängt also davon ab, ob die ersten tausend Anhänger die Glaubens- und Werbekraft besitzen, um Millionen zu überzeugen und die Utopie von gestern in eine Wirklichkeit von morgen zu verwandeln."
    Wien, Richard Coudenhove-Kalergi,
    Pan-Europa, Pan-Europa-Verlag, 1924, S. IX

Dieses Zitat des Verfechters eines „Vereinten Europa" aus der Zwischenkriegszeit macht klar, dass auch eine kleine Gruppe Massen bewegen kann, wenn sie glaubwürdig viele Menschen erreicht. Die Utopie von Richard Coudenhove-Kalergi wurde zumindest teilweise Realität. Dennoch bleiben noch mehrere Lektionen zu lernen. Weder der Krieg noch der Frieden ist von der Natur vorgegeben. Unterschiedliche und oft scheinbar widersprüchliche Bedürfnisse erzeugen Konflikte. Sie sind unausweichlich. Je nachdem, wie Menschen mit ihnen umgehen, erzeugen sie Frieden oder Krieg. Je mehr Menschen sich aktiv für den Frieden einsetzen, umso mehr Friedenszeiten entstehen. Daher geht es auch konkret darum, Menschen zu motivieren, dies zu tun. Nachdem der Frieden von Natur aus vergänglich ist, liegt es an jedem, sich immer wieder darum zu bemühen. Daher sollten auch Sie als Leser sich der folgenden Frage stellen:

„Was werde ich ab jetzt zum Frieden beitragen?"

Wie Richard Coudenhove-Kalergi ausführt, bedeutet das Stellen von Fragen auch die Beantwortung von Fragen. So ist nun jeder Leser dieses Buches selbst aufgefordert, sie in seinem Sinne zu beantworten. Nur dann, wenn konkrete Vorstellungen existieren, wozu jeder beitragen kann, ist Friedensstiftung in großem Stil möglich. Richard Coudenhove-Kalergi hat sehr schön verdeutlicht, dass auch wenige dazu beitragen können, Programme aufzustellen und zu verwirklichen. Ob der friedliche Umgang mit Konflikten Utopie oder Wirklichkeit wird, hängt von allen Beteiligten ab. Was ich damit ausdrücken will: Es liegt in der Entscheidung jedes einzelnen Menschen, ob er Friedensstifter sein will, kann oder wird. Diese Gestaltungsfreiheit kann keine Macht der Welt einschränken. Die Verantwortung dafür ist auch nicht übertragbar. Sie braucht ausschließlich die eigene Vorstellungskraft und den nötigen Handlungswillen. Natürlich wünsche ich mir als bekennende Friedensstifterin, dass möglichst viele diese Richtung einschlagen. Um die vorhandene Vielfalt zu nutzen, lade ich Sie ein, dabei auch von den Erfahrungen anderer zu lernen. In diesem Sinne hoffe ich, dass die in dem Buch dargestellten Wege auch für Sie nützlich sind. Denn dann haben Sie in Zukunft noch mehr Möglichkeiten, die Kunst des Friedens persönlich zu üben. Das hilft Ihnen, aber auch anderen, mehr vom Geheimnis des Friedens zu entdecken.

1 FRIEDEN UND WISSEN

Um Frieden zu stiften, ist Wissen notwendig. Solange wir keine Gewissheit darüber haben, was Frieden fördert, können wir trotz bester Absichten auch das Gegenteil bewirken. Dieses Dilemma begleitet Menschen in ihrer gesamten Geschichte. Einschlägige Überzeugungen und Meinungen sind vielfältig und von einem ständigen Wandel begleitet. Auch wenn wir heute mehr Forschung betreiben denn je, gibt es in den facheinschlägigen Werken über das Wissen der Welt keine allgemein akzeptierte Anleitung, wie Frieden gelingt. Es mag sein, dass irgendwo dieses Wissen verfügbar ist. Doch in der Fülle der Informationen verliert es sich. Die Fähigkeiten und die Technik zur Zerstörung der Erde sind bekannt. Gerade deshalb sollte es in unser aller Interesse sein, auch jene Mechanismen besser kennenzulernen, die es uns ermöglichen, in Frieden miteinander zu leben.

Das wohl größte Dilemma der Friedensstifter ist die unselige Polarisierung zwischen Krieg und Frieden. Sie stellt den Kampf gegen den Krieg als alleinige und wichtigste Maßnahme für die Friedensstifter in den Vordergrund. Es gibt jedoch nicht nur Frieden oder Krieg. Dazwischen stehen Konflikte, die „Unfrieden" erzeugen. Die entscheidende Frage ist also nicht jene, ob das Friedensstiften allein mit friedlichen Mitteln möglich ist, sondern vielmehr, ob ein Krieg überhaupt notwendig ist. Die weitaus effektivere Vorgehensweise im Prozess des Friedensstiftens ist also, die Konfliktdynamik so zu nutzen, dass Kriege überflüssig werden. Dazu lohnt sich ein Blick auf die Konflikttheorie. Es gibt zwei Ideen über die Entstehung von Konflikten. Die erste meint, dass Konflikte ein naturgegebener Teil der Menschen sind. Die zweite stellt auf die Erfüllung grundlegender Bedürfnisse ab. Unerfüllte Bedürfnisse verursachen Konflikte. In einer Zeit, in der Menschen vielfältige Sehnsüchte und Möglichkeiten haben, steigt naturgemäß auch die Anzahl möglicher Konflikte. Dennoch liegt es am Einzelnen, ob aus Konfliktzeiten Frieden oder Krieg entsteht. Im „Kriegszustand" erfolgt eine deutliche Abgrenzung einer Partei von den anderen „Kriegsparteien". Das ist in der Familie nicht anders als zwischen Nationen. Jeder der Beteiligten wähnt sich als „Guter", der das „Böse" bekämpft, und hat dafür eine Reihe guter Gründe. Krieg setzt als Taktik die bewusste Verletzung der anderen ein. Er legitimiert in letzter Konsequenz alle Mittel, die der Vernichtung des Feindes dienlich sind. Im Kriegszustand geht es nicht mehr darum, die verursachenden Konflikte zu regeln, sondern darum, den anderen so zielgerichtet wie möglich außer Gefecht zu setzen. Auch das zwangsweise Ende eines Krieges wegen fehlender Ressourcen oder der Anerkenntnis der Überlegenheit des Gegners löst den Ursprungskonflikt nicht. Daher kann der Einsatz von Zwang oder Gewalt Frieden nur im Ausnahmefall ermöglichen. Meistens erfolgt dadurch maximal die Rückführung des Kriegs- in den Konfliktzustand.

Diese Betrachtungen gelten nicht nur für die offiziell ausgetragenen, zwischen- und innerstaatlichen Konflikte. Sie finden in unterschiedlichsten Situationen ihre Anwendung. Die Kunst des Friedens besteht nicht darin, Konflikte zu verhindern. Diese sind unvermeidlich. Die Kunst des Friedens ist vielmehr, einen sinnvollen Umgang mit ihnen zu finden. Idealerweise ist dann auch Frieden möglich. Ein mit Krieg sehr häufig in Verbindung gebrachtes Wort ist Gewalt. Allein der Begriff der Gewalt macht Angst. Er vermittelt Verbrechen und Verabscheuung. Er hat aber auch eine faszinierende Anziehungskraft. Gewalt ist mit Macht verbunden, die andere zwingen kann, nach eigenem Willen zu handeln. Welche Handlung tatsächlich jemand als gewalttätig einstuft, ist eine individuelle Einschätzung. So hatten beispielsweise die Heckenschützen der Berliner Mauer den ausdrücklichen Auftrag, jene zu erschießen, die über die Mauer nach Westberlin flüchten wollten. Konnten die Schützen jemanden an der Flucht hindern, so waren sie Nationalhelden. Jahre später wurden dieselben Menschen zu Freiheitsstrafen verurteilt. Die Einschätzung, welche der unterschiedlichen Gewalten hier vermeidbar oder aber auch am verabscheuungswürdigsten war, obliegt dem Leser. Dennoch zeigt dieses Beispiel sehr deutlich, dass die Auffassung dessen, welche Gewalt erwünscht ist, sehr vielfältig ist und großen Schwankungen unterliegt.

In Zeiten zunehmender Radikalisierung wird verständlicherweise auch die Forderung nach Gewaltfreiheit stärker. Gewalt wird dann ein Übel, das beseitigt werden muss. Dennoch kann Gewaltlosigkeit niemand erzwingen, auch nicht durch Hungerstreik oder gar Selbstmord. Er würde dann selbst zum Gewalttäter, weil er durch sein eigenes Handeln jenes der anderen einschränkt. Auch Zwang ist ein Naturgesetz. Es gibt beschränkte Ressourcen, die es zu verteilen gilt. Der Tod oder die Vernichtung eines Wesens kann das Weiterleben eines anderen ermöglichen. Nicht jeder Zwang oder jede Gewalthandlung ist beabsichtigt und hat den Zweck, andere zu schädigen. Hindert ein Vater seinen Sohn mit Gewalt daran, über eine stark befahrene Straße zu laufen, so wird niemand ihm ein Fehlverhalten unterstellen. Im Gegenteil, es wird von ihm erwartet. Was macht die Gewalt nun so schwer aushaltbar? Es ist wohl die Vorstellung, dass ein anderer etwas gegen den eigenen Willen durchsetzt. Je mehr jemandem bewusst wird, dass ihm etwas Wichtiges genommen oder vorenthalten wird, umso größer ist sein Bestreben, es sich mit Gewalt zu verschaffen. Die Frage, wann jemand zu Recht oder Unrecht Gewalt einsetzt, ist wohl nicht allgemein zu beantworten. Die Menschen können das nur im Einzelfall nach subjektivem Einschätzen entscheiden.

MEDIATION =
BEDÜRFNISORIENTIERTE FRIEDENSSTIFTUNG

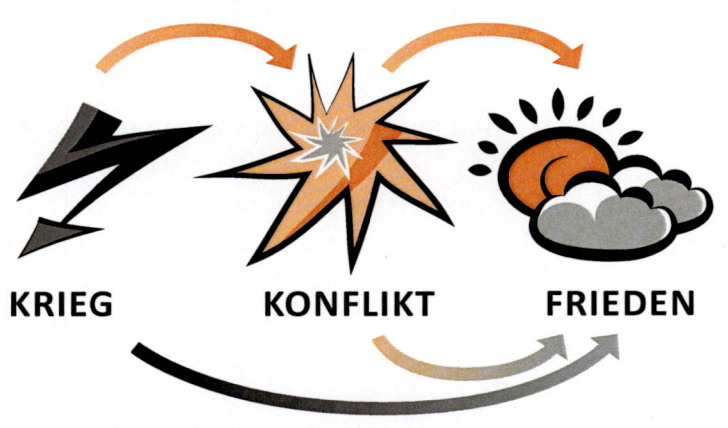

KRIEG **KONFLIKT** **FRIEDEN**

GEWALT = ZWANGSWEISE FRIEDENSSTIFTUNG

Jede Zeit hat und braucht seine Friedensstifter, sonst würden aus Konflikten nur Kriege entstehen, die ewig dauern. Dennoch stehen Friedensstifterinnen und Friedensstifter von heute vor ganz besonderen Herausforderungen. Es gibt trotz vieler Bemühungen noch immer keine allgemeingültige Regel, nach der Friedensstiftung gelingt. Im Gegenteil, je komplexer die Welt wird, umso unüberschaubarer sind die Mechanismen, nach denen Konflikte ablaufen. Die Geschichte lehrt uns, dass Frieden nicht allein durch den Glauben an Gott entsteht. Auch die Wissenschaft ist bislang noch den Stein der Weisen schuldig, der Kriege erübrigt. Frieden kann auch in unserer kapitalistisch orientierten Welt nicht mit Geld erkauft werden. Er entsteht durch ein ständiges Bemühen der Menschen, einen Ausgleich zwischen den eigenen Interessen und den Erfordernissen seiner Umwelt zu schaffen. Eine notwendige Voraussetzung dafür ist der persönliche, innere Frieden. Dieser stellt sich dann ein, wenn zumindest die grundlegenden Bedürfnisse erfüllt sind. Mediation oder Vermittlung zielt genau darauf ab. Sie klärt die Voraussetzung und die Möglichkeit der bedürfnisorientierten Friedensstiftung. Frieden entsteht in der Form freiwillig und wird sogleich als solcher wahrgenommen. Auch die zwangsweise Friedensstiftung ist möglich. Sie führt allerdings nicht sofort zum inneren Frieden, weil sie auch die Trauer über den Verlust oder das Verlieren beinhaltet.

Eine wesentliche Rolle beim Wissenserwerb spielen der Glaube und die Religionen. Es handelt sich hierbei um jenes Wissen, das entsprechend der Meinung der Gläubigen keine Beweise braucht, weil es unmittelbar von Gott kommt. Der Glaube hat seit Menschheitsbeginn eine immense Auswirkung darauf, ob eine Gemeinschaft in Frieden miteinander leben kann oder nicht. Die dokumentierte Geschichtsschreibung liefert unzählige Beispiele für die friedensstiftende Wirkung von Religionen und deren Anhängern. Doch zumindest ebenso viele Zeugnisse gibt es von ihrer zerstörerischen Wirkung. Auch die von Gott gegebene Orientierung braucht Regeln. Heute sind zehn Gebote offenbar nicht mehr ausreichend, weil

Religionsstifter wie -verbreiter Bücher füllen, nach welchen Gesetzen „Gottestreue" zu leben haben. In der Geschichte hatten vor allem jene Probleme, die von sich behaupteten, das Wort Gottes unmittelbar zu verkünden. Das führte oft zur Ablehnung und Verfolgung. Auch bei der jüngsten der Weltreligionen, dem Bahá'ítum, kam es vor wenigen Generationen erst zu umfangreichen Verfolgungen und Massenhinrichtungen – vor allem in Persien, wo Bahá'í bis heute keine Religionsfreiheit haben.

Aktuell gibt der Islam mit seinen radikalen Strömungen in der westlichen Welt Anlass zur Ablehnung. So dient Religion heute noch zur Rechtfertigung von Terroranschlägen sowie deren gewalttätige Bekämpfung. Dennoch weisen viele Schriften auf die Notwendigkeit und Bedeutung der Friedensstiftung hin. Ábdu'l-Bahá, der Sohn des Religionsstifters der Bahá'í, erklärt die Friedensstiftung mit den Worten: „Die Liebe ist der eigentliche Kern des Friedens ... Die Liebe, die von Gott kommt, ist die Grundlage ... Jeder sieht in der Seele des anderen einen Spiegel der Schönheit Gottes. Und hat er diesen Grad der Ähnlichkeit entdeckt, fühlt er sich in Liebe zum anderen hingezogen ... Diese Liebe wird wahre Übereinstimmung ermöglichen und den Grundstein zu echter Einigung legen."

Religion hat in der Geschichte der Friedensstiftung eine ganz besondere Stellung. Alle Religionen berufen sich auf die allumfassende Weisheit eines Gottes oder mehrerer Götter. Niemand kann diese infrage stellen. Die Interpretationen der Meinungen von Gott bzw. Göttern weichen jedoch voneinander ab. Menschen initiierten unter Berufung auf Gott sowohl Frieden als auch Kriege. Ein religiös motivierter Terrorist schätzt sich selbst wahrscheinlich auch als Friedensstifter ein. Seiner Meinung nach gibt es zwei

Möglichkeiten des Friedensstiftens. Entweder nehmen alle den eigenen Glauben an oder sie müssen eliminiert werden, damit sich der wahre Glaube richtig entfalten kann. Menschen mit demselben Glauben sind Freunde, Andersgläubige sind Feinde. Können Radikalisten von dieser Vorstellung abgehen, müssen sie nicht mehr zwangsläufig Kriege gegen Andersgläubige führen. Dann können sich Anhänger unterschiedlichster Religionen auf Augenhöhe begegnen. Sie können wechselseitig hinterfragen, was sie brauchen, um in Frieden nebeneinander leben zu können. Im Idealfall sehen alle Religionsanhänger in allen anderen Menschen einen Spiegel der Schönheit Gottes. Der dadurch entstehende Weltfriede wäre zwar nicht frei von Konflikten und Kämpfen, doch würden diese Glück und Zufriedenheit nicht stören. Niemand würde dann vorsätzlich jemand anderem Schaden zufügen. Können in angemessener Zeit alle wesentlichen Bedürfnisse aller Gläubigen erfüllt werden, erübrigen sich Kriege von selbst und müssen nicht mehr bekämpft werden.

Shirin Khadem-Missagh
Leiterin von Baháʾí Kinderklassen

Erfahrungen in Kindheit und Jugend

Ich wurde in eine Familie hineingeboren, in der ich viel Liebe empfangen durfte. Dafür bin ich dankbar. Ich war das erste Enkelkind von beiden Seiten meiner Großeltern und es wurde mir daher das besondere Privileg zuteil, die Wärme und Zuneigung von allen Verwandten unmittelbar erleben zu dürfen. Die ersten Jahre wohnten wir in Mumbai in Indien, danach übersielten wir nach Panchgani, wo meine Eltern an der New Era Baháʾí Schule unterrichteten. Nach einigen Jahren kehrten wir nach Mumbai zurück. Mein Vater war Kaufmann, meine Mutter zu Hause. Beide waren Baháʾí. Sie haben uns in allen Dingen unterstützt und gefördert. Wir hatten eine sehr gute Beziehung zu allen unseren Familienmitgliedern. Meine beiden jüngeren

Brüder leben heute noch in Indien und sind renommierte Ärzte. In Mumbai besuchte ich eine christliche Schule. Hier habe ich das Studium der Bibel geschätzt. Das war ein Freifach, das mich sehr interessierte.

Mein Vater hat viele Jahre ehrenamtlich in leitender Funktion am Bau des Bahá'í Hauses der Andacht in Neu-Delhi gearbeitet. In Form einer Lotusblüte ist es als „Lotus Tempel" und als „Taj Mahal des 20. Jahrhunderts" zu einem Wahrzeichen Neu-Delhis geworden. Es ist ein wunderschönes Gebäude, das Menschen aller Religionen offen steht. Die heiligen Schriften und Gebete aller Religionen werden hier gelesen oder gesungen.

Ich selbst habe mich mit fünfzehn Jahren zum Glauben der Bahá'í bekannt. Im Bahá'í Glauben gibt es keine Taufe und der Mensch hat Entscheidungsfreiheit, was die Religion betrifft. Daher war das Bekenntnis zur Bahá'í Religion ein bewusster Schritt für mich. Ich war damals sehr berührt vom Leben Bahá'u'lláhs, dem Religionsstifter. Er wurde – ähnlich wie Jesus – deswegen verfolgt, weil er den Anspruch als Gottesoffenbarer erhoben hat. Er war über 40 Jahre aus diesem Grund in Verbannung und Gefangenschaft. Schon damals wurden über 20.000 Gläubige in Persien grausam umgebracht, weil sie sich zu dem Glauben bekannten. All das erinnerte mich an die frühen Christen. Die gesamte Geschichte des Glaubens hat mich sehr berührt, seine Lehren haben mich bewegt und mein Leben geprägt.

Glaubensinhalte als Wertschöpfung

Vor Gott sind alle Menschen gleichwertig. Das betrifft Mann und Frau gleichermaßen wie auch Menschen unterschiedlicher Herkunft oder Hautfarbe. Wir sind „eins". Diese Kernaussage des Bahá'í Glaubens war ein wesentlicher Beweggrund für meine Entscheidung. Mir gefiel auch, dass den Menschen die Prüfung des Glaubens nicht abgenommen wird. Es gibt keine blinde Übernahme der Traditionen von Eltern, Großeltern oder Nachbarn. Jeder Mensch hat die Verantwortung, selbst zu prüfen, was wahr ist.

Ich erlebte es selbst in Indien, wie Religionen als Begründung für Gewalt herangezogen wurden. In Indien gibt es alle Religionen. Kommt man nach Mumbai, ist klar zu erkennen, dass beispielsweise eine spezielle Gegend von Hindus bewohnt wird. In anderen leben vorwiegend Moslems. Die Parsis, die Zoroastrier, leben in Kolonien, die nur durch ein großes Tor erreichbar sind. Das ist bedauernswert, denn Menschen kapseln sich ab und stellen Barrieren zwischen verschiedenen Glaubensgemeinschaften auf. Es gibt dann immer wieder Zeiten, wo durch politische Unruhen religiöse Gefühle missbraucht werden. Dann werden ganze Wohnviertel in Brand gesetzt. Das gibt es heute auch noch. Dabei werden auch Menschen umgebracht – Familien mit Kindern –, die unschuldig sind. Das kann keinesfalls der Zweck von Religion sein. Religion sollte Menschen zusammenführen, nicht trennen. Wo eine Religion Ursache von Zwietracht ist, sagt Bahá'u'lláh, ist es besser, ohne eine solche zu sein. Ich fand in der Bahá'í Religion die für mich wesentlichen Punkte, dass es nur einen Schöpfer gibt und dass alle Religionen in ihrem Ursprung vom gleichen Schöpfer inspiriert sind. Daher ist der Kampf der Vertreter der Religionen gegeneinander ein Widerspruch. Die Religionen sind ein fortschreitender Prozess in der Erziehung der Menschheit, wenn wir die Jahrtausende betrachten. Ausgehend von Sippen, Völkern, Nationen und Staaten stehen wir jetzt an der Schwelle zur Einheit der Menschheit auf einem Planeten Erde. Bahá'u'lláh sagt: „Diese Erde ist nur ein Land und alle Menschen sind seine Bürger." Wenn man sich das überlegt, fallen alle Grenzen logischerweise weg. Wissenschaftlich ist das gut dokumentiert. Ein Satellitenbild zeigt deutlich nur einen einzigen Planeten Erde. Die politischen Staaten sind dabei nicht erkennbar. Die geistige Erkenntnis, dass wir eine Menschheit sind, fehlt uns noch. Dadurch, dass wir diese Einheit nicht haben, können wir derzeit noch nicht zu den Lösungen der Probleme der Welt kommen.

Eine Vorbedingung für die Einheit ist die Gerechtigkeit. Bahá'u'lláh sagt: „Der Zweck der Gerechtigkeit ist das Zustandekommen von Einheit unter den Menschen." In einer Familie, in der ein Mitglied bevorzugt oder vernachlässigt wird, kann es keine Einheit geben. Wir alle sind wie die Geschwister einer Familie. Wenn es einem Mitglied schlecht geht, müssten wir alle um ihn besorgt sein. Auch wenn es niemals sein wird, dass es allen gleich gut geht, so müsste allen ein Mindestmaß an Wohlergehen zukommen. Diese Gedanken habe ich als Kind bereits durch meine Erziehung – auch in den Kinderklassen der Bahá'í – mitbekommen.

Ein besonderer Wegbegleiter in meiner Jugend

In jungen Jahren habe ich Herrn Faizi kennengelernt, der mein Leben stark geprägt hat. Er kam ursprünglich aus dem Iran und hat viele Jahre in Haifa gelebt. Er war ständig weltweit auf Reisen und hat Bahá'í Gemeinden besucht. Vor allem als junger Mensch war ich sehr von seiner Güte beeindruckt. Er hatte mich damals bewegt, ein Lied über Hiroshima zu schreiben, weil er mir vermittelte, dass dieses Thema für die Zukunft sehr wichtig sei.

Er verkörperte für mich die reine Liebe. Als Kind und in meiner Jugend hat er mir oft Karten aus unterschiedlichen Ländern geschickt. Durch seine ermutigenden Worte fühlte ich mich so, als ob ich das einzige Kind für ihn gewesen wäre. Später habe ich erfahren, dass er das für Hunderte von jungen Menschen weltweit gemacht hat. 1980 ist er verstorben. Diese Liebe zu Kindern und die Arbeit, die ich jetzt mit Kindern mache, ist sicher von ihm beeinflusst.

Der Werdegang meiner Familie

Mein Mann Bijan ist Geiger und Dirigent und wir haben uns auf seiner Konzerttournee in Indien kennengelernt. Er ist auch Bahá'í und so bin ich ihm erstmals im Bahá'í Center in Mumbai begegnet. Später haben wir korrespondiert und schließlich geheiratet. Ich war damals sehr verliebt. Das hat mir den Mut gegeben, meine Heimat und meine Lieben zu verlassen und nach Österreich zu kommen. In Indien war ich gut in die Gesellschaft integriert und mitten im Medizinstudium. Im ersten Jahr in dem neuen Land fiel es mir schwer, die neue Sprache zu lernen. Nach einem Jahr war das schon einfacher. Ich bin auch heute noch nicht perfekt in Deutsch und mache Fehler bei den Artikeln. Aber ich habe mich hier immer sehr wohlgefühlt, weil mich auch in Österreich die Familie meines Mannes mich liebevoll aufgenommen hat. Wir lebten in einer eigenen Wohnung, waren aber in Kontakt mit den hier lebenden Verwandten und einer Menge von Bahá'í Freunden. Ich hatte immer das Gefühl, willkommen zu sein. Hier studierte ich Musikpädagogik. Drei Jahre nach unserer Hochzeit kam unser Sohn Vahíd zur Welt. Er wuchs zusammen mit unserer Tochter Martha auf, die zwei Jahre nach ihm geboren wurde. Unsere jüngste Tochter Dorothy kam dreizehn Jahre danach zur Welt.

Es ist eine schöne Zweisamkeit mit meinem Mann. Der geistige Austausch ist sehr bereichernd. Wir träumen manchmal sogar das Gleiche. Es kommt auch vor, dass ich etwas denke, was er dann ausspricht. Ich habe eine sehr innige Verbundenheit mit ihm.

Über Beziehung und Kommunikation

Es ist mir wichtig zu lernen, miteinander zu kommunizieren. Damit meine ich auch das Ansprechen von schwierigen Situationen und Problemen. Da musste ich selbst lange an mir arbeiten. An-

fangs konnte ich mich nicht gut artikulieren, wenn mich etwas gestört oder verletzt hat. Ich wollte niemandem zu nahe treten oder verletzen. In der Hinsicht musste ich viel üben. Da habe ich darüber nachgedacht, ob das lange Schweigen und Herumtragen von negativen Gefühlen nicht sinnlos sei. Irgendwann kam die Erkenntnis, dass es besser ist, Probleme bald anzusprechen, weil sie dann früher gelöst und bereinigt werden können. Das ist ein wesentlicher Faktor in unserem Zusammenleben, egal ob in der Familie, im Beruf oder mit den Nachbarn. Es ist eine hohe Kunst, unangenehme Situationen anzusprechen, ohne die anderen dabei zu verletzen. Dabei erlebte ich, dass es nicht notwendigerweise zu einer Verletzung der Gefühle anderer Menschen kommt. Was passiert, hängt stark von der Formulierung ab. Statt jemandem vorzuwerfen, dass er etwas Schlechtes getan hat, sollten wir eher davon reden, welche Gefühle wir selbst in Bezug auf das Problem haben. Selbstverständlich ist es auch sinnvoll, daran die Frage zu knüpfen, wie das in Zukunft besser gehen könne. Damit verbunden ist die Feststellung, dass der andere es wahrscheinlich gar nicht böse mit mir gemeint, sondern sich einfach nichts dabei gedacht hat. Und es ist schade, wenn wir Situationen in einer Weise interpretieren, wie sie nicht waren. Durch das Schweigen bleibt die Situation bestehen, durch die Aussprache wird sie bereinigt. Die Familie war und ist hier das erste Übungsfeld. In diesem Zusammenhang bleiben wir Übende. Es geht darum, dass jeder Tag besser sein sollte als der Tag zuvor.

Veränderungen – damals und heute

Der Kontakt zu meinen Eltern und meinen Verwandten in Indien wurde durch die Entwicklung der Technik wesentlich erleichtert. Am Beginn meiner Zeit in Österreich mussten wir Telefongespräche noch beim Postamt buchen. Dann mussten wir den ganzen Tag zu Hause warten, weil wir nicht wussten, wann das Gespräch durchkommt. Die Zeit war auf drei Minuten beschränkt und sehr teuer. Auf Wunsch konnten wir das Gespräch auf weitere drei Minuten verlängern. Dann kam die Stimme des „Telefon Operators", der uns darüber informierte, dass unsere Zeit vorbei sei. Auch die persönlichen Reisen waren damals sehr anstrengend. Es gab aus Wien keine direkten Flüge nach Mumbai. Das ist inzwischen alles besser. Heute kann man so lange reden, wie man will. Noch Jahre zuvor war das undenkbar, wie Science-Fiction oder ein Traum. Aber das ist alles wahr geworden. Daran denke ich auch immer, wenn uns Leute weismachen wollen, dass es die Einheit der Menschen nie geben werde. Wenn sie sagen, dass Frieden eine Utopie sei und die Menschen sich immer bekriegen würden und nie dazulernten. Daran glaube ich nicht. Wir sind in einer Phase, die zu einer höheren Ebene des Zusammenlebens führt. Der Weltfrieden ist nicht nur möglich, sondern unumgänglich.

Rückblickend würde ich nichts anders wünschen, als wie es geschehen ist. Inzwischen haben wir vier Enkelkinder, die ich großartig finde. Bei unserer jüngsten Tochter war vieles schon leichter, weil ich erlebt hatte, was aus unseren älteren Kindern geworden ist. Bei ihnen hatte ich das Aufblühen schon gesehen. Daher habe ich das große Potenzial auch in dem kleinen Kind schon erkannt. Die vielen Fähigkeiten und guten Eigenschaften sehe ich jetzt in allen Kindern, mit denen ich zusammenkomme. Es tut mir manchmal weh, wenn ich eine Mutter erlebe, die ihrem Kind immer wieder sagt, dass es etwas nicht kann oder schafft. Das ist eine Erniedrigung statt einer Ermutigung. Ich habe gesehen, was in Kindern steckt und welch großartige Menschen sie geworden sind.

Wir organisieren in der Bahá'í Gemeinde in Baden seit 1996 die Familientage. Es ist uns ein echtes und ernsthaftes Anliegen, zum Wohl der Gesellschaft beizutragen. Das beginnt in der

Familie, denn sie ist der Humus, in der die nächste Generation aufwächst und der somit die Zukunft prägt.

Kinderklassen zur geistigen Erziehung

Das Abhalten von Kinderklassen habe ich von meiner Mutter gelernt. Ab dem Zeitpunkt, wo ich eigene Kinder hatte, habe ich andere Kinder zu mir eingeladen. Später habe ich mit Freunden kleine Gruppen je nach Alter gebildet. Das Ziel dieser Klassen ist es, zur Charakterbildung beizutragen und Werte zu vermitteln. Es gab zwar Bahá'í Familien in Baden, als ich nach Österreich kam, doch keine Kinderklassen. Wir haben damals, im Jahr 1976, kurz nach der Geburt von unserem Sohn Vahíd damit begonnen. Am Anfang waren es zwei Kinder. Dann kamen bis zu 40 Kinder zu uns ins Haus. Inzwischen haben diese Kinder Familien gegründet und eigene Kinder, die auch zu uns kommen. Das bedeutet für mich, dass ich bereits zwei Generationen der Freude in den Kinderklassen erlebte. Es ist für mich sehr schön zu sehen, wie sich Kinder entwickeln und zu glücklichen Erwachsenen werden. So tragen sie auch zum Wohl der Gesellschaft bei und fördern die Einheit.

Jedes Kind ist wie „ein Bergwerk, reich an Edelsteinen von unschätzbarem Wert. Nur die Erziehung kann bewirken, dass es seine Schätze enthüllt und die Menschheit daraus Nutzen zu ziehen vermag." Diese Erziehung erfolgt in drei Bereichen: im körperlichen, im menschlichen und im geistigen Bereich. Die körperliche Dimension bezieht sich auf die körperlichen Bedürfnisse, wie z. B. Schlafen, Essen, Sport oder Hygiene. Im menschlichen Bereich ist es die Förderung des sozialen Umgangs, das Erwerben von Wissen und die Schulung der Begabungen. Es muss aber noch die geistige Erziehung dazukommen. Es ist dies die Beziehung zum Schöpfer. Das Kind muss selbst seine Be-

ziehung zu Ihm finden können. Dadurch erhält es Sicherheit und ein Urvertrauen. Es geht hier um die Vermittlung der geistigen Eigenschaften, wie z. B. Liebe, Ehrlichkeit, Vertrauenswürdigkeit oder Gerechtigkeit. Es ist notwendig, alle diese Tugenden gemeinsam mit körperlicher und menschlicher Bildung zu lernen. Das ist wie ein Baum, der in allen Bereichen Nahrung braucht. Er braucht das Wasser von der Erde, aber auch das Licht der Sonne. Der Mensch braucht die materielle körperliche und menschliche Erziehung von dieser Welt und die geistige durch Gott. Dabei geht es mir um die Quellen, um das, was Jesus oder die anderen Religionsstifter selbst gelehrt haben, und nicht um das, was die jeweiligen Machthaber der Religionen heute predigen. Die Quellen sind der Ursprung der überlieferten Schriften, nicht die Hasspredigten der Religionsführer.

Ein schönes Erlebnis mit Kindern war für mich die Aufführung von zwei Musicals, eines davon in Zusammenarbeit mit der heutigen Praxisvolksschule der Pädagogischen Hochschule in Baden. Mehrere Mütter haben mich dabei auch organisatorisch unterstützt. So konnten wir mit 24 Kindern ein Musical aufführen. Es war das internationale Jahr des Friedens. Wir haben auch eine Tournee gemacht, bei der wir im Brucknerhaus in Linz, im Stadttheater in Wiener Neustadt und für die Roma im Oho Zentrum in Oberwart im Burgenland Aufführungen hatten. Das eine Musical handelte von der Suche nach dem Glück und das zweite von der Einheit auf der Welt. Die Kinder haben in dem Zusammenhang auf die verschiedensten Probleme aufmerksam gemacht: Umwelt, Hungersnöte, Kriege. Jeder hat damals versucht, einen Teilbereich zu lösen, was natürlich so nicht funktionieren konnte. Sie haben im Stück dargestellt, dass die Einheit fehlt. Das war eine großartige Erfahrung für uns alle. Am meisten haben wahrscheinlich die mitwirkenden Kinder davon profitiert.

Ich hatte auch die Kindermusikgruppe „Lotus" gegründet. Mit ihnen habe ich CDs produziert und bin auf Reisen durch

Österreich gegangen. Die Kinder haben Lieder gesungen und auf verschiedenen Instrumenten gespielt und Geschichten über Werte und Eigenschaften erzählt. Das war sehr rührend. Es ist für Erwachsene besonders ergreifend, wenn sie aus dem Kindermund geistige Inhalte erfahren.

Lange Zeit habe ich selbst auch in der Musikgruppe Dawn Breakers mitgearbeitet. In dieser Gruppe habe ich gesungen, aber auch Lieder für sie geschrieben. Wir haben gemeinsam viele Tourneen gemacht – von Europa bis nach Afrika. Auch mit dieser Gruppe haben wir mehrere Platten produziert, die heute noch erhältlich sind. Wir wollten dabei den Friedensgedanken durch die Lieder zum Ausdruck bringen. Durch die Künste kann man Inhalte besser vermitteln. Sie erreichen den Kopf und das Herz. Gehen Reden nur in den Verstand ein, so geraten sie leicht in Vergessenheit. Aber was das Herz berührt, behält man lange.

Gemeinsame Ideen verwirklichen

In Indien habe ich ein Medizin- und Klavierstudium begonnen. In Österreich hätte ich Latein nachlernen müssen, um das Medizinstudium fortzusetzen. Deshalb habe ich mich entschlossen, Musikpädagogik zu studieren. Ich liebe die Welt der Musik. Darin bin ich aufgegangen. Als ich geheiratet habe, habe ich einen Geiger an meiner Seite gehabt. Heute habe ich drei Geiger und eine Pianistin in meiner Familie, da sich die Musik in unseren Kindern großartig fortgesetzt hat. Ich habe das Üben aller Familienmitglieder zu Hause wahrlich genossen.

Mein Mann war sehr erfolgreich und hat viele Auszeichnungen für seine Arbeit erhalten. Gemeinsam haben wir vieles aufgebaut. Wir besprechen alles miteinander und bekommen dadurch wechselseitige Impulse. Wo es möglich war, begleitete ich ihn auf seinen Konzertreisen, wenn es die Familiensituation erlaubte.

Nach der Gründung des Festivals Allegro Vivo durch meinen Mann übernahm ich die Unterstützung der Kurse der Kinder und die Betreuung der Eltern. Diese bilden einen großen Zweig der Sommerakademie des Festivals. Es sind jährlich rund hun-

dert Kinder, die daran teilnehmen. *Auch bei der Gründung von GLOBArt war ich gemeinsam mit meinem Mann Bijan involviert. Wir haben die Idee auf einer Zugreise, von Budapest kommend, besprochen. Das Projekt bestand darin, Wissenschaften und Künste für den Fortschritt der Gesellschaft zu verbinden. Es sind beide Aspekte der menschlichen Kultur, die zusammenwirken müssen. Heute werden jährlich Akademien in Österreich zu bestimmten Themen abgehalten. Es ist zu einer großen Institution gewachsen. In diesem Jahr gab es ein Projekt mit dem amerikanischen Pädagogen John Hunter. Er entwickelte das Spiel „World Peace Game". Dabei werden Kinder mit den schwierigsten Problemen in der Welt, wie Umwelt, Ressourcen, Kriege, Hungersnot oder Katastrophen, konfrontiert. Sie bilden Gruppen und müssen innerhalb einer Woche Lösungen für die Probleme finden. Dabei spielen die Kinder höchst verantwortliche Posten und Institutionen wie Präsidenten, Minister, Weltbank oder Vereinte Nationen. Sie lernen dabei, miteinander zu verhandeln, und erkennen, dass Kriege nichts außer Zerstörung bringen. Heute bin ich noch immer im Vorstand von GLOBArt und mein Mann ist Ehrenpräsident.*

Frieden zur gegenseitigen Entwicklung

Frieden bedeutet für mich ein Zusammenleben in Harmonie. Ein wesentlicher Punkt dabei ist, dass wir zu unserer gegenseitigen Entwicklung beitragen. Jeder Mensch hat viele Fähigkeiten, Begabungen und Tugenden. Wir sollten diese Potenziale fördern und nutzen – sodass sie dem Menschen selbst, aber vor allem der Gesellschaft zugutekommen. Ich sehe das als Beitrag zu einer ständig voranschreitenden Kultur. Wer die Welt von heute betrachtet, erlebt viele positive Neuerungen, in der Medizin, in den Künsten, durch die Wissenschaften. In allen Bereichen haben wir derzeit eine unglaublich rasante Dynamik. Die gesamte Kommunikationstechnik gab es vor hundert Jahren noch gar nicht. Wir können diese positiv gestalten, sie allerdings auch missbrauchen. Das Internet beispielsweise eignet sich hervorragend dafür, sich Wissen anzueignen. Doch gerade die Möglichkeit, schnell Botschaften an viele zu verteilen, wird auch für negative Strömungen eingesetzt.

Alle Möglichkeiten, die wir haben, sind Instrumente. Ein Messer kann in den Händen eines Arztes einen Menschen von seinem Krebs befreien. Das gleiche Messer kann aber auch töten, wenn eine andere Absicht dahinter ist. Daher ist es wichtig, dass der Mensch sein Denken und sein Wesen in Ordnung bringt. Sonst kann Boshaftes zur Zerstörung beitragen. Es bedarf einer Wandlung, sowohl des Einzelnen als auch der Gesellschaft. Das beginnt bei den Kindern. Eine vorurteilsfreie Erziehung trägt dazu bei, dass sie sich wohlfühlen, weil sie alle Rassen, Nationen, Hautfarben oder Religionen als Bereicherung und nicht als Konkurrenz wahrnehmen. Die Erziehung der Kinder zur Ehrlichkeit verhindert zukünftige korrupte Erwachsene und trägt dazu bei, das Leid der Welt zu verringern.

Friedensstifter verändern Bewusstseinszustände – ihre eigenen, aber auch jene der Gesellschaft. Das ist verbunden mit dem Bemühen, ein Leben im Sinne von Werten wie Wahrhaftigkeit, Vertrauenswürdigkeit, Treue, Gerechtigkeit, Demut, Dienstbarkeit, Dankbarkeit und vielem mehr zu führen. Daran müssen wir tagtäglich arbeiten, weil wir ständig mit neuen Situationen konfrontiert sind. Jeder von uns ist da gefordert. Niemand kann von vornherein von sich behaupten, ein guter Mensch zu sein. Die geistigen Werte sind alle miteinander verknüpft. Gerechtigkeit ohne Ehrlichkeit ist unvorstellbar. Jemand, der unehrlich ist, kann auch nicht treu oder vertrauenswürdig sein.

Die andere Seite des Friedensstiftens ist die Wahrnehmung der Gesellschaft als eine Familie. Wir sind weltweit alle voneinander abhängig geworden. Ereignisse in Syrien, in Fukushima oder in der Ukraine betreffen uns in Österreich genauso. Wir können das nicht wegschieben. Wir brauchen einander. Das ist so wie in einer ganz normalen Familie. Wenn es keine Einigung gibt, dann kann es uns nicht gut gehen – auch wenn ein Ereignis Tausende von Kilometern entfernt passiert. Aus meiner Sicht ist das Hauptproblem der heutigen Gesellschaft der Mangel an Einheit. Für alle Probleme gibt es eine Lösung. Diese Lösung können wir aber nur dann finden, wenn wir gemeinsam danach suchen. Aber wenn ich überzeugt bin, dass ich allein die Lösung für das Problem gefunden habe, und ich die einzig Wichtige dabei sein will und mir dadurch eine tolle Position, Ruhm oder Geld erwarte, dann wird es schwierig, die Lösungen zu finden, die für alle passen.

Aktuell gibt es viele Machtspiele in der Gesellschaft. Führende Machtinhaber in den Nationen denken oft nur an die Vorteile für sich selbst oder für ihr eigenes Volk. Auch Firmenchefs handeln so. Dabei geht es um das Wohl der Gemeinschaft. Die Bahá'í Religion spricht von der Einheit in der Vielfalt. Das ist wie in der Natur. Wir sind alle wie die Blumen eines Gartens. Hätte er nur rote Rosen, wäre es eintönig. Rote Rosen sind sehr schön. Wenn wir uns aber die herrliche Vielfalt der kleinsten Blüten bis hin zu den größten Bäumen vorstellen, so ergibt das Gesamtbild der unterschiedlichsten Pflanzen eine viel größere Schönheit. Das gilt für die ganze Welt. Die verschiedenen Kulturen, ihre Sprachen, ihre Musik, ihre Künste, ihre Tänze, ihre Trachten bilden einen Reichtum. Die Menschen können miteinander arbeiten, kommunizieren und zu ihrem gegenseitigen Wohl beitragen, sodass die Extreme von Armut und Reichtum verschwinden. Alle haben das Recht auf ein menschenwürdiges Leben, dass sie ihre Fähigkeiten entwickeln können und ihre Kinder Bildung erhalten. Interessant ist auch, dass durch die aktuellen Krisen und Kriege die Menschen gezwungenermaßen durchgemischt werden. So kamen z. B. viele Flüchtlinge aus Bosnien nach Österreich.

Dieses Phänomen der Durchmischung der Völker durch Flüchtlingsströme ist weltweit zu beobachten und beeinflusst uns alle heute mehr denn je.

Die Mutter als Friedensstifterin

Für eine Welt in Frieden hat für mich die Erziehung der Kinder und die Stärkung der Familien eine herausragende Bedeutung. Der Zusammenhalt in der Familie und die Entwicklung der Potenziale der Kinder tragen maßgeblich zu einer gesunden Gesellschaft bei. Die Familie bietet den Nährboden für den Menschen. Hier erfahren sie Sicherheit, Liebe und Geborgenheit. Das ermöglicht ein gesundes Aufwachsen und die Entwicklung eines gesunden Geistes. Werden Kinder vernachlässigt oder fühlen sich ungeliebt, entstehen Aggressionen, die sich in ihren Handlungen zeigen und in ihrem Leben widerspiegeln. Das zieht weitere Kreise und vermehrt Leid in der Gesellschaft. Wäre Hitler in einer anderen Familiensituation aufgewachsen und hätte eine andere Erziehung erhalten, hätte er anstatt des unermesslichen Leides, das er weltweit verursachte, Positives leisten können.

Eine ganz besondere Rolle für den Frieden spielen alle Mütter. Sie sind die ersten Erzieherinnen ihrer Kinder – in dem Sinne die ersten, die in einem neuen Leben Frieden stiften können. Sie tragen das Baby neun Monate im Mutterleib. Später halten sie das Kind durch das Stillen an ihrem Herzen. Alle Gefühle und Bewusstseinszustände der Mutter übertragen sich auf das Kind. Eine glückliche Mutter vermittelt ihrem Kind bereits vor der Geburt Glück. Ist die Mutter depressiv oder aggressiv, so wirkt sich das auch unmittelbar auf das Kind aus. Auch die Sprache ist wichtig. So sprechen wir von der Muttersprache, weil die erste Stimme, die ein Kind hört, jene der Mutter ist. So, wie die Mutter spricht, so wird auch das Kind sprechen. Hier geht es weniger um die Frage, ob die Mutter Deutsch oder Englisch spricht, viel wichtiger dabei ist der Tonfall und ob eine Mutter mit ihren Kindern liebevoll umgeht und respektvoll und geduldig ist.

Wenn die Mutter-Kind-Beziehung gestört ist, wird sich das im späteren Leben auswirken. Der australische Arzt und Psychologe John Diamond stellte anhand von Muskeltests fest, dass Künstler ihr Potenzial auf der Bühne nur dann zur Wirkung bringen können, wenn sie mit ihrer Mutter im Reinen sind.

Friedensstifter von morgen

Da gibt es so viel zu sagen, zu wünschen oder zu empfehlen und der Anfang dazu fällt mir schwer. Das Leben ist ein Geschenk, die Kinder, die Familie, die Partnerschaft. Das ist nicht selbstverständlich. Es ist wichtig, alles bewusst wahrzunehmen und dafür dankbar zu sein. Wir sollten uns für andere einsetzen. Am Ende des Lebens sollten wir uns nicht sagen müssen: „Das hätte ich noch tun können", oder: „Jenes habe ich verabsäumt." Hilfe für andere hat Auswirkungen, die sich nicht immer unmittelbar zeigen. Doch werden die Früchte davon irgendwann sichtbar. Wir sind uns zu wenig bewusst, dass wir alle Verantwortung tragen. Ich kann mein Leben nicht isoliert leben und sagen, dass ich ohnehin ein guter Mensch bin. Wir sind alle miteinander verbunden und voneinander abhängig.

Die Jugend hat so viel Energie. Diese Energie sollte nicht nur auf die Befriedigung der eigenen Bedürfnisse beschränkt bleiben. Die Beteiligung am Zusammenleben muss erlernt werden. Jeder ist für das Wohl der Gemeinschaft verantwortlich und muss seinen Anteil dafür leisten. Das beginnt in der Familie und wirkt sich in der Gesellschaft aus. Am besten setzt man im zartesten Alter an. Ich persönlich mache Kindern vor allem durch Geschichten bestimmte Lebenssituationen und Werte bewusst. Eine sehr schöne

Geschichte in dem Zusammenhang erzählt von 'Abdu'l-Bahá. Er war der Sohn Bahá'u'lláhs, des Stifters des Bahá'í Glaubens. Er ist für mich ein großes Vorbild. Im Alter von acht Jahren ist er gemeinsam mit seinem Vater in die Verbannung und Gefangenschaft gegangen. Erst mit 65 Jahren wurde er freigelassen. Danach unternahm er Reisen nach Europa und Amerika. Als er in Amerika eines Tages mit Freunden durch einen Park ging, folgte ihm eine Gruppe von neugierigen Kindern. Abdu'l-Bahá lud diese Kinder zu sich ein. Sie kamen alle am nächsten Tag. Während sie sich untereinander gut unterhielten, stand ein Kind einsam abseits und schien ausgeschlossen zu sein. Dieser Bub hatte eine schwarze Hautfarbe. Damals gab es in Amerika eine deutliche rassistische Einstellung. Es wurde Schokolade für die Kinder serviert. 'Abdu'l-Bahá nahm ein Stück davon und hielt sie an die Wange des farbigen Jungen. Er sagte zu den anderen Kindern: „Schaut, diese Schokolade hat die gleiche Farbe wie dieser Bub. Auch er ist süß, wie die Schokolade." Die Kinder verstanden ihn und nahmen den Jungen in ihre Mitte.

Kinder sollten mit Geschichten aufwachsen, die Brücken zu anderen Menschen bauen und keine Vorurteile entstehen lassen. Eine Rose ist schön, egal welcher Farbe auch immer. Menschen sind wie die verschiedenen Blumen in einem Garten. Die Verschiedenheit bildet ihre Schönheit.

Mein Leitfaden in der Erziehung ist der Satz Bahá'u'lláhs, in dem es heißt: „Ihr seid die Früchte eines Baumes und die Blätter eines Zweiges. Verkehrt miteinander in inniger Liebe und Eintracht, in Freundschaft und Verbundenheit."

Vieles aus dem heutigen Wissen über den Frieden stammt aus der Geschichte. Die Oxford International Encyclopedia of Peace nennt das ägyptisch-hethitische Abkommen von Kadesh aus dem Jahr 1258 v. Chr. den ersten bekannten Friedensvertrag der Menschheit. Somit gibt es mehr als 3.000 Jahre dokumentierte Erfahrung dazu. Dieselbe Enzyklopädie nennt 36 Institutionen, die zum Thema Frieden forschen, und 24 internationale Zeitschriften, die über ihn berichten. Ein Vergleich mit den anderen Wissenschaftsbereichen macht aktuelle Prioritäten sichtbar. Die Datenbank der Universität Regensburg listet im Jahr 2015 mehr als 100.000 unterschiedliche wissenschaftsnahe Zeitschriften auf und klassifiziert sie in 40 Wissensgebiete – keines davon beschäftigt sich ausschließlich mit Frieden. Mit über 15.000 liegt die Wirtschaftswissenschaft deutlich vor der Medizin mit rund 13.000. An dritter Stelle steht mit circa 5.500 die Soziologie, jene Wissenschaft, die sich als die Erforschung des Zusammenlebens der Menschen definiert. Viele Soziologinnen und Soziologen beschäftigen sich auch mit Friedensstiftung oder Konfliktmanagement. So hat beispielsweise die Amerikanerin Elise Boulding auf www.peacefulsocieties.org eine Liste von friedlichen Gesellschaften weltweit veröffentlicht. Aus der Tatsache, dass es friedliche Gesellschaften gibt, leitet sie die These ab, dass Menschen grundsätzlich auf der ganzen Welt in der Lage sein können, in Frieden miteinander zu leben. Über das Wesen und den Umgang mit Konflikten gibt es in diesen Kulturen unterschiedliche Strategien, die sie auf ihrer Seite auch darstellt. Ein in der letzten Zeit sehr intensiv erforschtes Gebiet ist die Auseinandersetzung mit Glück. Die Plattform www.gluecksarchiv.de fasst den Forschungsstand zum Thema aus unterschiedlichen Wissenschaftsdisziplinen zusammen.

GLÜCKSTRICHTER

ZUGEHÖRIGKEIT **KULTUR** BERUF **FAMILIE** **KLARHEIT** **SELBSTBESTIMMUNG**

GLÜCK **LIEBE**
FRIEDEN

Ihre Erkenntnisse sind durchaus überraschend und sicher auch für Friedensstifter interessant. Abgesehen von unseren Genen, die uns mehr oder weniger Glück bescheren, gibt es drei Bereiche, die vom Menschen selbst beeinflussbar sind: Die Beziehungen zu nahestehenden Menschen, unsere Aktivitäten in Arbeit und Freizeit und unsere Spiritualität. Sogenannte soziodemografische Einflüsse, wie Bildung, Einkommen oder Familienstand, tragen zu unserer Glücksfähigkeit nur einen äußerst geringen Teil bei.

Wissenschaft hat den Anspruch, nachvollziehbares und beweisbares Wissen zu schaffen. Professionelle Wissenschaftler sind gefordert, neue Erkenntnisse zu bringen. Das bedeutet, sie müssen Aussagen formulieren, die in der Form noch nicht vorhanden sind. Allerdings können sie dabei auf Wissen anderer aufbauen. Die Dokumentation in Bildern und Sprache ermöglichte eine nahezu unermessliche Vervielfältigung. Dadurch ergeben sich viele Risiken, aber auch Chancen. Es wird auch für Experten immer schwieriger, einen Überblick über ihr Wissensgebiet zu haben, Laien sind damit heillos überfordert. Es entwickeln sich in den einzelnen Fachbereichen immer mehr Spezialisten. Auch der Wettbewerb in der Wissenschaft erzeugt Konkurrenz. Dennoch macht es heute die weltweite Vernetzung möglich, auf unterschiedlichstes Wissen zuzugreifen. Wissenschaftliche Friedensstifter der Zukunft sind gefordert, vorhandenes Wissen zu bündeln, entsprechend aktueller Situationen zu bewerten und so aufzubereiten, dass es für jedermann zugänglich ist. Gerade für die Friedensstiftung ist allerdings die Anpassung der Forschung an die Realität der Praxis sehr wichtig. Sind die theoretischen Ergebnisse im Echteinsatz nicht anwendbar, so sollte auch hier ein Dialog stattfinden, der auch zu einer praktikablen Theorie führt.

Anselm Eder
Professor der Soziologie im Ruhestand

Krieg und Frieden in der Kindheit

Meine Vorfahren stammen teils aus Österreich, teils aus Rumänien, Böhmen, Mazedonien und, je weiter man zurückgeht, aus umso mehr Ländern, überwiegend aus solchen der ehemaligen Monarchie. Mein Vater studierte Volkswirtschaft, hat aber sein Studium kriegsbedingt nicht abgeschlossen. Meine Mutter hatte einen Abschluss, den es in Österreich nicht gibt. Es war eine Kombination von Pädagogik und Sozialarbeit. Als 1941 die Russen in Rumänien einmarschierten, floh meine Mutter nach Österreich. Mein Vater wurde noch eineinhalb Jahre im Land festgehalten. Seine Situation war schwierig bis lebensbedrohlich. Er lebte als Österreicher in

Rumänien. Zur damaligen Zeit galt er durch den Anschluss Österreichs an Deutschland als Deutscher. Daher wurde er in Rumänien als potenzieller Nazi verfolgt. Er konnte aber entkommen und lebte eine Zeit lang versteckt. Er litt sehr unter diesen Lebensbedingungen. Als er nach Wien kam, war er bereits krank und starb zwei Jahre nach seinem Eintreffen. Ich war damals fünf Jahre alt und habe nur ganz diffuse Erinnerungen an ihn. Den größeren Teil meiner frühen Kindheit habe ich bei meiner Großmutter auf dem Land in Oberösterreich verbracht. Meine Mutter hatte gemeint, dass sie es nicht schaffe, den sterbenden Mann gleichzeitig mit dem Sohn zu versorgen. Kurze Zeit nach dem Tod meines Vaters war ich wieder in Wien. Doch wegen einer eigenen Erkrankung wurde ich wieder zu meiner Großmutter zurückgeschickt. So betrachtet war ich als Kind viel auf der Wanderschaft. Auch meine Großeltern waren Flüchtlinge aus Rumänien, die es unter dramatischen Voraussetzungen schafften, sich in Österreich eine Existenz aufzubauen.

So habe ich schon früh erlebt, nicht dazuzugehören. Das setzte sich auch in der Volksschule fort. Ich war damals das einzige Kind, das von „auswärts" kam. Einen gewissen Status erhielt ich, weil ich der Einzige war, der „nach der Schrift" reden konnte. Aber alles andere, was als wichtig galt und einem Buben Status verschaffte, Laufen, Raufen, Fußballspielen, konnte ich gar nicht gut. Somit gehörte ich auch hier nicht dazu. Mit zehn Jahren kam ich zurück nach Wien. Ich war ein miserabler Schüler. Ich erinnere mich an eine Episode mit einem Lehrer, die sich auf mein gesamtes späteres Schulleben auswirkte. Dieser Lehrer pflegte, wenn er sich ereiferte, einen eigenartigen quieksenden Ton von sich zu geben. Ich war damals sehr neugierig, wie man solche Laute zustande brachte. Aus diesem Interesse heraus habe ich einmal versucht, das Geräusch nachzuahmen. Ich war der Meinung gewesen, der Lehrer sei bereits außer Hörweite – ein peinlicher Irrtum. Er stand noch in der Tür, als ich meinen Versuch startete. *Offensichtlich ist mir die Imitation gelungen.* Der Lehrer drehte sich um und fragte in die Schülerrunde: „Wer war das?" Ganz automatisch meldete ich mich – der zweite Fehler. Er trat dann sehr dicht an mich heran, was sehr unangenehm war. Seine Worte „Eder, das wirst du noch bereuen" höre ich noch heute. Ab diesem Moment hatte er mich unter Beobachtung. Er meinte, ich sei ein Psychopath und er wolle alles dazu tun, dass ich die Schule nicht positiv beenden könne. Später habe ich erfahren, dass er in jeder Klasse jemanden brauchte, den er als „Feind" darstellen konnte. Anscheinend war ich in dieser Funktion für die anderen Schüler ganz brauchbar, weil sich der Lehrer dann mit mir beschäftigte und sie verschonte. Irgendwie habe ich die Schule trotzdem geschafft.

Partnerschaft, Freizeit und Familie

Einmal habe ich einen Freund gefragt, ob er Schwierigkeiten mit seiner Freundin habe. Seine Antwort darauf war: „Hätte ich gern." Bei mir war es die meiste Zeit ähnlich. Es gab zwar immer wieder Mädchen oder Frauen, die ich verehrte, doch meist ergebnislos. Es war mir nicht so recht klar, warum meine Bemühungen gar so erfolglos blieben. Einmal berichtete mir eine Freundin von einem Mädchen, das gesagt haben solle: „Der Anselm – nein; der ist mir zu kompliziert."

Ein Traum von mir war es, mit einem Schiff auf dem Meer zu fahren. Also habe ich ein Schiff gebaut. Mehr als ein Jahr habe ich mit diesem Projekt verbracht – aus heutiger Sicht eine Verrücktheit. Das Schiff hat den Neusiedlersee nie verlassen. Auch ich selber war nie am Meer segeln. Schiffstransporte, passende Crews zusammenstellen, passendes Wetter abwarten – da waren dann doch immer andere Dinge wichtiger.

Meine Frau habe ich erst viel später in den 80er-Jahren kennengelernt. Ich war damals mit einer Jugendtheatergruppe in Finnland. Auch ein wenig verrückt, denn eigentlich war ich zu der Zeit mit meiner Habilitation beschäftigt. Das war für mich unerlässlich, weil mein Arbeitsplatz an diese Bedingung gekoppelt war. Trotzdem habe ich meine Beteiligung zugesagt. Ich kann heute nicht mehr sagen, warum. Mit meinen fast vierzig Jahren war ich doppelt so alt wie die meisten anderen. In dem Stück spielte ich unter anderem eine Frau. Nach der Aufführung sprach mich eine Zuschauerin an. Natürlich wollte ich wissen, wie ich als Frau gewesen sei. Sie meinte lakonisch: „Schlecht." So habe ich meine Frau kennengelernt. Wir heirateten und sie kam von Finnland nach Österreich. Wir haben drei Kinder miteinander, die heute zwanzig, dreiundzwanzig und fünfundzwanzig Jahre alt sind. Nach zweiundzwanzig Jahren Ehe trennten sich meine Frau und ich.

Die Statistik als Wegbereiter

Bei der Entscheidung zum Studium der Soziologie spielten meine Selbstzweifel, die ich aus der Schulzeit übernommen hatte, eine große Rolle. Immer wieder hatte mich beschäftigt, ob nicht vielleicht an der Psychopathie, die der Lehrer an mir diagnostiziert hatte, doch etwas dran sei. So war ich nie sicher gewesen, ob ich überhaupt zu einem Studium fähig wäre. Deshalb habe ich das Vorlesungsverzeichnis der Universität sehr sorgfältig durchgesehen und alle Disziplinen gestrichen, bei denen ich sicher war, dazu nicht geeignet zu sein. Soziologie war mir bis dahin noch sehr unbekannt, daher konnte ich sie nicht ausschließen. Erst später bemerkte ich, dass hier doch zumindest eine Disziplin vorkam, die mir Schwierigkeiten bereiten konnte: Diese besondere Herausforderung war die Statistik. Im ersten Jahr habe ich deshalb nur diesen einen Gegen-

stand gelernt. Mein damaliger Statistiklehrer, Gerhard Derflinger, war sehr bemüht, uns die Statistik näherzubringen. Einmal gab er uns eine Hausübung für den kürzesten Weg in einem rechtwinkeligen Gitternetz. Die Lösung wäre ziemlich einfach gewesen. Meine Schwierigkeit dabei bestand in der Tatsache, dass der Lehrer kurz zuvor die Binomialkoeffizienten erklärt hatte und ich die absurde Fantasie entwickelte, die Antwort müsse mithilfe der Binomialkoeffizienten gefunden werden. Deshalb habe ich eine Woche lang nur über diese Frage nachgedacht und schließlich eine zwar sehr eigenartige, aber doch nicht falsche Lösung gefunden. Erst bei der Nachbesprechung der Aufgabe wurde mir klar, dass es eine sehr viel einfachere Lösung gegeben hätte. Auf die Frage, ob noch jemand eine andere Lösung gefunden habe, stellte ich meine Überlegungen vor. Der Lehrer war damals sehr beeindruckt und meinte, dass er das noch nie gesehen hätte. Ab diesem Zeitpunkt hat er – so kam es mir jedenfalls vor – die Vorlesung mehr oder weniger nur für mich gehalten, was nicht zuletzt daran lag, dass die anderen Soziologenkollegen und -kolleginnen die Sache sehr viel weniger ernst zu nehmen schienen als ich. Das war so ziemlich das erste Mal in meinem Schul- bzw. Studentenleben, dass ich mich von einem Lehrer ernst genommen fühlte. Zwangsläufig lernte ich auch dadurch mehr Statistik als die anderen.

Damals wurde das Institut für Soziologie gerade neu aufgebaut. Ich gewann rasch den Eindruck, dass es schwer werden würde, mit dem Studium der Soziologie mein Fortkommen zu sichern. Daher wechselte ich zu dem damals neuen Zweig der Sozial- und Wirtschaftsstatistik. Als Folge davon bekam ich bald einen Job im Soziologie-Institut: Mein Vorteil war, dass ich mich mit Statistik und Programmieren mittlerweile einigermaßen auskannte. Das unterschied mich von vielen anderen am Institut. Ich machte die unterschiedlichsten Auswertungen, zu denen man damals die Computerprogramme zumeist noch selber schreiben musste. Der nächste naheliegende Schritt war die Dissertation in *dem Gebiet, in dem ich ohnehin schon sehr viele Informationen gesammelt hatte. Ursprünglich dachte ich, dass meine Arbeit an der Universität eher eine Art Übergangs-Job sei. Doch blieb ich so lange, dass die Chancen auf eine Arbeit außerhalb immer geringer wurden. Also musste ich mich bemühen, meine Arbeitsstelle zu behalten. Den Sinn der soziologischen Arbeit entdeckte ich erst viel später. Ich hatte nicht den Eindruck, dass er im Studium vermittelt wurde. Die eigentliche Aufgabe der Soziologen, so glaube ich heute, ist – bzw. wäre – die Entwicklung funktionierender Gesellschaftsentwürfe. Diese Arbeit erfordert aber weniger makrosoziologische und großflächige Überlegungen als sorgfältige Beobachtung, Dokumentation und Analyse von Interaktionen. Denn nur auf der Basis der Erkenntnis, wie kleine Einheiten funktionieren – soll heißen, nach welchen Gesetzmäßigkeiten sie die Gesetze entwickeln, nach denen sie handeln –, kann es gelingen, die Gesetzmäßigkeiten zu formulieren, nach denen große Gesellschaften funktionieren bzw. funktionieren sollten. Diese Aufgabe hat die Zunft der Soziologen – mich selber leider eingeschlossen – bis heute nicht einmal annähernd bewältigt.*

Gleichgültigkeit als Krankmacher

Hätte ich heute noch einmal die Chance, mein Leben neu zu organisieren, würde ich Medizin studieren. Ärzte haben aus meiner Sicht viele Möglichkeiten zu sinnvoller Arbeit, auch wenn viele von ihnen diese Möglichkeiten nicht besonders gut nutzen. Interessanterweise geht es sehr viel schneller und ist auch viel billiger, sich als Frau Silikonpakete in die Brust stopfen zu lassen, als sich im Rahmen einer Psychotherapie mit seinem Körper so weit anzufreunden, dass Silikon obsolet wird. Ein großes Projekt, an dem ich mehrere Jahre lang beteiligt war, war das sogenannte „HBSC"-Projekt zur Untersuchung des Ge-

sundheitsverhaltens von Schülerinnen in mehreren europäischen Ländern. Bei diesem Projekt hat die Zusammenarbeit mit dem leider schon verstorbenen österreichischen Mediziner und Therapeuten Hans Strotzka immer wieder eine wichtige Rolle gespielt. Dabei untersuchten Psychologen, Soziologen und andere Fachleute gesundheitsrelevante Verhaltensweisen von Schülern. Darunter waren Fragen nach der Häufigkeit von Rauchen, Alkoholgenuss, ungesunder Ernährung und andere mehr. Ich habe damals darunter gelitten, nicht mehr Einfluss auf die Fragestellungen nehmen zu können, weil ich gern vieles anders gemacht hätte. Für mich waren die Fragen, wer mehr oder weniger raucht und trinkt, nicht so relevant. Es hilft keinem einzigen Jugendlichen weiter, zu erfahren, dass der durchschnittliche Zigarettenkonsum österreichischer Jugendlicher im internationalen Vergleich auf Platz 13 liegt (oder auf sonst einem Platz). Befragungen müssen mit Aktionen gekoppelt sein, die sich wiederum nicht darin erschöpfen können, dass Pausenäpfel verteilt werden. Wichtig ist es, die Gesundheit als soziales Phänomen zu betrachten. Dabei steht die Frage im Vordergrund, wie Menschen es fertigbringen, einander gegenseitig gesund oder krank zu machen. Auch hier geht es darum, die sozialen Auslöser zu erkennen und Gegenmaßnahmen einzuleiten. Damals bin ich gegen Windmühlen gelaufen, weil ich erreichen wollte, dass dieser Aspekt mehr Berücksichtigung fand.

In dieser Zeit entstand auch mein erstes Buch „Risikofaktor Einsamkeit". Das Werk erreichte zwar eine gewisse Aufmerksamkeit, aber eher aus dem Grund, weil ich dort viele statistisch beeindruckende Zusammenhänge vorweisen konnte. Ich konnte zeigen, dass integrierte Kinder deutlich weniger gesundheitliche Beschwerden hatten als nicht integrierte. Schüler, die von sich sagen, keine Freunde zu haben und auch keine finden zu können, haben einen schlechteren Gesundheitszustand. Leider führte dieses Wissen nicht dazu, dass viele Menschen darüber nachzudenken begannen, wie die Krankheitsursache – die mangelnde Integration der Schüler in die Gemeinschaft – beseitigt werden könnte. Es führte eher dazu, dass ich gefragt wurde, wie man es anstelle, so schöne hohe Korrelationen zu finden. Diese Erfahrungen waren eher enttäuschend für mich. Sie zeigten mir, dass es in der damaligen wissenschaftlichen Gemeinschaft wichtiger war, Studien zu publizieren, als reale Lebensbedingungen zu verbessern. Ich fürchte, dass das heute auch nicht anders ist.

Im Rahmen dieses Gesundheitsprojekts habe ich, wenngleich aus ganz anderer Position, eine Erfahrung gemacht, die mir einige meiner eigenen Schulzeit-Erlebnisse in Erinnerung gerufen hat. Es gab dabei auch supervisionsähnliche Sitzungen, in denen PädagogInnen von ihren Erfahrungen berichteten. Die Aussage: „Ich habe so eine supertolle Klasse – alle arbeiten so gut zusammen – wenn da nicht der/die (und hier kommt irgendein Name) wäre", kam mehr als einmal vor. Irgendeinen Bösen oder eine Böse gibt es immer und der oder die ist an allem schuld, was schiefläuft. Interessanterweise passiert es dann manchmal, dass der oder die Böse die Klasse verlässt, und wenig später gibt es neue Böse – öfter ein Er als eine Sie.

Eine interessante Erfahrung. Möglicherweise ist die Welt so organisiert, dass immer einer die Rolle des Bösen übernehmen muss, auch wenn niemand so wirklich versteht, warum. Das hat mich sehr an meine eigene Geschichte erinnert. In dieser Zeit habe ich viel für mich selbst und über mich selbst gelernt. Eine wesentliche Erkenntnis dabei war, dass in unserer Gesellschaft – ausgehend von einem einigermaßen stabilen und funktionierenden Gesundheits- und Sozialwesen – die vielleicht wichtigste Krankheitsursache die Gleichgültigkeit ist, weil sie es zulässt, dass die ganz einfachen und ganz falschen Erklärungen für krankmachende Ereignisse zu Wahrheiten erhoben werden; denn es ist viel zu anstrengend, nach den wirklichen Ursachen zu suchen. Und die

Frage, was dabei unter „wirklich" oder gar unter „wahr" zu verstehen sein soll, die muss an anderer Stelle erörtert werden.

Wissen zur Beherrschung der Zukunft

Nach meiner Studienzeit war ich rund vierzig Jahre als Wissenschaftler an der Universität Wien tätig, nur durch wenige kurze Auslandsaufenthalte unterbrochen. Das System der Wissenschaft ist ungefähr so organisiert wie eine Firma. In der Zeit meiner beruflichen Tätigkeit haben sich unterschiedliche Märkte gebildet. Wie überall gab es auch hier Konkurrenzsituationen bei der Verteilung der Mittel, die für Forschung zur Verfügung standen. Hans Strotzka sagte schon in den 70er-Jahren mit traurigem Ton: „In der heutigen Zeit hat nur Erfolg, was entweder Naturwissenschaft ist oder so ausschaut." Diese Aussage, kommt mir vor, hat heute immer noch Gültigkeit. Bei uns werden tendenziell jene Wissenschaften bevorzugt, die den Anschein erwecken, dass man mit ihnen in absehbarer Zeit Geld verdienen kann. Eher brotlose Disziplinen, wie die Philosophie oder auch die Sozialwissenschaften, hatten in den letzten Jahrzehnten ziemliche Legitimationsprobleme, wenn sie sich nicht in Logik und Methodologie an der Markt- und Meinungsforschung orientierten, was sie dann auch mehrere Jahrzehnte lang brav getan haben. Das Nachdenken hat sehr an Image verloren und ist deshalb aus der Mode gekommen. Nach der Marktlogik ist es wichtig, zu produzieren. Die Wissenschaft behauptet, dass sie gesichertes Wissen produziert, oder widerspricht wenigstens nicht sehr laut, wenn ihr diese Fähigkeit unterstellt wird. Bisher hat sie sich allerdings sehr wenig damit beschäftigt, darüber nachzudenken, was vernünftigerweise als „Wissen" eingestuft werden soll, und diese Entscheidung praktischerweise den Personen oder Institutionen überlassen, die für die Produktion dieses sogenannten Wissens bezahlen.

Nachdenklich stimmt mich eine Episode aus der Lebensgeschichte von Albert Einstein. Im Alter von ungefähr 25 Jahren schickte er einen Entwurf seiner speziellen Relativitätstheorie an Max Planck, schon damals ein anerkannter Experte der Physik. Dieser wusste mit dem Geschriebenen nicht wirklich etwas anzufangen. Er fand die Argumentationen zwar schlüssig, aber doch auch sehr eigenartig und in ihren Konsequenzen geradezu atemberaubend. Konnte, durfte so etwas überhaupt wahr sein? Im Gespräch mit seinem damaligen Assistenten Werner Heisenberg formulierte er seine Ratlosigkeit und seinen Entschluss, an diesen eigenartigen unbekannten Herrn Einstein in Zürich eine freundliche und unverbindliche Antwort zu schicken, um sich der Sache irgendwie zu entledigen. So ermutigte er Herrn Einstein freundlich, doch weiterzumachen. Der große Durchbruch von Einstein kam im Zuge einer großen Sonnenfinsternis. Einstein sagte ein astronomisches Phänomen voraus, das tatsächlich eintrat: Ein Stern würde aufgrund der Ablenkung des Lichtes durch die Schwerkraft an anderer Stelle zu sehen sein, als seiner tatsächlichen Position entsprach. Ab diesem Zeitpunkt war Einstein in allen Zeitungen und wurde schlagartig berühmt. Seine Relativitätstheorie wird seit damals als Wissen verbreitet.

Wissen ist offenbar das, was die meisten Menschen für brauchbar halten. Eine Theorie ist ein Versuch, die Erscheinungen aus der Wirklichkeit in eine Ordnung zu bringen, die uns hilft, Gesetzmäßigkeiten zu verstehen. Das Ziel sind aussagekräftige Prognosen für die Zukunft. Wissenschaft will die Welt beherrschen oder wenigstens daran mitarbeiten, die Werkzeuge bereitzustellen, die fürs Beherrschen notwendig sind. Das geht nur dann, wenn man sich auf die Zukunft einstellen kann. Wer eine Überschwemmung voraussagen kann, ist eher in der Lage, rechtzeitig Gegenmaßnahmen zu treffen. Die Rolle der Sozialwissenschaften in einer Einrichtung zur Produktion von so verstandenem „Wissen" scheint mir noch immer sehr unklar zu sein. Und ich wundere mich darüber, wie wenig das die Soziologen stört.

Soziologie als Wissenschaft

Es gibt keine einheitlich akzeptierte Lehre, wann genau die Soziologie als wissenschaftliche Disziplin entstand. Erste Überlegungen, ob und wie ein Staatswesen mit oder ohne Herrscherfigur funktionieren kann, werden meist auf Thomas Hobbes und sein Werk „Leviathan" zurückgeführt. Ihn, aber auch Rousseau und Marx, würde ich eher als Staatstheoretiker bezeichnen, die manchmal auch zu den Soziologen gezählt werden. Den Begriff der „Soziologie" hat Auguste Comte im 19. Jahrhundert geprägt. Als einer der Begründer der modernen Soziologie gilt Emile Durkheim. Er war auch einer der Ersten, der so etwas Ähnliches wie empirische Forschung betrieb, wenn auch mit Methoden, die heute als eher überholt gelten. Einen Schub erhielt die heutige, als „modern" bezeichnete (irrtümlich, wie ich meine) Soziologie um die 50er-Jahre des 20. Jahrhunderts. Damals entstand die empirische Sozialforschung aufgrund der neuen Möglichkeiten der Datenverarbeitung durch die Computertechnologie. Mit ihr konnten erstmals größere Datenmengen in vertretbarer Zeit verarbeitet werden. Vorher hatten Studien, die heute in drei Wochen möglich sind, mehrere Jahre gedauert. Dadurch entstand ein Hype an Umfrageforschung, der zum Teil bis heute noch anhält. Ich bin der Meinung, dass diese Entwicklung für die Wissenschaft der Soziologie nicht sehr förderlich war. Zu viele Forscher haben zugunsten des Zählens mit dem Denken aufgehört. Die Feststellung, dass ein bestimmter Prozentsatz der Bevölkerung eine bestimmte Meinung vertritt, wird immer häufiger unkommentiert mitgeteilt, gerade so, als ob es irgendeine Information geben könne, die irgendeinen Wert hätte ohne Überlegung, was sie für Ursachen und Konsequenzen hat. Zu oft werden Soziologen als Menschen betrachtet, deren Wert sich darin erschöpft, Statistiken zu präsentieren. Eine grobe Unsitte.

Daran änderte auch die Strömung der sogenannten „qualitativen" Sozialforschung in den 70er-Jahren nicht wirklich etwas. Zu dieser Zeit kam es zu einer idiotischen Konkurrenzsituation zwischen „quantitativen" und „qualitativen" Ansätzen. Während die einen für die Beschreibung eines Sachverhalts Zahlen als unumgänglich erachteten, waren die anderen der Meinung, die Komplexität der sozialen Wirklichkeit könne in Zahlen niemals abgebildet werden und dürfe es deshalb auch nicht. Ich habe den Verdacht, dass diese Entwicklung einerseits sehr wesentlich von der Tatsache angetrieben wurde, dass es immer mehr Soziologen gab, die nicht gern Mathematik lernen wollten. Ein anderer Grund mag am Wissenschaftsmarkt liegen. „Quantitativ" orientierte Forscher haben lange Zeit einen großen Anteil des Forschungsgeldvolumens erhalten. Daraus entstand ein Kampf um die immer knapper werdenden Geldmittel. Dies veranlasste die Anhänger der jeweiligen Gruppe zu argumentieren, dass ihre Methode die einzig vertretbare sei.

Es war und ist ein Unsinn zu behaupten, dass die reine „quantitative" oder die reine „qualitative" Forschung die „richtige" sei. Jede Weltsicht ist falsch, weil sie vereinfacht. Daher ist die gleichzeitige Anwendung möglichst vieler und möglichst unterschiedlicher Sichtweisen immer eine bessere Annäherung an das, was Menschen als Realität bezeichnen, als die Reduktion auf nur eine Methode, egal, wie „richtig" sie auch sein mag. Die Realität an sich existiert nicht. Es gibt nur unsere Modelle davon. Sie ist die Summe unserer Bilder von der Welt. Das beginnt schon beim gänzlich unterschiedlichen Eindruck, den unterschiedliche Personen von einer scheinbar so einfachen Sache wie der Farbe „Rot" haben. Wir können über die Wellenlänge einer Farbe kommunizieren, aber niemals über ihr Wesen.

Das Wissensparadoxon

Ich bin überzeugt, dass die meisten der heutigen Wissensinhalte, die Soziologen produzieren, in 500 Jahren überholt sein werden. Was sich wahrscheinlich erhalten wird, ist die Notwendigkeit von persönlichen Denktugenden, Anforderungen an die Klarheit der Erkenntnis. Damit meine ich vor allem das genaue und selbstkritische Hinschauen. Das ist schon deshalb notwendig, weil jemand, der eine Hypothese lieb gewonnen hat, meist nur mehr das wahrnimmt, was diese Hypothese bestätigt, und alles übersieht, was ihr widerspricht. Wir sollten uns auch angewöhnen, die Entstehungsgeschichte von sozialen Situationen (und nicht nur von diesen) genauer zu untersuchen. Wer gesehen und nachvollzogen hat, wie eine Einstellung oder ein Reaktionsmuster entstanden ist, tut sich viel schwerer, es als „falsch", „verrückt" oder „böse" abzutun. Erst so gelingt das schwierige, aber sehr notwendige Kunststück, seine eigenen Interpretationen von tatsächlichen Beobachtungen zu unterscheiden. Wer dies alles über längere Zeit probiert, kann kaum umhin, eine gewisse Bescheidenheit zu entwickeln, die in die sokratische Erkenntnis „Ich weiß, dass ich nichts weiß" mündet; eine Erkenntnis, die Jahrtausende überstand, ohne an Aktualität zu verlieren. Wahrscheinlich deshalb, weil das subjektive Gefühl des Nicht-Wissens exponentiell mit dem Wissen zunimmt. Je größer der Erkenntnisstand einer Person und/oder einer Disziplin ist, desto eher erkennen wir, was es noch alles gibt, von dem wir nichts wissen. Intelligenz ist die Fähigkeit, Wahrgenommenes mit Wissensinhalten in Beziehung zu setzen, zu verknüpfen und daraus Schlüsse zu ziehen. Das führt zu einem Wissensparadoxon: Je intelligenter ein Mensch ist, umso mehr Verknüpfungsarbeit erkennt er, umso schwerer wird seine Arbeitslast, umso größer der Berg von noch nicht getaner Arbeit und umso weniger intelligent fühlt er sich. Aus dieser Logik folgt, dass jemand, der von sich behauptet, intelligent zu sein, mit hoher Wahrscheinlichkeit das Gegenteil ist.

Gesellschaftsentwürfe
für den dauerhaften Frieden

Ein großes Problem in unserer Welt ist die Destabilisierung durch Ungleichheit. In Amerika gibt es Menschen, die sich mit ihrem Privatvermögen große Teile von Afrika kaufen könnten. (In Arabien gibt es Menschen, die das auch mehr oder weniger tun.) Der amerikanische Wirtschaftswissenschaftler Joseph Stiglitz machte deutlich, dass Systeme, die systematisch immer mehr Ungleichheit zwischen wenigen Reichen und vielen Armen erzeugen, auch für die wenigen Reichen nicht erstrebenswert sind. Denn irgendwann müssen diese Reichen ihr Geld hauptsächlich zu ihrem Schutz einsetzen, um Zäune zu errichten und Sicherheitsmannschaften zu bezahlen. Und die psychologische Seite, der Zynismus, der notwendig ist, um die angeborene Empathie mit den armen Teufeln von nebenan abzustellen, die intellektuellen und emotionellen Verbiegungen, die notwendig sind, um sich selbst erfolgreich einzureden, es sei ganz in Ordnung, dass man sich Gedanken über die Täfelung des Swimmingpools macht, während ein paar Kilometer weiter Menschen verhungern, all dies ist dabei noch gar nicht mitgerechnet. Auf die Dauer verschwindet so nicht nur das persönliche Glück, sondern auch der Reichtum. Daher ist unkontrollierter Kapitalismus genauso unsinnig wie unreflektierter Sozialismus. Viel zu langsam setzt sich auch in unserer kapitalistischen Denkweise die Erkenntnis durch, dass es auch positive Errungenschaften des Sozialismus in Ostblock-Prägung gab. Beispiele dafür gibt es viele, so wie die viel weiter ausgebaute Gleichberechtigung von Mann und Frau, der soziale Zusammenhalt, durch den niemand zurückgelassen wurde, oder die viel weiter ausgebauten Möglichkeiten der Kinderbetreuung. Dies und vieles andere war vom Konzept her sehr vernünftig, nur auf Dauer in diesem System nicht finanzierbar. Am Ende der Ostblock-Ära wurden alle diese Ideen zerstört. Heute müssen wir sie uns mühselig wieder in Erinnerung rufen.

Ich halte es für blanken Wahnsinn, dass wir Systeme sterben lassen, ohne vorher zu schauen, was diese Systeme konnten und was wir davon in unsere Welt übernehmen sollten. Damals hat das niemanden interessiert. Auch hier spielte die alte Logik eine große Rolle, dass die Bösen raus müssen. Der Gedanke, dass die Bösen möglicherweise etwas an sich haben, was auch uns guttäte, ist dabei nicht zulässig. Derzeit gibt es noch keinen Gesellschaftsentwurf, der nicht laufend korrigiert werden müsste. Das Wort „noch" beinhaltet für mich den – möglicherweise naiven – Optimismus, dass dies in Zukunft vielleicht einmal möglich sein könnte. Diese Aufgabe wäre die Kerntätigkeit der Soziologen dieser Welt gewesen. Die Tatsache, dass es diesen Entwurf nicht gibt, ist ein Versagen, an dem leider wohl auch ich meinen bescheidenen Anteil habe.

Frieden als Balance vorhandener Gegensätze

Frieden ist für mich ein Gemütszustand, der einem laufenden Prozess unterworfen ist. Diese Aussage klingt zunächst ein wenig diffus und bedarf einiger Begriffsklärungen. Der Unterschied zwischen Zustand und Prozess liegt in der Betrachtungsweise. Ein Zustand wird ohne Berücksichtigung der Zeit betrachtet, ein Prozess betrachtet Veränderungen im Zeitablauf. Ein Zustand kann auf einem einzigen Foto festgehalten werden, ein Prozess braucht eine Bildfolge wie in einem Film. (Eine Annäherung, um das Wechselverhältnis von Zuständen und Prozessen zu begreifen, sind z. B. die Markow-Prozesse, die eine Abfolge von unterschiedlichen Zuständen beschreiben, wobei die Wahrscheinlichkeiten für das Erreichen bestimmter Zustände von dem Ausgangszustand abhängt, in dem sich ein Element oder ein Individuum befindet.)

Natürlich gibt es äußere Umstände, die Frieden begünstigen oder stören können. Es gibt aber auch Menschen, die es schaffen, unter äußerst kriegerischen Umständen so etwas wie Frieden zu empfinden. Dann gibt es wieder andere, die immer Feinde suchen, auch wenn keine da sind. Es kann ein und dieselbe Situation von manchen als friedlich und von anderen als kriegerisch eingeschätzt werden. Daher glaube ich nicht, dass Frieden durch äußere Rahmenbedingungen allein herstellbar ist. Natürlich könnten wir ihn dadurch definieren, dass im Moment gerade niemand den anderen erschlägt. Aber das greift zu kurz, weil es eine reine Zustandsbeschreibung ist. Im nächsten Moment könnte die Situation gänzlich anders aussehen. Wesentlich für einen anhaltenden Frieden ist das Vorhandensein von allgemein akzeptierten Regeln, die Kriege unnötig machen.

In physiologischer Hinsicht ist Frieden eine Abwesenheit von Dystress, die eine körperliche und geistige Entwicklung ermöglicht. Der friedvolle Gemütszustand ist vermutlich eng mit para-

sympathischer Aktivität verbunden. Es ist dies jener Teil unseres Nervensystems, der weitgehend unbewusst abläuft und meist so funktioniert, dass es den Regenerationsprozessen in unserem Organismus förderlich ist. Die Verdauung und die Atmung laufen beispielsweise weitgehend als parasympathische Aktivität ab. Werden diese Vorgänge von außen gestört, dann tritt der Sympathikus in Aktion. Jene Muskeln, die für rasche Reaktionen sorgen, werden aktiviert. Erhöhte Wachsamkeit, Kampf und Flucht sollen damit ermöglicht werden.

Menschen brauchen beides, ein gewisses Maß an Stimulation, aber auch regelmäßige Ruhephasen. Die meisten Zustände, die Menschen erreichen können, sind widersprüchlich. Fortgesetzter Frieden – physiologisch verstanden – führt sich ad absurdum. Fortgesetzter Krieg braucht sich nicht ad absurdum zu führen, der ist schon von Anfang an absurd. So, wie die perfekte Freiheit in die Einsamkeit führt, die auch nicht mehr als frei bezeichnet werden kann, würde der perfekte Frieden, gesehen als Abwesenheit von Herausforderungen, in die Bewegungslosigkeit führen. Eine perfekte Abwesenheit von Gegensätzen wäre eine perfekte Abwesenheit von Leben. Deshalb muss auch Frieden in seiner letzten Steigerungsform immer wieder neue Gegensätze heraufbeschwören. Ob sich diese dann als Krieg oder als Geburtsvorgang von Synthesen herausstellen, ist der Prüfstein, an dem sich erweist, ob Menschen die Bezeichnung Menschen verdienen. Das menschliche Leben ist ein fortwährender Balancierungsprozess zwischen vorhandenen Gegensätzen – auch in Bezug auf Krieg und Frieden. Ich denke, Frieden ist die Kunst, mit Widersprüchlichkeiten so umzugehen, dass niemand Schaden erleidet.

Friedensstifter als kreative Problemlöser

Friedensstifter erbringen daher sehr kreative Leistungen, weil sie natürliche – oder als natürlich erlebte – Gegensätze nicht beseitigen, sondern miteinander vereinbar machen. Sie schaffen akzeptierte und eingehaltene Regeln. Dabei stehen sie heute vor großen Herausforderungen. In unserer Gesellschaft leben wir immer noch ziemlich weitgehend nach der Logik von Stammesgesellschaften. Wir haben im Laufe der menschlichen Geschichte umfangreiche Erfahrungen damit gemacht. Die Regeln des Zusammenlebens in Stammesgesellschaften sind vergleichsweise einfach. Verletzt oder tötet ein Jäger einen anderen, dann hat er dadurch eindeutige Nachteile. Dann nämlich reduziert sich die Jagdgemeinschaft und es fehlt ein Jäger, der die Gemeinschaft schützt und zum Gelingen der Jagd beiträgt. Haben die beiden Jäger einen Interessengegensatz – wie beispielsweise die Gunst einer Frau –, dann ist es somit in ihrem ureigensten Interesse, diesen so rasch wie möglich zu beseitigen. Sonst könnten sie nicht mehr gemeinsam jagen, worunter der Stamm erheblich leiden würde. Daher hatten und haben Stammesgesellschaften sehr gut funktionierende Mechanismen zur Beilegung von Streitsituationen. Damit ist nicht die Verleugnung des Problems oder die Vernichtung eines Betroffenen gemeint. Die Beilegung bedeutet das Finden einer Regelung, mit der alle leben können. Bei Konflikten mit Stammesfremden läuft das anders ab. Eine Verletzung oder gar Tötung Außenstehender wird innerhalb des Stammes nicht von vornherein als Vergehen angesehen. Der „Fremde" könnte ja durchaus auch mit bösen Absichten gekommen sein. Kompliziert wird es nur dann, wenn dadurch ein Rachefeldzug eines anderen Stammes befürchtet werden muss.

In unserer Gesellschaft können wir bislang wenig mit dem Begriff „Frieden stiften" anfangen. Das Erste, was uns üblicherweise dazu einfällt, ist der Tod der Kämpfenden. Das entspricht auch der Logik von vielen Filmen – oft aus dem amerikanischen Hollywood. James Bond ist nur deshalb über Jahrzehnte so erfolgreich, weil er es schafft, den Bösewicht am Ende des Films zu beseitigen. Der gesamte Filminhalt beschäftigt sich nahezu ausschließlich mit der künstlerischen Ausgestaltung des Vernichtungsvorganges. Auch das ist der Logik der Stammesgesellschaften entlehnt, in denen „gut" und „böse" ungefähr dasselbe bedeutet wie „drinnen" und „draußen". Gut im Sinne von schützenswert sind diejenigen, die zur Gruppe, zum Stamm, gehören. Potenziell böse im Sinne von Vorsicht gebietend sind die Menschen von draußen. Das Friedensstiften im archaischen Sinn besteht darin, dass Menschen, die entsprechend der anerkannten Meinung hinaus gehören, auch hinausbefördert werden. Ob der Böse dabei stirbt oder nur so verschwindet, ist nebensächlich. Die Idee folgt dem einfachen Gesetz, dass ein toter Böser weitaus besser ist als ein lebendiger. Diese Form der Konfliktlösung hat auch heute noch eine erstaunlich große Bedeutung. Man könnte auf den Gedanken kommen, die meisten Konflikte, die uns im Alltag beschäftigen, kommen daher, dass wir den Übergang von der Stammesgesellschaft zur Weltgesellschaft (noch) nicht geschafft haben. Oder was ist das klassische Mobbing anderes als ein Verstoß aus der Stammesgemeinschaft?

Eines der großen Dilemmata unserer Großgesellschaften ist das Verschwinden von Stammesgrenzen. Es wird immer schwieriger, zwischen „natürlichem" Freund und „natürlichem" Feind, zwischen Stammesangehörigem und Stammesfremdem zu unterscheiden. Daher schaffen wir diese Unterscheidungen künstlich, weil sie nicht mehr aus natürlichen Gegebenheiten abzuleiten sind. Zwar gibt es immer noch die Familie, deren Mitglieder, so will es das, was wir als „natürlich" erleben, untereinander solidarisch sind. Aber durch die Vielfalt von unterschiedlichen Familientypen, wie beispielsweise Patchworkfamilien, sind wir heute immer häufiger auch im inneren Kreis gefordert, neu zu definieren, wer dazugehört und wer nicht. Den verbissenen Widerstand mancher *eher konservativer Gruppen gegen die Legalisierung von Familienformen, die nicht aus Ehemann, Ehefrau und ehelichen Kindern bestehen, könnte man auch als einen angstbesetzten Versuch deuten, die letzte Möglichkeit von natürlich anmutenden Grenzziehungen zu verteidigen. Daneben gibt es als Möglichkeiten zum Einführen von Solidaritätsgrenzen noch den Arbeitsplatz, Vereine oder sonstige Betätigungsfelder. Das macht unser Leben viel komplizierter. Wir sind ständig mit der Entscheidung konfrontiert, uns mit einer Gruppe solidarisch zu erklären oder uns gegen sie zu verbünden. Die Lösung wäre die Weltgesellschaft, von der wir allerdings derzeit sehr weit entfernt sind. Die Chancen, ein Habitat auf dem Mars zu errichten, sind offensichtlich sehr viel größer als die Chancen, eine friedvolle Weltgesellschaft zu etablieren. In ihr wäre jeder mit jedem solidarisch. Niemand hätte dann das moralische oder faktische Recht, jemand anderen zu verletzen oder umzubringen. Ein Zusammenleben auf dieser Basis wäre trotz der damit verbundenen sehr komplexen Lebenssituation wahrscheinlich wesentlich einfacher. Das Finden dieser Basis allerdings scheint uns (noch) hoffnungslos zu überfordern.*

Frieden stiften als fortschreitender Prozess

In einer Vorlesung erwähnte ich einmal so nebenbei, dass Wissenschaft keine Wahrheiten, sondern Ergebnisse produziert. Anders als Wahrheiten sind Ergebnisse nur so lange als wahr zu betrachten, solange sie von niemandem widerlegt werden. Eine zuhörende Studentin kommentierte diese Aussage. Sie meinte, dass diese Sätze ihr gesamtes Denken auf den Kopf stellten. Für mich waren diese Worte eine Selbstverständlichkeit und ich habe mir nicht viel dabei gedacht. Diese Episode ist eine Illustration dafür, dass Gesagtes immer nur die Bedeutung dessen hat, was der andere darunter versteht. Jeder Mensch durchläuft Stadien, in denen er für bestimmte Botschaften empfänglich ist und für andere nicht. Was für den einen eine weltverändernde Enthüllung ist, bedeutet für einen anderen gar nichts. Auch für mich haben manche Erlebnisse zu irgendeinem Zeitpunkt eine Veränderung meiner Sicht von der Welt bedeutet, zu anderen Zeitpunkten waren sie noch, oder schon wieder, bedeutungslos. Ich glaube nicht daran, dass irgendein Ereignis Menschen verändert. Sondern Menschen verändern sich im Verlauf eines lang anhaltenden Prozesses und irgendwann kommt ein Ereignis, für das sie aufgrund ihres momentanen Entwicklungsprozesses gerade empfänglich sind, und macht ihnen ihre eigene Veränderung bewusst. „Erst wenn der Schüler bereit ist, erscheint der Meister", sagt ein altes chinesisches Sprichwort. Der „Meister" kann wohl auch ein Lebensereignis sein. Deshalb glaube ich auch nicht, dass wir von einem Tag auf den anderen zum Friedensstifter werden oder uns davon abkehren. Auch das ist für mich ein Prozess.

In meinem Leben habe ich einige Menschen kennengelernt, die ich durchaus als Friedensstifter bezeichnen würde. Die Erste, die mir dazu einfällt, ist Ute Bock. Ich kenne sie allerdings nur vom Fernsehen. Sie hat sich für Flüchtlinge in Österreich eingesetzt. In dem Zusammenhang hat sie ein Haus und Essen organisiert. Das ist eine konkrete Aktion, die Sinn macht. Die Art, wie sie das umgesetzt hat, vermittelte mir den Eindruck, dass sie nicht im Mindesten daran interessiert war, sich zu profilieren, auch nicht irgendwelche anderen verdeckten Motive hatte, sondern aus der sehr einfachen Feststellung heraus handelte: „Da muss was geschehen". Interessant nur, dass bei der Einfachheit und Offensichtlichkeit dieser Notwendigkeit so viele andere Menschen nicht zum gleichen Ergebnis gekommen sind.

Wirkliche Friedensstifter verfolgen mit ihren Aktionen keine verdeckten Absichten. Das hat mit Authentizität zu tun. Wenn Frieden zu stiften als Vorwand für die Durchsetzung eigener

Interessen verwendet wurde, hat es noch nie funktioniert. Es gibt Menschen, bei denen habe ich allein schon durch ihren Tonfall das Gefühl, dass sie nicht das beabsichtigen, was sie zu beabsichtigen behaupten. Natürlich habe ich darüber keine Gewissheit. Aber ich glaube, man muss sich von dem Gedanken verabschieden, dass Friedensstifter immer nur nette und gemütliche Menschen sind. Es würde mich nicht wundern, wenn sich der jetzige Papst Franziskus als Friedensstifter herausstellen würde. Doch auch er stiftet Unruhe, indem er mit traditionellen Mustern der Verlogenheit aufräumt; zum jetzigen Zeitpunkt muss man wohl noch sagen: dies versucht. In diese Kategorie möchte ich auch Sokrates, den großen Philosophen der Antike, einreihen. Er scheint eine eher unbequeme Persönlichkeit gewesen zu sein, trotzdem würde ich ihn als Friedensstifter bezeichnen. Er hat mehr Fragen gestellt als beantwortet und so seine Schüler permanent herausgefordert. Dennoch gibt es die sokratische Methode auch heute noch als didaktisches Prinzip. Auch wenn er viele zunächst in peinliche Unruhe versetzt hat, versetzte er dennoch auch viele in die Lage, sich den Zustand des inneren Friedens durch geistige Mündigkeit selbst zu schaffen.

Ich habe den Eindruck, dass Menschen, die keine Angst davor haben, sich mit sich selbst zu beschäftigen, sich selbst zu beobachten und einen inneren Dialog zu führen, gelassener sind als andere. Dieses Element ist für mich auch im Sinne des Friedensstiftens wichtig. Kennt jemand seine eigenen Verhaltensweisen, seine Vorlieben und seine Eigenheiten, dann ist er seinen unbewussten Deutungen nicht mehr so stark ausgeliefert. Er hat größere Chancen, die Authentizität zu erreichen, die zum Friedensstiften notwendig ist. Oft, aber nicht immer, sind das Personen, die sich – etwa im Rahmen einer Psychoanalyse – ausführlich mit sich selbst, ihren Vorstellungen, ihren geheimen und weniger geheimen Wünschen, ihren Befürchtungen, ihren Deutungsgewohnheiten auseinandergesetzt haben. Solche Personen stellen sich selbst die oft erstaunlich schwierigen Fragen, was genau sie erreichen wollen und wie sie es erreichen können, und sind daher von den Deutungsangeboten von wohlmeinenden Freunden und Verwandten, von der Werbeindustrie, von professionellen Gurus und anderen nicht so stark abhängig. Frieden zu stiften ist eine sehr mühsame Arbeit, weil man dabei bei sich selbst beginnen und sich selbst kennen muss.

Ich persönlich genieße ein großes Privileg. Es gibt nichts, was ich unbedingt noch erreichen will oder erreichen zu müssen glaube. Deshalb ist es für mich nicht notwendig, mich darum zu kümmern, ob ich bei anderen Menschen großes oder kleines oder gar kein Ansehen genieße. Das erleichtert mein Leben sehr. Ich habe allerdings keine Ahnung, ob ich deswegen schon ein Friedensstifter bin.

2 FRIEDEN UND SICHERHEIT

Die Menschen hätten viele Kriege vermeiden können, wenn sie von jeher dem Faktor Sicherheit eine andere Bedeutung zugemessen hätten. Es ist klar, dass eine absolute Sicherheit unmöglich ist. Sobald wir mit neuen Kräften in Berührung kommen, gibt es ein bestimmtes Maß an Risiko. Das gilt für die Beziehung zu Menschen, aber auch im Zusammenspiel mit der Natur oder Technologie.

BEDÜRFNISSE
(URSACHE)

ZUGEHÖRIGKEIT ↕ ISOLATION

KLARHEIT ↕ UNGEWISSHEIT

SELBSTBESTIMMUNG ↕ ZWANG

MANGEL
↓

ANGST

↓
KURZSCHLUSSREAKTION
(WIRKUNG)

Im Umgang mit Bekanntem können wir dieses Risiko einigermaßen gut einschätzen. Trifft einander Fremdes, so erfolgt zuerst eine Bestandsaufnahme. Vermutet man im anderen einen Freund, so können beide eine Art Zugehörigkeit zueinander herstellen. Geht vom anderen eine Bedrohung der eigenen Autonomie aus, so wird man den Umgang mit ihm eher meiden. Lässt sich dann eine Auseinandersetzung mit dem „Fremden" nicht umgehen, so entsteht Angst. Dieses Gefühl kann zu Kurzschlusshandlungen führen. Diese reichen im Extremfall vom „Totstellen" bis zum aggressiven Angriff.

Subjektive Sicherheit ist primär ein Gefühl. Kann jemand angstfrei seine Wohnung verlassen und im offenen Raum anderen Menschen begegnen, ist auch Frieden möglich. Gibt es Befürchtungen, ausgeraubt, angegriffen oder gar getötet zu werden, herrscht wahrscheinlich Krieg. Indikatoren, wie das Konfliktbarometer oder der Global Peace Index, objektivieren diese persönliche Einschätzung. Sie klassifizieren Staaten oder Regionen anhand konkreter Kriterien, wie beispielsweise Waffenimporte oder Terroraktivitäten. Diese Werte orientieren sich an der Gefahr durch die Bedrohung aufgrund gezielter Handlungen anderer Menschen im öffentlichen Raum. Doch auch in anderen Bereichen hat Sicherheit einen hohen Stellenwert: auf dem Arbeitsplatz, im Verkehr oder im Gesundheits- und Sozialwesen, um nur einige Beispiele zu nennen. Der Begriff Sicherheit umfasst auch Gewissheit, ein Vertrauen darauf, dass gegebene und erhaltene Zusagen eingehalten werden. Ein heute wichtiger Aspekt von Sicherheit sind auch die gesetzlichen Pensionszahlungen an die Rentner. Auch hier braucht es Klarheit über die Gewährung und den Umfang der Leistungen. Menschen, die jahrzehntelang zwangsweise Gelder in das Pensionssystem einzahlten, erwarten sich im Gegenzug dazu die Sicherheit der Auszahlungen in einer bestimmten Höhe nach dem Ende eines definierten Erwerbslebens. Tritt hier eine Verunsicherung ein, ist der Frieden ernsthaft gefährdet.

Menschen mit großen Ängsten sind anfälliger für Kriege als andere. Sie meinen dann, dass dies der einzige Ausweg sei, ihre Angst zu beseitigen. Wenn sie nur den Gegner besiegen können, dann entsteht automatisch wieder ein Gefühl der Sicherheit. Wahrscheinlich war diese Überlegung der Grund für den Aufbau und die Kultivierung von Militär und sonstigen Schutzeinrichtungen. Der Zweck des Militärs dient der Sicherung des Wohls des Staates. Bereits im 6. Jh. vor Christus erkannte der chinesische General Sunzi, dass die Kriegskunst von entscheidender Bedeutung ist. Sie entscheidet über Leben und Tod sowie über den Untergang oder das Weiterbestehen eines Staates. Daher muss der Krieg einer genauen Untersuchung unterzogen werden. Sunzis Werk „Die Kunst des Krieges" ist auch heute noch eine Standardlektüre für einschlägige Ausbildungen. Bedeutend für ihn ist das Wissen, wann gekämpft wird. Grundsätzlich fand er friedliche Einigungen wesentlich sinnvoller als kriegerische – auch aus Kostengründen. Seine oft zitierte Aussage *„Wahrlich siegt, wer nicht kämpft"* ist auch heute noch gut bekannt. Ein guter General sollte zuerst versuchen, die Pläne des Feindes zu durchkreuzen. Gelingt das nicht, so sollte das Heer in die Verteidigung gehen. Erst die letzte Alternative ist die Offensive. Sie sollte nur dann angestrebt werden, wenn eine hohe Sicherheit besteht, gewinnen zu können. Die Alternativen der Verhandlung oder der Mediation zur Abklärung von gemeinsamen Bedürfnissen mit dem „Feind" behandelt Sunzi in seinem Werk nicht.

Im Verhältnis zu früher hat das Militär von heute einen weitaus schwierigeren Status. Das zeigt sich beispielsweise in der sehr unterschiedlichen Beurteilung der Friedensmissionen der Vereinten Nationen. Diese Völkervereinigung hat von der überwiegenden Anzahl der Länder der Welt einen grundsätzlichen Auftrag zum Friedensstiften. Dennoch sind auch die Grenzen des UN Peacemaking in unterschiedlichen Beispielen zutage getreten. Vor allem dort, wo es keine kriegerischen Auseinandersetzungen gibt, sind Bundesheere nicht unumstritten. Ausländische Aggressoren, die einen offenen Kampf in Westeuropa führen, sind aktuell nicht absehbar. Seit den letzten kriegerischen Handlungen zwischen Staaten sind hier mehr als 60 Jahre vergangen. Dennoch ist die Vorbereitung und das Training für den Ernstfall für die Streitkräfte eine zentrale Aufgabe. Dabei müssen sie beachten, dass sich die Gefahren wandeln und die Ausgestaltung eines realen Ernstfalles der Zukunft nicht vorhersehbar ist. Einsätze der Zukunft erfordern sicherlich andere Vorgehensweisen und Strategien als zu den Zeiten der letzten aktiven Kriegshandlungen, auf die sie heute zugreifen können. Gerade unter Friedensstiftern werden immer wieder auch Forderungen laut, Armeen und Waffen einfach abzuschaffen, weil sie angeblich nicht mehr gebraucht werden. Vielleicht kommt irgendwann eine Zeit, in der Armeen und Soldaten wirklich nicht mehr notwendig sind. Dennoch hat die zwangsweise oder offen geforderte Reduktion von Streitkräften auch ihre Nachteile. Wie bei jeder Veränderung geht es darum, herauszufinden, was von dem Bestehenden trotz Wandel erhalten werden soll. Das österreichische Bundesheer der Zweiten Republik ist von seiner Definition her eine friedensstiftende Einrichtung. Auf alle diese Ressourcen restlos zu verzichten, wäre genauso fatal, wie jeder Veränderung mit Widerstand zu begegnen.

IST-ZUSTAND → VERÄNDERUNG → **SOLL-ZUSTAND**

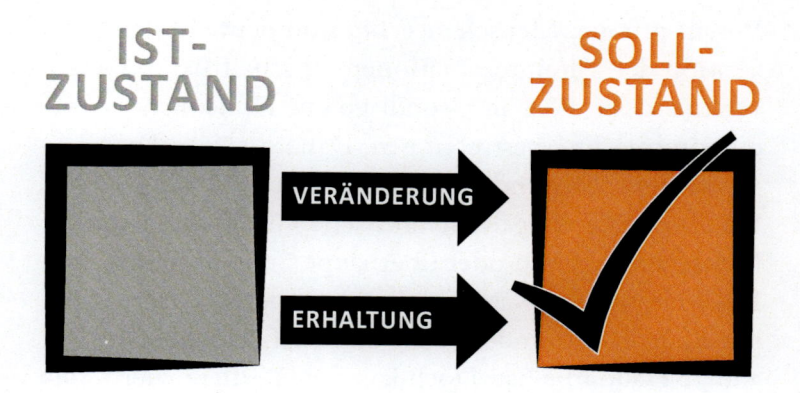

ERHALTUNG →

Nicht alle Krieger haben immer nur die Vernichtung anderer Kulturen im Sinne. Ein gutes Beispiel dafür ist der antike makedonische Eroberer Alexander der Große. Entsprechend dem deutschen Journalisten Wolf Schneider verdanken wir ihm den Beginn der dokumentierten, legitimierten Völkerintegration. Alexander arrangierte in Persien prunkvolle Massenvermählungen zwischen griechisch-makedonischen Soldaten und den – von den Griechen sonst als „Barbaren" eingestuften – Einheimischen. Er selbst vermählte sich gegen den Rat seines Lehrers und Philosophen Aristoteles mit der Tochter des persischen Großkönigs. Dabei vermischte Alexander die Sitten aller Völker wie in einem Becher der Freundschaft. Er erkannte die Hochkultur anderer an und verabschiedete sich vom Hochmut der Griechen. Diese Geburt der Menschenrechte verdankte Alexander auch dem dunkelhäutigen Phönizier Zenon von Zypern, der in Athen für damalige Zeiten Ungeheuerliches predigte: Alle Menschen sind gleich an Gaben, Rechten und Pflichten. Diese Grundüberlegung brachte die Basis für weitreichende Änderungen in der Welt. Sie stellt die Klassifizierung und Trennung von „minderwertigen" und „höherwertigen" Menschen und

Wesen infrage. Menschenrechte sind heute in der Konvention der Vereinten Nationen als schriftliches Gesetz verankert. Sie dient als Grundlage unterschiedlicher Antidiskriminierungsbestrebungen. Daher ist sie nahezu unumstrittener Bestandteil gesellschaftlicher Diskussionen. Wie weit allerdings eine faktische Gleichstellung aller Menschen möglich oder überhaupt sinnvoll ist, sei dem Leser überlassen. Natürlich ist es verwerflich, jemanden nur deshalb als minderwertig zu behandeln, weil er eine andere Hautfarbe hat. Doch kann eine differenzierte Behandlung nicht nur eine Benachteiligung sein, sondern auch ein Vorteil. So haben sich beispielsweise in der Medizin geschlechterspezifische Vorgehensweisen bewährt.

Der amerikanisch-englische Linguist und Schriftsteller Aaron Ralby stellt den Krieg als Paradoxon dar. Rational betrachtet ist die Schrecklichkeit des Krieges bekannt. Dennoch hat er eine magische Anziehungskraft. Vor allem durch die Nahrungsmitteltechnologie fehlt in vielen Teilen der heutigen Welt ein offensichtlicher Grund zu seiner Befürwortung. Trotzdem gibt es ihn noch. Es scheint, als ob der Mensch eine fundamentale Begierde nach dem extremen Nervenkitzel des Kampfes hat. Kriege faszinieren, weil sie Mut und strategische Intelligenz zur Überwindung großer Widrigkeiten voraussetzen. Kriege verändern sich mit dem technologischen Fortschritt und die dadurch bedingte Zerstörungskraft. Hinter einzelnen Mechanismen und Computern stehen Menschen, die sie entwickeln oder aber auch über deren Einsatz entscheiden.

Eine Ursache für die Ablehnung von Kriegen ist die abschreckende Wirkung von Gewalthandlungen. Das offensichtliche und beabsichtigte Töten und Verletzen von Menschen sowie die Zerstörung von Lebensgrundlagen scheint menschenunwürdig zu sein. Daher gibt es heute immer mehr Anhänger der Gewaltlosigkeit. Ein großes Vorbild dabei war der indische Widerstandskämpfer Gandhi, der das Ziel einer gewaltfreien Welt sehr stark propagierte und damit auch den Frieden fördern wollte. Seine wesentliche Errungenschaft war das Ende der Kolonialherrschaft der Briten über Indien. Das geschah, obwohl die aufständischen Inder gegen die Briten kaum Schusswaffen erhoben und die Briten ursprünglich deutlichen Widerstand gegen die Dekolonialisierung zeigten. Weder die Übertragung der Vorgehensweise von Gandhi auf andere separatistische Bestrebungen der Neuzeit noch sein Traum von einer gewaltfreien Welt haben sich bisher verwirklicht. Er selbst wurde ermordet. Die unmittelbare Folge des Rückzugs der Briten war die Teilung Indiens 1947. Mit einer geschätzten Zahl von 15 Millionen Flüchtlingen und Vertriebenen stellt sie die größte, zeitlich komprimierte Zwangsmigration des 20. Jahrhunderts dar. Auch wenn es keine genauen Opferzahlen dazu gibt, gehört sie zu den auffälligsten Gewaltereignissen dieser Epoche. Auch Gandhis Ideale der Gleichstellung der Frauen oder der Abschaffung des Kastenwesens in Indien sind bislang fernab einer Realisierung. Gandhi ist und bleibt jedenfalls ein Denkmal. Er hat der Welt definitiv einen neuen Weg zur Konfliktbearbeitung gezeigt. Es scheint so, dass sein Gedankengut fernab seines hauptsächlichen Wirkens mehr Beachtung findet als in Indien selbst.

Gewalt bedeutet im deutschen Sprachgebrauch den Einsatz von Zwang. Zwang definiert sich wieder mit Anwendung oder Ausübung von Druck von außen. Durch Zwang entsteht eine unabänderliche Notwendigkeit oder ein starker Einfluss auf menschliches Verhalten. So betrachtet können die Handlungen Gandhis sowohl gegenüber den Briten als auch dem eigenen Volk gegenüber nicht als gewaltfrei bezeichnet werden. Die Briten überließen Indien den Einheimischen nicht freiwillig, somit übte Gandhi sehr wohl auf sie auch Gewalt aus. Auch die aufkeimende Gewaltbereitschaft der Inder zwang er durch seinen Hungerstreik nieder. Diese Aussagen stimmen nachdenklich. Einer der größten Verfechter der Gewaltlosigkeit soll selbst massive Gewalthandlungen vollzogen haben? Diese offene Frage ist wahrscheinlich ein wichtiger Schlüssel zur Kunst des Friedens. Zwang und Druck allein führen nicht immer zu einer Schädigung. Die wohl größte Errungenschaft Gandhis war es, im Laufe der Zeit eine Art Freiwilligkeit der Briten zur Freigabe von Indien zu erreichen. Deshalb brauchte es keinen offenen Krieg.

Selbst wenn in einer gewaltorientierten Auseinandersetzung eine Schlechterstellung oder Verletzung anderer erfolgt, ist diese nicht immer beabsichtigt. Auch bei einer absichtlichen Gewalthandlung ist die Angemessenheit zu berücksichtigen. Der Löwe tötet die Antilope zwar vorsätzlich, doch vor allem deshalb, weil er sich und sein Rudel ernähren und erhalten will. Gleichzeitig sorgt er mit dieser Handlung für ein natürliches Gleichgewicht, weil er die Schwächsten der Antilopen als Opfer auswählt. Er beabsichtigt damit aber keinesfalls die Vernichtung der Tierart der Antilopen. Im Gegenteil, rottet er die Antilopen aus, dann hat er eine Beutemöglichkeit weniger. So leben Löwen und Antilopen in einer Symbiose, auch wenn dabei Gewalt an der Tagesordnung ist. Gewaltfreiheit scheint eine edle Gesinnung zu sein. Dennoch vergisst man dabei zweierlei. Konflikte erzeugen und verursachen naturgemäß auch Gewalt. Beide deshalb zu verdammen, löst das Grundproblem nicht. Friedensstifter der Zukunft sollten daher darauf achten, Gewalt als Waffe angemessen einzusetzen. Sie zwangsweise abzuschaffen, erscheint kontraproduktiv, auch wenn dies rechtlich legitimiert ist. Vielmehr sollte die Wahrnehmung geschärft werden, welche Gewalt verzichtbar ist und welche gar verabscheuungswürdig. Vielleicht kommt irgendwann eine Zeit, in der sie von sich aus nicht mehr notwendig ist. Können Bedürfnisse auch ohne Gewalt befriedigt werden, gibt es keine Veranlassung mehr für einen Gewalteinsatz. Die offene Frage, wann wie viel Gewalt in welcher Form notwendig ist, bleibt dem Leser überlassen.

Oliver Jeschonek
Berufssoldat, Coach und Mediator

Lernen von anderen

Ich war schon immer jemand, der gerne über sich nachgedacht hat und dabei das Zusammenwirken meiner äußeren Wahrnehmungen mit meinen inneren Empfindungen prüfte. Als Kind hat es mir Spaß gemacht, mich mit mir selbst zu beschäftigen. Auch in meiner Jugendzeit war mir ganz selten langweilig und ich habe viel Zeit mit Nachdenken verbracht. Dann lag ich in einer Wiese, habe die Wolken betrachtet und Fantasien entwickelt. Es war für mich immer schon spannend, mehr über mich selbst zu erfahren. Je mehr ich über andere Menschen erfahre, desto mehr lerne ich auch über mich selbst. Das ist ein Lernprozess, der sich immer ändert und nie aufhört. Manches macht mich betroffen, anderes wiederum ist lustig. Ich hatte meistens das Glück, dass ich Dinge tun konnte, die mir selbst auch viel Spaß machten. Daher möchte ich so lange wie möglich arbeiten, auch wenn ich dann bereits aufgrund des fortgeschrittenen Alters etwas langsamer gehen werde.

Bereits als Kind oder Jugendlicher hat es mir Spaß gemacht, mich mit Älteren zu messen. Wenn beispielsweise meine mich gerne belehrende Tante Paula auf Besuch kam, dann habe ich mit ihr so lange diskutiert, bis ich das Gefühl der Überlegenheit hatte. Meine Argumente sollten mir Recht geben und ich konnte dann als Sieger das Feld verlassen. Dieses Gefühl stellte sich speziell dann ein, wenn andere wütend oder betroffen waren und sie mit mir im Wortduell nicht mehr mithalten konnten. Es kam natürlich auch vor, dass ich mich in solchen Gesprächen zu weit aus dem Fenster lehnte und ich selber auch einstecken musste. Das ständige Reiben, in aus heutiger Sicht anstrengenden Diskussionen, hat mir aber dabei geholfen, mich selber besser kennen zu lernen. Heute geht es mir nicht mehr ums Gewinnen oder Verlieren und ich möchte niemanden mehr bewußt vor den Kopf stoßen. Ein ehrlicher und offener Umgang ist mir dabei wichtig und ich vermeide dabei mittlerweile meine zynischen Untertöne. Ich muss auch nicht mehr immer alles sagen, da bin ich diplomatischer geworden. Sicher liegt es auch daran, dass mein Selbstbewusstsein besser ausgeprägt ist als früher. Dabei sind es weniger einzelne Schlüsselerlebnisse, die mich zu dem machten, was ich heute bin. Vielmehr ist es die permanente und konsequente Auseinandersetzung mit dem, wie wir Menschen besser miteinander auskommen. Natürlich hatte ich auch einige konfliktbeladene Beziehungen – auch im privaten Bereich. Dadurch habe ich gelernt, wahrzunehmen und anzusprechen, was gebraucht wird. Daraus können dann gemeinsam Wege gefunden werden. Dann werden wechselseitige Beschimpfungen und Vorwürfe unnötig. Im Laufe der Zeit bin ich gelassener geworden. Wenn sich manche Dinge nicht so entwickeln, wie ich es mir vorstelle, dann geht deshalb die Welt für mich nicht unter. Ein Motto von mir ist: Bring andere Menschen dazu, dass sie erfolgreicher werden, dann stellt sich dein Erfolg von selber ein. Damit meine ich nicht die Selbstausbeutung, aber doch die Notwendigkeit, das eigene Vorankommen nicht auf Kosten von anderen zu betreiben.

In meinem Leben habe ich viel Zeit mit dem Sport verbracht. Dabei war ich auch über ein Jahrzehnt als Fußballtrainer aktiv. Oft hatte ich am selben Tag Kinder und Erwachsene hintereinander. Was mich dabei immer faszinierte, waren die Unterschiede, aber auch die Ähnlichkeiten der verschiedenen Generationen. Vor allem die Art und Weise der Kommunikation wies große Differenzen auf. Kinder sagen direkt und unmittelbar, was sie sich denken. Die Erwachsenen haben dies verlernt. Ihnen ist vieles peinlich oder unangenehm. Das bringt sie in die Lage, dass sie Dinge kaschieren müssen. Sie vergessen dabei, dass das viel Energie kostet. Ich habe dann immer versucht, den Menschen wieder beizubringen, über ihre Bedürfnisse zu sprechen. Wichtig dabei ist, dass sie selbst draufkommen, dass es für sie wichtig ist, dies zu können. Da geht es im Sport beispielsweise um die Frage, warum jemand einen Ball nicht einem anderen zugespielt hat. Das kann viele Ursachen haben. Habe ich ihn nicht gesehen oder mag ich ihn einfach nicht? Traue ich es ihm nicht zu, dass er mit dem Ball etwas anfangen kann? Oder habe ich kein Vertrauen in mich, dass ich den Ball überhaupt zuspielen kann? Eine Analyse darüber ist für eine Weiterentwicklung unumgänglich.

Ich spiele auch heute noch Fußball – in einer Mannschaft, in der ich mit Abstand der Älteste bin. Dort verhalte ich mich auch anders. Menschen, die mich aus dem Umfeld kennen, können sich oft nicht vorstellen, dass ich beruflich Mediator bin. Aber es käme mir komisch vor, wenn ich in diesen Situationen reflektiert kommunizierte. Das wäre dort nicht stimmig und deshalb auch nicht empathisch. Es ist nur menschlich, manchmal auch ein wenig „rustikal" an die Dinge heranzugehen.

Von der Technik zum Berufssoldat

Ich war lange Zeit beruflich als Büromaschinentechniker tätig. Die Arbeit umfasste den Aufbau von Netzwerken und die Konfiguration und Reparatur von Geräten, wie Drucker, Computer oder Ähnlichem. Damals war ich eine Anlaufstelle für Probleme im technischen Bereich. Meist waren die Menschen, mit denen ich zusammenarbeitete, froh, dass ich endlich kam und die Fehler beheben konnte. So gesehen hatte ich auch damals schon eine friedensstiftende Arbeit. Viele Situationen von früher habe ich heute noch als sehr lustig in Erinnerung. In dieser Zeit waren vor allem meine analytischen Fähigkeiten gefordert, die bei meiner Arbeit weiterentwickelt wurden. Das begann bereits bei der Auftragserfassung. Nicht immer war aufgrund der Kontaktaufnahme mit dem Kunden klar ersichtlich, was denn eigentlich zu tun war.

Ein weiterer beruflicher Bereich von mir war Event- und Vereinsmanagement. Nach meiner Ausbildung am Wiener Universitätssportinstitut habe ich auch neun Jahre hintereinander Großveranstaltungen organisiert. Das waren internationale Fußballturniere mit mehr als 1000 Teilnehmern und Teilnehmerinnen. Die Veranstaltungen dauerten jeweils immer fünf Tage. In dieser Zeit war meine Haltung so, dass ich großen Wert darauf legte, dass es meinem Organisationsteam gut geht. Sie mussten Spaß an der Sache haben. Das hat wirklich gut funktioniert. Eventmanagement ist immer Stress. Trotzdem muss es den Beteiligten Freude bereiten. Zum Schluss war es das größte Hallenfußballturnier in Österreich. Ich habe sogar einen Leitfaden erstellt, wie Turniere dieser Art abgewickelt werden können, und als es

am besten lief, meine Verantwortung als Turnierveranstalter an meine Nachfolger übergeben.
1991 war ich Grundwehrdiener beim Bundesheer, 1992 rüstete ich wieder ab. Seit 1995 ist das Österreichische Bundesheer mein primärer Arbeitgeber. Die Motivation dafür lag hauptsächlich in meiner Leidenschaft für den Sport. Ich war lange im Leistungssport als Radrennfahrer aktiv, wollte eine abwechslungsreiche Arbeit, in der es auch Möglichkeiten und genügend Zeit für sportliche Aktivitäten gab. Ich war bislang noch nie in einem Krisengebiet im Einsatz und bin aufgrund meiner Tätigkeit als Coach und Mediator nicht herausgefordert, dies in absehbarer Zukunft einmal als Einsatzsoldat erleben zu müssen. Humanitäre Einsätze bei Umweltkatastrophen sind da für mich eher realistisch. Beim Heer habe ich mich freiwillig für die Ausbildung zum Coach für Führungskräfte gemeldet. Fasziniert hat mich dabei, dass ich Gruppen begleiten konnte, und zwar nicht nur jene, die nach einem Training wieder auseinandergehen. Wichtiger schien mir jene Arbeit, bei denen die Menschen miteinander nach dem Training noch gemeinsame Aufgaben zu leisten hatten.*

Identität und Veränderung

Ein für mich prägendes Ereignis war sicherlich die Übernahme der Funktion des Headcoaches beim Corporate Identity Projekt der Streitkräfte des ÖBH. Ich war zuerst als einfacher Moderator dabei und begann die Art und Weise zu hinterfragen, wie die damaligen Trainer arbeiteten. Dadurch kam ich mit den verantwortlichen Projektleitern vermehrt ins Gespräch und wurde auch von diesen dann als Headcoach ins Projektteam geholt. In den einzelnen Workshops war für mich der Einstieg sehr zentral. Meist habe ich den Teilnehmern eine Möglichkeit geboten, ihre Frustration persönlich auszudrücken. Bei großen Gruppen war dies meist moderat. Hier hielten sich viele aus unterschiedlichen Gründen zurück. So richtig in Fahrt kamen vorrangig eingeschworene Runden in der Größe von ca. 20 Teilnehmern. In dieser Phase habe ich gelernt, Widerstände als positives Signal zu werten. Ich habe die Rückmeldungen in der Form wertgeschätzt, indem ich ihnen Zeit und Raum gab. Das beinhaltete die Frage, was den Frust ausgelöst hatte und was eine Änderung bewirken könnte. Dabei war es wichtig, nicht nur in Vorwürfen gegenüber anderen zu verharren, sondern den Beteiligten dazu zu verhelfen, herauszufinden, was sie selbst zur Verbesserung der Lage tun können. Die besten Workshops waren jene mit den größten Widerständen. Ich erinnere mich an einen Workshopteilnehmer, der eine Veranstaltung extrem störte. Es war ein ehemaliger Zugkommandant, der damals in einer sogenannten 900er Position tätig war. Das sind Mitarbeiter, die aufgrund einer Reorganisation ihren angestammten Arbeitsplatz verloren haben und noch nicht in einem anderen definierten Einsatzbereich übernommen sind. Dieser Kollege war sehr frustriert und die damaligen Trainer wollten ihn aus der Veranstaltung ausschließen. Ich habe mich damals sehr für ihn eingesetzt und darauf hingewiesen, dass sein Frust eine normale Reaktion auf seine persönlich schwierige Arbeitsplatzsituation sei. Im weiteren Arbeitsprozess hat er sich dann sehr eingesetzt und viele kreative Ideen eingebracht. Dieser Haltung bin ich auch bei vielen weiteren Workshops treu geblieben. Eine Messlatte für die Stimmung im Corporate Identity Projekt war für mich immer mein Impulsreferat zum Thema. Dies fand nach der Einstiegsrunde statt, bei der eventuelle Frustrationen der Teilnehmer zur Sprache kommen konnten. Waren nach diesen 10–15 Minuten noch immer aggressive Wortmeldungen vorhanden, so war klar, dass die Teilnehmer davor nicht ausreichend ihren Frust loswerden konnten. Dann war eine Schleife notwendig.

Natürlich war es nicht immer leicht, wenn man stellvertretend für die nicht anwesenden Führungskräfte die gesamten negativen Emotionen abbekommt. Ich kann deshalb selbst gut damit umgehen, weil ich verstehen kann, warum die Menschen sich in solchen Situationen so verhalten. Es ist dann weniger ein persönlicher Angriff auf mich, als eine Kritik an einem System oder an der Politik. Das ist für mich dann in Ordnung. Schwieriger zu handhaben ist eine extreme Zurückhaltung der Teilnehmer. Wenn gar nichts kommt, dann ist keine Energie mehr in der Sache. Solange Energie da ist, wollen sich Menschen einbringen. Beim Bundesheer bin ich in der glücklichen Lage, dass sich die meisten Bediensteten trauen, ihre Meinung zu äußern. Die meisten haben einen Status in der Organisation, sodass ihnen nicht viel passieren kann und ihr Arbeitsplatz nicht gefährdet ist. Bei Arbeiten in zivilen Organisationen sind Stimmungen oftmals in subtilen Botschaften verpackt und werden nicht so direkt kommuniziert.

Aus meiner Sicht ist das Dilemma des Österreichischen Bundesheeres, dass der reale Daseinszweck nicht widerspruchsfrei erkannt wird. Wir bekennen uns als Österreicher nicht klar zu speziellen Aufgaben, die dem Heer zugeordnet werden sollen. Die kurze Antwort darauf, warum es Militär geben solle, war immer schon das Führen bewaffneter Konflikte. Die politischen Entwicklungen nach dem Zweiten Weltkrieg brachten neue Bedrohungsbilder mit sich, welche den Soldatenberuf auch vor neue Herausforderungen stellten. Die militärstrategischen Konzepte mussten grundlegend neu überdacht werden.

Ein klassisches Beispiel von früher war der Jugoslawienkrieg. Wir hatten damals noch das Konzept der Raumverteidigung. 1991 gab es Grenzeinsätze des österreichischen Heeres. Von einer umfangreichen Mobilmachung hat man auch damals aus Ressourcengründen abgesehen. Österreich hätte damals eine Armee von rund

120.000 Mann gehabt. Auch wenn die Politik diese Entscheidung aus rationellen Gründen richtig getroffen hat, gab es heerintern diesbezüglich viel Unverständnis darüber. Auch die Öffentlichkeit hat das damals eher so interpretiert, dass die Lage nicht ernst genommen wurde.

Die Lagebeurteilung der strategischen Führung, dass der bewaffnete Konflikt in Grenznähe zu Österreich nicht lange andauern würde, hat sich bewahrheitet. Dennoch konfrontierte diese Situation das Bundesheer, aber auch ganz Österreich mit der Realität, dass die Verteidigungsmöglichkeiten des Landes im Falle eines bewaffneten Konflikts sehr eingeschränkt wären.

Frieden als Bereitschaft

Frieden setze ich gleich mit einem wertschätzenden und konstruktiven Umgang miteinander. Das hängt stark mit dem Bewusstsein zusammen. Ich möchte das anhand eines aktuellen Beispiels erklären. Wie wir alle wissen, herrscht derzeit in der Ukraine Krieg. Aus meiner Sicht werden die Menschen dort benutzt. Sie sind Spielball von unterschiedlichen Machtbestrebungen. Warum setzen sich beispielsweise der amerikanische und der russische Präsident, Obama und Putin, nicht zusammen und reden darüber, was die Bevölkerung in der Ukraine wirklich braucht? Ich bin sicher, eine Einigung über die konkreten Bedürfnisse wäre in kurzer Zeit zu erzielen. Frieden bedeutet für mich die Bereitschaft, auf die Bedürfnisse von mir und von anderen einzugehen. Die aktuellen Entwicklungen in der Ukraine lassen für mich nur den Schluss zu, dass die Verantwortlichen das nicht wollen. Offensichtlich gibt es zu viele gegenläufige Interessen – wahrscheinlich wirtschaftlicher Art. Hier geht es nicht primär darum, was wer braucht, sondern wer wem unter welchen Bedingungen etwas verkaufen kann. Es ist traurig, dass Staatsoberhäupter heute immer noch meinen, Menschenleben seien weniger wert als Erwerbs- und Machtquellen. Frieden kann es nur geben, wenn die Grundbedürfnisse, wie Freiheit, Sicherheit und Liebe, erfüllt sind. Wir alle streben nach einer für uns passenden Form der Lebensführung, die meist verbunden ist mit Beschäftigung und Anerkennung. Anscheinend braucht es bei staatlichen Konflikten immer Gewalt und eine gewisse Form der Erschöpfung und Zerstörung, bis sich wieder Frieden einstellen kann. Verfolgen wir die Geschichte der Menschen, so drängt sich der Verdacht auf, dass wir als Basis zur Friedensstiftung noch nichts Besseres gefunden haben als diese Kriegsmüdigkeit. Ein hehres Ziel wäre sicher der konstruktive Dialog, der zu nachhaltigen Vereinbarungen führen kann. Doch bisher waren auch internationale Abkommen, wie beispielsweise jenes über den Einsatz von Giftgas, nicht von ewiger Dauer. Trotz umfassenden Bekenntnisses zur härtesten Bekämpfung jener, die diese Waffen einsetzen, gibt es heute nach wie vor welche, die es tun, aber auch jene, die es dulden. Es gibt Menschen, die andere vergiften. Die Lösung dieses Problems stellt uns immer noch vor quasi unlösbare Aufgaben. Bewältigen können wir sie nur in einem offenen Dialog. Ziel sollte dabei sein, eine soziale Balance in der Gesellschaft zu schaffen.

Friedensstifter als Wegweiser

Ich habe das Friedensstiften nicht gelernt und glaube, dass man das so auch nicht kann. Das verhält sich ähnlich wie mit dem Sinn, der nicht gegeben werden kann. Er kann nur gefunden werden. Friedensstifter sollen Menschen die Möglichkeit geben, den Weg einzuschlagen und zu gehen. Frieden kann jeder nur für sich selbst finden. In anderen Worten könnte man auch sagen, dass wir zuerst lernen müssen, mit uns selbst auszukommen. Wer sich selbst mag, hat normalerweise auch eine menschenfreundliche Grundhaltung. Sehr hilfreich dabei ist es, wenn wir uns und andere nicht verurteilen, sondern Unterschiede eingestehen, um herauszufinden, womit man selbst und andere schwer umgehen können. Ein zentraler Punkt ist dabei, dass Menschen so sein dürfen, wie sie sind. Das ist kein Widerspruch zu dem

Gedanken der Kooperation. Wenn jemand anders ist, heißt das nicht notwendigerweise, dass man mit dieser Person nicht zusammenleben kann. Es bedeutet nur, dass Rahmenbedingungen entwickelt werden müssen, die das möglich machen. Viele von uns glauben aber, dass sie dann nicht mehr geliebt, gebraucht und integriert werden, wenn sie bestimmte Intimitäten preisgeben. Ich betreute einmal eine Frau, die mit einer anderen Frau verheiratet war. Diese Frau hatte sehr viel Energie darauf zu verwenden, dies zu verschleiern. Sie kam allein zu Firmenfeiern und gab ausweichende Antworten auf bestimmte Fragen. Nach einer Diskussion darüber, was denn passieren könnte, wenn plötzlich diese Geheimnistuerei aufhören würde, konnte sie sich davon lösen. Sie wurde frei. Sie hatte plötzlich keine Angst mehr davor, etwas zu verlieren, weil sie Einsicht gewann. Es wurde ihr klar, dass sie langfristig glücklicher wäre, wenn sie sich offen zu ihrer Familiensituation bekennen konnte – auch wenn sie deswegen den Arbeitsplatz verlieren würde. Mittlerweile hat sich herausgestellt, dass auch diese Befürchtung unnötig war.

Will jemand nachhaltig Frieden schaffen, so muss er sich von bestimmten Notwendigkeiten trennen können. Ein stures Festhalten an vorgegebenen Prinzipien wird immer Konflikte provozieren. Nur ein offener Dialog kann das herausfiltern, was die Beteiligten wollen. Es geht dabei zuerst um ein wertungsfreies Anhören dessen, was der andere meint, zu brauchen. Nur dann ergibt sich die Chance, aus den unterschiedlichen Zugängen etwas Neues zu schaffen. Frieden ist nicht notwendigerweise eine Deeskalation, vielmehr eine Transformation. Es soll etwas Neues entstehen dürfen – eine neue Basis des Zusammenlebens. All jene, die bei der Transformation unterstützen, müssen Bewusstsein schaffen, dass Neues notwendig ist, um alte Herausforderungen zu meistern. Wichtig ist auch die Orientierung in die Zukunft. Ein Klassiker in Kärnten ist die Streitfrage um die mehrsprachigen Ortstafeln. Hier gibt es immer wieder Menschen, die das Thema neu aufrühren. Kaum jemand stellt sich dabei die Frage, wie man grundsätzlich mit unterschiedlichen Sprachen in einem regionalen Kontext umgeht. Daran hat auch der Beitritt von Slowenien zur EU nichts Maßgebliches geändert. Wir müssen unsere alten Muster ändern. Das geht nur dann, wenn wir hinter die offensichtlichen Handlungen schauen können. Das öffnet Türen und lässt einen frischen Wind in alte und etwas vermoderte Räume kommen. Dann kann sich etwas bewegen.

Friedensstifter müssen den Menschen die Angst vor der Vielfalt nehmen können. Anders zu sein bedeutet nicht notwendigerweise, „böse" zu handeln. In der Geschichte der Menschheit haben sich Hochkulturen immer durch unterschiedlichste Einflüsse gebildet. Wir müssen lernen, mit den vielfältigen und komplexen Strömungen umzugehen, die unsere Welt von morgen bestimmen. Ein zentraler Bestandteil dieser Arbeit ist der Umgang mit Konflikten. Dazu gehört ein wechselseitiges, wertfreies Mitteilen und Zuhören. Dann können wir versuchen, neue Erkenntnisse in bestehende Weltanschauungen zu integrieren. Spannend wird es dann, wenn aus unterschiedlichen Positionen Gemeinsamkeiten entstehen. Dann muss auch niemand mehr seine Meinung verteidigen. Jeder kann eine unterschiedliche Sichtweise auf eine Situation haben und muss weder seine eigene infrage stellen noch die seines Gesprächspartners. Es braucht dabei nur eine gemeinsame Festlegung, was aus den Unterschieden gemacht wird. Eine konstruktive Transformation gelingt dann, wenn beide die gleiche Vorstellung davon haben, welche zukünftigen Handlungen notwendig und sinnvoll sind. Das macht dann wirklich Spaß, weil Menschen gern gestalten und entwickeln. Wichtig ist dabei, dass wir nie aufhören, uns die philosophische Frage zu stellen, wie wir miteinander besser auskommen. Das sollte uns ewig begleiten.

3 FRIEDEN IN BILDUNG UND ERZIEHUNG

Wissen hilft nur dann, wenn es bekannt ist. Auch Friedensstifter brauchen Ideen und Anleitungen von anderen, damit sie auch deren Erfahrungen für ihre eigene Arbeit einsetzen können. Je besser vorhandene Erkenntnisse vermittelt werden, umso eher gelingen geplante Vorhaben. Daher reicht es nicht aus, Wissen zu generieren. Die traditionellste Bildungseinrichtung ist die Schule. In Österreich gibt es neun verpflichtende Schuljahre für Kinder und Jugendliche. Das Schulwesen in Österreich zeichnet sich durch Standardisierung aus. Gesetzlich vorgeschriebene Lehrinhalte bilden die inhaltlichen Schwerpunkte, die Pädagoginnen und Pädagogen setzen müssen. So sind beispielsweise in den Volksschulen folgende Gegenstände zwingend vorgesehen: Sachunterricht, Deutsch, Mathematik, Musikerziehung, Bildnerische Erziehung, Werken, Bewegung und Sport. Auch in der Reifeprüfung werden anhand der Zentralmatura einheitliche Inhalte abgeprüft. Daher sind Lehrer auch hier angehalten, sich auf bestimmte Standards zu konzentrieren. Eine verbindliche, pädagogisch aufbereitete Wissensvermittlung über den Umgang mit Konflikten ist in den gesamten Jahren der Schulpflicht nicht vorgesehen. Das Bildungssystem von heute konzentriert sich auf Sachinhalte. Die Gestaltung von Beziehungen erfolgt „nebenbei".

Diese Tatsachen stellen Friedensstifter der Zukunft vor große Herausforderungen. Einerseits vermittelt die derzeitige Schwerpunktsetzung im Bildungswesen den Eindruck, dass Sachwissen wesentlich bedeutender ist als Beziehungswissen. Doch gerade in Bezug auf die Schaffung von Frieden steht wohl außer Zweifel, dass die Realität gerade umgekehrt ist. Andererseits ist eine grundlegende Orientierung gerade in unserer komplexen Welt sehr schwierig. Es gibt unzählige Dokumente und Plattformen zur Information. Es ist auch in anderen Wissensgebieten nicht einfach, einen Überblick zu behalten. In der Kunst des Friedensstiftens ist dies besonders schwierig. Die Anforderungen verändern sich ständig und hängen vom jeweiligen Arbeitsbereich ab. Es fehlen weitgehend transparente und einfach zugängliche, reale Best-Practice-Beispiele in der Öffentlichkeit. Auch die Normierung und Standardisierung des Bildungswesens ist nicht ganz unproblematisch. Durch den immer rasanteren Wandel sind innovative Konzepte gefragt. Der österreichische Genetiker Markus Hengstschläger weist auf die Durchschnittsfalle hin. Wir kennen heute noch nicht alle Fähigkeiten und Eigenschaften, die wir morgen zum Überleben brauchen. Daher wäre es sinnvoll, Vielfalt nicht nur zuzulassen, sondern auch ganz gezielt durch Bildung zu fördern.

Christine Haberlehner
Wirtschaftspädagogin und Pionierin der Peer Mediation

Wirtschaftsausbildung als Basis

Meine Vorfahren waren Bauern. Es ist schwer zu glauben, aber ich bin als Bauerntochter in Vösendorf aufgewachsen. Üblicherweise kennen die Leute diese Stadt nur von der Shopping City Süd und kaum jemand würde vermuten, dass es hier auch Landwirtschaft gibt. Wir lebten als Großfamilie zusammen. Das hieß, wir verbrachten den Großteil unserer Zeit gemeinsam mit den Großeltern, aber auch mit der Schwester meines Großvaters sowie der Schwester meines Vaters. Ich war in meiner Familie die Jüngste und die Kleinste. Das Zusammenleben und gemeinsame Arbeiten mit unterschiedlichen Menschen und Generationen war daher für mich bereits als Kind eine Selbstverständlichkeit. Mein einziger Bruder war der Hoferbe. Das wurde so bestimmt und auch nie zur Diskussion gestellt. Die Folge daraus war, dass mir immer gesagt wurde, dass ich etwas anderes lernen müsse. Dabei haben mich meine Eltern sehr gefördert. Sie haben mich dabei unterstützt, dass ich studieren konnte. Trotzdem habe ich neben dem Studium und in den Ferien am Bauernhof mitgeholfen.

Meine Schulausbildung erhielt ich in der Handelsakademie in Baden, was mich bereits in jungen Jahren sehr wirtschaftlich geprägt hat. Nach der Schule wollte ich Geschichte und Englisch studieren. Bei den ersten Besuchen der Universität haben mir davon alle abgeraten. Der Hauptkritikpunkt war, dass ich mit dem Studium keinen Job bekommen würde. Ich war damals sehr frustriert. Bei der Heimfahrt mit der Badener Bahn traf ich eine Freundin. Sie erzählte mir, dass sie auf der Wirtschaftsuniversität in Wien beginnen wolle, und fragte mich, ob ich nicht gemeinsam mit ihr dort hingehen möchte. Eigentlich wollte ich nach der Handelsakademie nichts mehr mit der Wirtschaft zu tun haben. Daher war meine erste Reaktion darauf sehr abwehrend. Überzeugt hat mich ihr Argument, dass es gegenüber der Uni ein gutes Kaffeehaus geben solle. Ich habe mir dann das Gebäude angeschaut und war davon sehr beeindruckt. Die Beratung dort war sehr nett. Ich erfuhr, dass mir für das Studium relativ viele Stunden bereits von der Schule angerechnet wurden. Das hat mich endgültig überzeugt und ich bin geblieben. Durch den Einfluss meiner Eltern, die mir den Lehrerberuf ans Herz gelegt hatten, bin ich dann schließlich bei Wirtschaftspädagogik gelandet. Ich habe mich dabei auf die Bereiche Controlling, Personal, Versicherungen und Wirtschaftsinformatik spezialisiert. Besonders interessiert hat mich im Studium auch schon die Teamarbeit. Ich war immer jemand, der Gruppen zusammenhielt. Ein Beispiel dafür war die Vorbereitung auf die Diplomarbeit. Das war eine sehr große Prüfung und wir bilde-

ten damals Arbeitsgruppen und verteilten dabei Aufgaben. Wir waren alle sehr nervös. Dies führte durchaus zu Spannungen, weil nicht immer alles so abgeliefert wurde, wie es sich andere erwarteten. Mein Anliegen war es damals schon, in solchen Fällen zu vermitteln.

Aus dem Studium haben sich drei Freundschaften bis heute erhalten. Wir haben eine starke gemeinsame Geschichte, in der wir durch dick und dünn gegangen sind. Das hat uns alle vorwärts gebracht. Interessanterweise haben wir auch fast gleichzeitig Kinder bekommen und sind Lehrerinnen an der Handelsakademie. Da ergeben sich zwangsläufig viele Interessen, die parallel laufen.

Standbeine Studium, Steuerberatung und EDV

Während des Studiums wollte ich in die Steuerberatung gehen. Mich hat die freiberufliche Arbeit angesprochen, der Beruf Steuerberater hat gut geklungen. Auch war ich der Meinung, dass man damit viel Geld verdienen könne. Mit dem Eintritt ins Studium mit 19 Jahren habe ich bereits bei einer kleinen Steuerberatungskanzlei als persönliche Assistentin des Chefs gearbeitet. Ich war damals für die Betreuung der Freiberufler zuständig. Die Kanzlei hatte in dem Bereich viele interessante Kunden. So habe ich beispielsweise die Verlassenschaft von Konrad Lorenz abgewickelt. Für mich entscheidend war, dass ich den Beruf kennenlernen konnte. Ich habe ihn immer sehr kreativ erlebt – natürlich innerhalb der gesetzlichen Rahmenbedingungen. Was mir dabei auch gut gefallen hat, war das Kennenlernen der Menschen von ihrer finanziellen Seite. Was ich von damals für meine spätere friedensstiftende Arbeit gelernt habe, waren vor allem die Vertraulichkeit und die Art, Beratungsgespräche zu führen. Der wichtigste Punkt dabei war, dass die Kunden erkennen konnten, dass sie etwas verändern müssen. Das war der wichtigste Schritt. Meine

Aufgabe dabei war, den betroffenen Menschen den konkreten Handlungsbedarf nahezulegen, wenn die finanzielle Situation es erforderte. Das ist ähnlich wie heute in der Mediationsarbeit. Am besten gelang dieses Vorhaben durch Gespräche über ganz konkrete Themen, wie Kostensenkung, z. B. durch Veränderungen beim Personal, oder Ertragssteigerungen, etwa durch gezielte Marketingmaßnahmen.

Ein zweites finanzielles Standbein während meines Studiums war das Abhalten von EDV-Seminaren in Krankenhäusern. Das wurde damals sehr gut bezahlt. Ich hatte die Aufgabe, Krankenschwestern EDV-Systeme näherzubringen. Das begann mit dem Einschalten des Computers und der Anwendung von wichtigen Programmen, wie beispielsweise zur Bettenbelegung und Patientenverwaltung. Ich war auch für die Prozessoptimierung und Organisationsentwicklung zuständig in dem Sinne, dass manche Abläufe neu organisiert wurden, um sie von der EDV abzubilden. Da ging es oft in vielen Gesprächen darum, Wogen wieder zu glätten und unterschiedliche Meinungen von betroffenen Menschen zusammenzuführen. Auch das war für mich ein friedensstiftender Prozess, weil es vorrangig darum ging, Ängste zu nehmen und neue Zugänge zu schaffen. Es war hier immer notwendig, in geeigneter Form mit Widerständen umzugehen. Ich hatte damals noch keine Ausbildung als Mediatorin. Daher glaube ich, dass ich vieles an Empathie und Durchsetzungsvermögen durch mein Aufwachsen in der Großfamilie gelernt habe. Die Arbeit in der EDV habe ich auch nach meinem hauptberuflichen Einstieg in die Handelsakademie an meinen freien Tagen bzw. in den Ferienmonaten weitergemacht.

Einstieg in Schule und Peer-Mediation

1994 habe ich in der Bundeshandelsakademie Hetzendorf zu arbeiten begonnen. Ich habe die Schule schon durch meine Hospitation kennengelernt. Ursprünglich wollte ich eher in der Wirtschaftsinformatik bleiben. Fix auf die Schule kam ich durch die Überzeugungsarbeit der Kollegen bei der Hospitation. Auch mein damaliger Mann, der eine EDV-Firma hatte, meinte, dass zwei Standbeine gut wären. So habe ich am Vormittag in der Schule und am Nachmittag in der Firma meines Mannes gearbeitet. Bis 1998 machte ich beide Arbeiten parallel. Auch in der Schule hatte und habe ich viele Stunden Informatik. So konnte ich das eine mit dem anderen verbinden. Meine wirkliche Leidenschaft für ein Fachgebiet war die Persönlichkeitsentwicklung. Damit habe ich 1994 im Rahmen des neuen Faches „Betriebswirtschaftliches Training" begonnen. Damit wollten die Verantwortlichen den praktischen Einstieg ins Berufsleben von HAK-Absolventen erleichtern. Die Lehrinhalte dabei waren vorrangig Kommunikation und Verhandlung im Rahmen einer Übungsfirma. Es gab für dieses Fach noch keine Lehrer. Als Jüngste an der Schule wurde es mir nahegelegt, dieses Fach zu übernehmen. Ich erhielt damals eine zweijährige intensive Ausbildung.

1996 entstand das „Netzwerk gesundheitsfördernde Schulen" in Wien. Dabei waren auch Projekte im psychosozialen Bereich mit Schülern vorgesehen. Als Projektleiterin der „Gesunde Schule BHAK12" habe ich andere Lehrer und Lehrerinnen zur Teilnahme ermutigt. Daraufhin kam Marianus Mautner zu mir mit der Idee der Peer-Mediation. Das Projekt hat mich in mehrerer Hinsicht gleich von Beginn an sehr angesprochen. Aufgrund meiner bisherigen Tätigkeiten konnte ich das Projektmanagement mit der Vernetzung kombinieren. Mir wurde damals in aller Deutlichkeit die Wichtigkeit von Netzwerken bewusst. Wir mussten

Projekte im psychosozialen Bereich umsetzen. Marianus Mautner ist Religionslehrer und hatte damals gerade seine Ausbildung als Mediator abgeschlossen. Er erzählte im Team über die Peer-Programme in Deutschland. Damals war mir die Mediation noch völlig unbekannt. Im Zuge der Gesundheitsförderung an den Schulen bekam ich erste Informationen darüber. Die Bereiche Konfliktmanagement und Schülerbeteiligung klangen sehr interessant. Dabei sollten Schüler in die Lage versetzt werden, selbst bei Konflikten vermittelnd einzugreifen. Wie genau das alles ablaufen sollte, war allerdings damals noch unsicher, weil fast alle Projekte noch am Anfang standen. Es gab noch nichts Konkretes, auf das wir zurückgreifen konnten. Für mich war bald klar, dass ich das machen wollte. Als Ansprechpersonen gab es damals einige Kollegen in Wien, Graz und in Deutschland. So haben wir begonnen. Wir hatten dabei auch die volle inhaltliche Unterstützung unseres Direktors. Allerdings gab es keine Zusatzentlohnung dafür. Wir haben es daher zwei Jahre ehrenamtlich angeboten.

Angefangen haben wir mit fünfzehn Schülern. Wir haben jene Schüler ausgewählt, die bereits eine hohe emotionale und soziale Intelligenz hatten. Dadurch wollten wir den Multiplikationseffekt sicherstellen. Natürlich haben wir die Schüler auch gefragt, ob sie an dem Programm teilnehmen möchten. Die meisten haben sich dadurch sehr geehrt gefühlt. 1996 haben wir mit der Ausbildung begonnen. Das begann in einer eher kritischen Zeit, weil es damals gerade einen Lehrerstreik an der HAK gab. In dieser Zeit war es den Lehrern verboten, etwas ohne Bezahlung extra zu machen. So konnten wir den Beginn der Schulungen nicht selbst durchführen. Glücklicherweise konnten wir Gottfried Banner als Vertretung gewinnen, der an einer AHS ein ähnliches Projekt durchführte. Der Beginn war so angelegt, dass wir zuerst den Bedarf abgeklärten. Da ging es um Fragen, was denn die Schüler an Wissen brauchen könnten und was für sie hilfreich wäre. Das erklärte Ziel war die Verbesserung des Schul-

klimas. Der erste Schritt war, in der eigenen Klasse zu schauen. Danach haben wir relativ bald mit dem Buddy-System begonnen. Das ist ein System nach der Art von Vertrauensschülern. Die Peers werden vier Jahre ausgebildet. Inhalte der Schulungen sind Kommunikation, Mediation, Konfliktanalyse und Persönlichkeitsbildung. Es ist in erster Linie für die Schüler selbst eine ganz wertvolle Erfahrung. Das deckt sich auch mit der Mediationsausbildung. Ganz einfach zusammengefasst: Das Leben wird nach der Ausbildung leichter. Man lernt viele Schlüsselqualifikationen und geht auf Menschen anders zu. Auch die Präsentation der eigenen Person verändert sich. Das sind alles Fähigkeiten, die ausgezeichnet im Wirtschaftsleben, aber auch im privaten Bereich gut einsetzbar sind.

Peer Mediation als bewährtes Instrument

*Es zeigte sich ganz deutlich, dass die Schüler nicht allein durch eine Schulung in der Klasse ein gewünschtes Verhalten lernen konnten, sondern primär durch das Tun. Dadurch, dass sie in die Klassen gehen und mit ihnen arbeiten müssen, sind sie bereits mitten im Handeln. Sie erhalten dadurch die Möglichkeit, das Erlernte unmittelbar anzuwenden. Bei uns betreuen die Peers die ersten Klassen. Das beginnt bereits beim Eintreffen der Schüler. Sie begrüßen jeden Neueinsteiger persönlich, stellen sich und ihre Arbeit vor und stehen sofort für Fragen aller Art zur Verfügung. Das Ritual des „Willkommenheißens" hilft der Orientierung. In den ersten Wochen gehen die Peers direkt in die Klassen und führen Gruppen von neuen Schülern durch die Schule. Dadurch werden übliche Gebräuche vermittelt, wie beispielsweise der Umgang mit Lehrern oder bei welchen Zimmern man vor Betreten klopfen soll. Sie gaben aber auch praktische Hinweise, wie Informationen über Einkaufsmöglichkeiten von Lebensmitteln in der Nähe. Im Oktober gehen sie drei Mal eine Stunde lang in die ersten Klassen, um dort offene Fragen konkret mit den Schülern zu besprechen. Bei diesen Treffen baut sich ein Vertrauensverhältnis zwischen den Peers und den betreuten Schülern auf. Standardmäßig gibt es dann noch im Februar den „FYR (**F**ind **Y**our **R**elationship) Workshop", der in schulexternen Räumen abgehalten wird. Da geht es einen Tag lang nur um die Klassengemeinschaft. Die Vorbereitung dieses Tages übernehmen die Peers. Ziel des ersten Teils des Workshops – das Aufwärmen – ist es, in Kontakt zu kommen. Schülerinnen und Schüler sollen sich besser kennenlernen und sich gegenseitig von ihren bisherigen Erfahrungen erzählen. Vor allem jene, die bisher noch nicht miteinander geredet haben, haben hier die Möglichkeit, ins Gespräch zu kommen. Im zweiten Teil ist geplant, auch über bereits heikle Themen zu diskutieren. Dabei wird zuerst über jene Abläufe und Vor-*

gänge gesprochen, die bereits gut laufen und so beibehalten werden sollen. Danach sind die Anwesenden gefordert, auch über ihre Veränderungswünsche zu reden. Dadurch wird automatisch auch das angesprochen, was aus ihrer Sicht nicht so optimal läuft. In der Klasse geht es dann darum, drei Regeln zu finden, die sich in den nächsten vier Wochen ändern sollen. Typische Themen dabei sind der Umgang mit Hinausschreien während des Unterrichts, der Umgang mit unterschiedlichen Muttersprachen bei den Pausengesprächen, das Abschreiben von Hausübungen oder die Situation von Außenseitern. In all diesen Fällen kommt es immer wieder zu Konflikten, wenn es keine klaren und von den Schülern akzeptierten Regeln gibt. Diese Punkte werden innerhalb der Klassengemeinschaft ausgehandelt. Der Kernauftrag der Peers ist die direkte Konfliktvermittlung zwischen Schülern. Hier arbeiten sie auch als Mediatoren. In Konfliktfällen, bei denen auch Lehrer betroffen sind, sind sie Coaches. Dann geben sie den Schülern Hinweise, wie sie schwierige Situationen mit speziellen Lehrkräften besser bewältigen. In bestimmten Konfliktsituationen werden standardmäßig auch noch andere Konfliktlöser beigezogen. Treten beispielsweise konkrete Mobbingvorwürfe auf, dann sieht das Programm die Einbindung der Peer Coaches und der Schulpsychologie vor. Wichtig dabei ist die Einbindung des gesamten Netzwerks – also betroffene Schüler, dessen Eltern, Klassenlehrer und -vorstände usw. Das Mentoringprogramm der Peers läuft ein Jahr. In diesem Jahr entstehen Freundschaften, sogar Liebesbeziehungen haben sich daraus entwickelt.

Das Projekt wurde dann so erfolgreich, dass die Schüler sich sehr stark für das Weiterbestehen eingesetzt haben. Seitdem gibt es das Angebot als Freifach. Heute sind wir sieben Lehrer, die Peers ausbilden und jährlich sechzig Schüler. Durch die fünfzehn Jahre Arbeit lebt das Projekt und es sind alle eingebunden. Unser Schulklima ist dadurch geprägt, dass sich jeder traut, Dinge anzu-

sprechen, die ihm nicht gefallen. Die Klärung und Aufarbeitung dieser Situationen erfolgt in einer Weise, dass es die Beteiligten meistens auch gut mittragen können. Auch wir Lehrer haben durch das Projekt viel gelernt. Für sehr viele von uns war der Prozess sehr leidvoll. Die meisten der Lehrer haben jedoch erkannt, dass das Anhören von Problemen der Schüler auch für sie selbst sehr hilfreich ist. Die Bedürfnisse der Schüler sind wichtig und ernst zu nehmen. Natürlich können nicht alle davon erfüllt werden. Dann sollen aber auch Gründe kommuniziert werden, warum etwas nicht geht. Gerade in der Anfangszeit habe ich als Projektleiterin viele Beschwerden von Lehrern gehört, die nicht das Einsehen hatten, warum hier plötzlich ihre Autorität infrage gestellt wird. Heute wird das zum großen Teil akzeptiert. Diese Prozesse zeigten mir deutlich die Notwendigkeit von „Zeiten des Leidens" für die Friedensstiftung.

Zusammenfassend zu den fünfzehn Jahren Pioniererfahrung in der Peer Mediation möchte ich viele schöne Erlebnisse in den Vordergrund stellen. Besonders bewegend sind dabei die direkten Rückmeldungen der Schüler. Aber auch die persönliche Entwicklung ihres sozialen Verhaltens – vor allem der Peers – ist dabei immer wieder beeindruckend. Ich habe Schülerinnen und Schüler, die im Alter von 15 Jahren zu mir in die Klasse kommen, die sie mit 18 oder 19 wieder verlassen. Hier ist für mich die Veränderung ganz massiv zu beobachten. Das betrifft die Größe der Jugendlichen, das Aussehen, aber natürlich auch ganz massiv ihre geistigen und emotionalen Entwicklungen. Besonders bewegend sind für mich aber die sozialen Entwicklungen jener Schüler, die ich als Peer Coach begleitete. Natürlich gab es auch für mich selbst leidvolle Erfahrungen. Wie überall in der Arbeit mit Gruppen gibt und gab es auch bei uns rund 20% „Verweigerer". Diese Menschen beurteilen dann das, was mir wichtig ist, als Blödsinn oder als unnötig. Früher habe ich mich sehr darüber ge-

kränkt. *Vor allem in der Entwicklungszeit gab es häufig Unverständnis von Klassenvorständen, die anfangs über die neue Kommunikationsebene der Peers nicht sehr glücklich waren. Besonders getroffen hat mich damals, dass es zwei Kollegen gab, die sich persönlich von mir abgewandt haben. Bei denen hatte das Misstrauen der Sache gegenüber auch auf mich übergegriffen. In der Phase war ich noch sehr jung und stand am Anfang meiner Arbeit in der Schule. Die beiden „Gegner" von damals sind jetzt schon pensioniert. Heute habe ich gelernt, auch Kollegen mit deutlich abweichenden Meinungen so zu akzeptieren, wie sie sind. Daher leide ich jetzt nicht mehr persönlich unter Bemerkungen wie „Warum müssen denn Schüler untereinander reden?". Durch meine Erfahrungen prallt das jetzt von mir ab. Ich anerkenne mit diesem Verhalten, dass jemand anders denken darf als ich. Auch das ist in Ordnung. Vom systemischen Ansatz muss es einfach auch solche geben, die eine andere Meinung haben. Deshalb muss ich nicht die Person verurteilen. Früher hatte ich den großen Drang, Menschen davon zu überzeugen, dass es etwas Gutes sei, was ich tat. Diesen Anspruch habe ich jetzt nicht mehr. Dahinter steckt meine Erkenntnis, dass Überzeugen auch nicht immer gut ist. Es erzeugt unnötige Widerstände und Konflikte. Unterschiedliche Überzeugungen können meist auch nebeneinander existieren.*

Ausweitung und Vereinheitlichung der Peer-Mediation

Einen Meilenstein in der Entwicklung der Peer-Mediation in Österreich gab es für mich auch durch ein Projekt des damaligen Zukunftsministeriums. In dem Zusammenhang war ich eine Expertin zur Erstellung eines anerkannten Leitfadens für Schulmediation, den das Ministerium 2006 veröffentlichte. Dort habe ich erstmals im großen Stil Gleichgesinnte kennengelernt. Aus dieser Arbeitsgruppe entstand ein Lehrgang zur Ausbildung von Peer Coaches, der heute noch existiert. Seit 2006 haben wir 185 Lehrer als Peer Coaches ausgebildet. Diese Lehrer haben an 90 Standorten Peer-Mediations-Projekte gestartet, die wir auch als Ausbildner begleiteten. Das zog sich über alle Schultypen. Unser Lehrgang umfasst 575 Stunden Ausbildung in zwei Jahren, das ist mehr als das Ministerium vorschreibt. Damit sind die Ausgebildeten zertifizierte Peer Coaches. Wir sind als Akademie für Mediation und Persönlichkeitsentwicklung auch eingetragenes Ausbildungsinstitut am Bundesministerium für Justiz. Durch die Absolvierung einiger Zusatzmodule im dritten Jahr erhalten die Peer Coaches auch die Berechtigung zur Eintragung in die Justizministeriumsliste. Dann können sie auch selbstständig in außerschulischen Bereichen als Mediatoren tätig werden.

Aktuell bewegt mich in der Peer-Mediation die Vereinheitlichung der Zertifizierung der Peer-Coaches. Nach der Ausbildung der Peers erhalten diese bereits heute eine Zertifizierung durch ihren Coach. Damit wird die zeitintensive, ehrenamtliche Arbeit der Peers für die Allgemeinheit in den Schulen honoriert. Diese Qualifikation hilft üblicherweise bei der Suche nach einer Arbeit, aber auch in anderen Fällen. Bisher stellen alle Peer-Coaches eigene Zertifikate aus. Wir hatten auch viele Gespräche mit dem Ministerium, damit diese Bestätigungen einen offizielleren Rahmen erhalten. Das Ministerium hat sich dazu bisher eher zurückhaltend geäußert. Durch die Bildung der Fachgruppen im Österreichischen Bundesverband für Mediation (ÖBM) ergab sich dann hier die Diskussion, ob die Zertifikate vom Verein ausgestellt werden sollten. Bei der Generalversammlung 2014 erstellten die anwesenden namhaften Experten einen Konzeptvorschlag, der aktuell diskutiert wird. Der Hauptvorteil für die Peers wäre eine höhere Gewichtung ihres Qualifikationsnach-

weises. Auch die Schulen hätten einen Mehrwert davon, wenn sie dokumentieren könnten, dass sie Ausbildner haben, die beim größten unabhängigen Mediationsverband in Österreich zertifiziert sind. Das wäre eine Auszeichnung für jene Schulen, die ihre Konfliktkultur aktiv beeinflussen und den Schülern eine zusätzliche strukturelle Mitsprachemöglichkeit geben. Dahinter steht ein Prozess der Demokratisierung. In dem Sinne ist ein unabhängiges Zertifikat auch eine Art Qualitätssiegel für die Friedensstiftung in der Schule.

Ehrenamt und Herausforderung

Zu meiner Funktion als stellvertretende Bundessprecherin beim ÖBM bin ich auch über Marianus Mautner gekommen. Er wollte sich damals als Sprecher aufstellen lassen und wünschte, dass ich seine Vertretung übernähme. Er lockte mich damals mit den Worten, dass es nicht viel Aufwand bedeuten würde und es im Verband gute Möglichkeiten zur Vernetzung gebe. Nachdem mir Netzwerken immer schon wichtig war, ging ich auf seinen Vorschlag ein. Dabei hatte ich den Wunsch, mir auch andere Mediationsbereiche genauer anzusehen. So kam ich auf meine erste Generalversammlung des Vereins im Jahr 2005, die mich lange sehr beschäftigt hat. Was ich damals sehr einprägsam erlebt habe, war die Tatsache, dass es kaum um inhaltliche Fragen ging. Es standen damals viele wechselseitige Vorwürfe im Raum, dass mit den Geldern des ÖBM nicht gut umgegangen würde. Besonders getroffen haben mich die deutlich spürbaren negativen Emotionen, wie Missgunst und Verdächtigungen.

Marianus Mautner mit seinem Team hat damals die Wahl gewonnen. Es gab dann während der Vorstandszeit noch einen Wechsel des Kassiers. Der ÖBM hatte in seiner Entwicklung ein explosionsartiges Wachstum. Dabei waren die Strukturen nur teilweise mitgewachsen. Es war daher naheliegend, dass sich dabei Turbulenzen ergaben. Wir haben damals ein sehr schweres Erbe angetreten, indem wir viele bestehende, hoch eskalierte Konflikte im Verein vorfanden. Darunter waren auch Gerichtsprozesse. Als Funktionäre eines wichtigen Mediationsvereins in Österreich waren wir natürlich bestrebt, diese kooperativ zu lösen. Zusätzlich hatten wir auch neue Aufgaben zu bewältigen. Beispielsweise mussten wir die Statuten dergestalt ändern, dass sie hinsichtlich der Steuer gesetzeskonform waren. Wir haben eine neue Homepage aufgestellt und ein neues Leitbild entwickelt. Das war ein sehr spannender Prozess. In Summe weiß ich bis heute nicht genau, warum ich mir damals dieses ehrenamtliche Arbeitspensum während der gesamten Zeit von Marianus Mautner als Bundessprecher angetan habe. Besonders erschüttert hat mich früher die Art und Weise der Zusammenarbeit im Verein. Das habe ich auch körperlich nicht ausgehalten, wie Mediatoren miteinander geredet haben. Da gab es immer wieder Herabwürdigungen und Unterstellungen vom Feinsten, die ich vorher in dieser Form noch nie erlebt hatte.

An eine Situation kann ich mich noch genau erinnern. Damals saß ich auf dem Podium einer außerordentlichen Generalversammlung und war wirklich fassungslos über die einzelnen Wortmeldungen. Wir haben den Großteil unserer Zeit mit der Vergangenheit des Vereins verbracht. Für mich als relativ neue Funktionärin war die Vergangenheit nicht so greifbar. Daher konnte ich es absolut nicht verstehen, dass ich oder wir als Team Angriffen gegenüberstanden, die außerhalb unserer Zeit als Vorstand lagen. Ich wollte die Zukunft gestalten. Das war allerdings sehr schwierig, weil die Anwesenden dauernd über die Vergangenheit diskutierten. Ich zog mich bei dieser Diskussion dann bewusst zurück. Aber auch dieses Verhalten hat mir einen direkten persönlichen Vorwurf eines Anwesenden eingebracht. Ich kann das heute noch immer nicht beschreiben, wie sehr mich diese Situation damals getroffen hat.

Im Rückblick kann ich sagen, dass ich nie in meinem Leben zuvor eine ähnlich große Herausforderung bewältigen musste. Marianus Mautner bekam im Laufe seiner Amtszeit als Bundessprecher gesundheitliche Probleme, daher schlüpfte ich als seine Vertretung auch immer mehr in die Rolle der Moderatorin bei Vorstandssitzungen und Generalversammlungen. Dabei habe ich auch in der Praxis gelernt, mit schwierigen Gesprächspartnern umzugehen. Auch die Doppelrolle als Input-Geberin in meiner eigentlichen Vorstandsfunktion und als Moderatorin, die immer wieder die Führungsrolle übernehmen musste, hat mich stark gefordert. Ich arbeite gern strukturiert und mag es gar nicht, wenn immer wieder über gleiche Probleme geredet werden muss. Dabei habe ich natürlich auch sehr viel gelernt. Besonders hilfreich ist die Fähigkeit, schwierige Situationen weniger persönlich und dadurch gelassener zu nehmen. Es ist mir damals sehr deutlich bewusst geworden, dass etwaige Fehler häufig nicht bei konkreten Personen zu suchen sind, sondern in Systemen. Die Personen bekommen von Systemen Aufgaben übertragen, die sie erledigen müssen. Daher macht es in diesen Fällen keinen Sinn, einzelne Menschen zu beschuldigen. Es geht viel eher darum, die Systeme so zu verändern, dass die Personen darin gut miteinander leben und arbeiten können.

Heute arbeite ich als Fachgruppensprecherin für Schule und Bildung nach wie vor als Funktionärin beim ÖBM. Die Diskussionen sind in den letzten Jahren deutlich sachlicher geworden. Das ist eine Entwicklung, über die ich mich sehr freue, weil dadurch eine inhaltliche Weiterentwicklung der Mediation möglich wird. Über die Fachgruppen findet nun auch ein interdisziplinärer Wissensaustausch von Mediatoren unterschiedlichster Bereiche statt. Dies ist ein sehr wichtiger Prozess, weil hier viele Impulse kommen und Erfahrungen anderer immer auch für die eigene Arbeit hilfreich ist.

Frieden und das Entwicklungspotenzial von Konflikten

Frieden hat für mich etwas damit zu tun, dass wir die Menschen so nehmen können, wie sie sind. Jeder von uns hat Gedanken, Ideen und Werte. Diese werden stark von der Herkunft und den bisherigen Erfahrungen dominiert. Das erzeugt wieder eigene Meinungen und Einstellungen. Jeder von uns hat aber auch eigene Vorstellungen, wie er die Vergangenheit beurteilen oder die Zukunft gestalten will. Konflikte entstehen aus meiner Sicht dadurch, dass jeder meint, seine eigene Wahrheit verteidigen zu müssen. Wenn uns aber bewusst ist, dass es so etwas wie eine allumfassende Wahrheit nicht gibt, dann ist es leichter für uns, mit den Gedanken der anderen umzugehen. Jeder darf die Welt mit seinen eigenen Augen sehen. Für ein friedvolles Miteinander müssen wir unterschiedliche Zugänge stehen lassen können. Ich bin davon überzeugt — wenn das bei allen gelingen würde, hätten wir den Weltfrieden. Für mich ist das eine Frage der Reife. Wenn wir andere Meinungen nicht mit unseren eigenen Vorstellungen messen müssen, dann wandeln sich die Konflikte in inhaltliche Diskussionen. Es kann dann auch keinen Hass mehr geben. Diese Grundhaltung ist leider heute noch nicht so weit verbreitet. Besonders schlimm wird es dann, wenn zu der Ablehnung von anderen Ideen auch noch Fanatismus kommt. Dabei würden wir alle davon profitieren, wenn jeder denken dürfte, was er möchte.

Ein zentraler Aufhänger für Frieden sind für mich die Konflikte. Ich persönlich bewerte sie sehr positiv. Das hängt natürlich auch mit meiner Arbeit als Mediatorin zusammen. Es gibt keine Wärme ohne Reibung. Konflikte zeigen Entwicklungspotenziale auf. Sie machen klar, dass es nicht mehr in der bisherigen Form weitergehen kann. Durch sie wird es auch möglich, notwendige Veränderungen zu bewirken. Manchmal ist das allerdings auch mit Leid verbunden. Das braucht Kraft und Energie. Deshalb wollen wir uns auch nicht wirklich verändern. Es ist angenehm zu wissen, worauf ich mich einlasse. Wir fühlen uns wohl, wenn wir uns auskennen. Menschen haben einen großen Drang dazu, dass alles so bleibt, wie es einmal war. Es ist wie das Nest, das ich mir gebaut habe und nicht verlassen möchte. Schaffe ich es allerdings, über den Rand hinauszukommen, habe ich auch Vorteile. Dann weiß ich nicht nur, wie das Nest aussieht, sondern lerne den ganzen Baum kennen. Dann erweitern sich auch unsere Handlungsmöglichkeiten ungemein.

Wandel kann ich schwer positiv oder negativ bewerten, weil ich da wieder ganz schnell in der subjektiven Komponente bin. Natürlich kann ich beurteilen, ob mir persönlich etwas besser gefällt oder gar nicht. So ist es für mich positiv, wenn ein Mensch mehr Perspektiven erkennen kann. Dadurch wird er offener und auch weiter in seiner Gedankenwelt. Dann kann er mehr lernen und sein eigenes Spektrum erweitern. Im Gegenteil dazu finde ich jemanden, der in seinen Werten sehr eingeschränkt ist, eher negativ. Menschen mit dieser Fixierung können sehr schnell in die Richtung Fanatismus driften. Dabei wird die Vorstellung vermittelt, dass es nur eine einzige Wahrheit gebe, nach der alle zu leben hätten. Die Aussage, was genau für die Welt besser oder schlechter ist, mute ich mir nicht zu.
   Aus meiner Sicht wandelt sich unsere Gesellschaft als Ganzes. Das spiegelt sich für mich ganz deutlich in der Geschichte der Mediation wider. Zu Zeiten, wo ich damit begonnen habe, wusste niemand, was Mediation bedeutet. Es gab damals den kursierenden Witz, dass die Peer-Mediation „meditieren mit Bier" bedeute. Die Änderung in der Kenntnis des Begriffes, aber auch den Wandel im sozialen Verhalten konnte ich sehr gut in den 18 Jahren an der HAK beobachten. Ich glaube, dass ein Teil davon sich auch in der gesamten Gesellschaft widerspiegelt. Peer-Mediation ist

heute in rund 15% aller Schulen in Österreich verankert. Aber auch in anderen Lebensbereichen ist das Verfahren mittlerweile fest installiert. Persönlich stimmen mich diese Veränderungen sehr positiv. Es macht mir Hoffnung, dass geeignete Multiplikatoren auch den Gedanken der Mediation im Sinne einer Friedensstiftung weitertragen.

Friedensstifter als Ausbildner

Bildung ist ein Schlüsselfaktor für die Friedensstiftung. Durch Schulung, Training und konkrete Umsetzungsunterstützung ändern sich Werthaltungen und Vorgehensweisen. Gestützt wird das durch den Wandel der Persönlichkeit Einzelner. Bildung ermöglicht Multiplikation. Vorhandenes Wissen wird verbreitet und lebt in und durch andere weiter. Bildung in sozialem Verhalten ist nicht beschränkt auf einen Lebensbereich, es ist wie ein Dominoeffekt. Betroffen sind dadurch natürlich auch ökonomische Aspekte. Für mich ist die Nachhaltigkeit aber wesentlich wichtiger. Menschen, die in ihren Aktivitäten bereits einen Sinn gefunden haben, setzen sich nicht permanent der Frage aus, warum sie etwas tun oder unterlassen.

Bei Konflikten geht es um gegenseitige Grenzverletzungen. Friedensstifter müssen dies in ihrer Vermittlungsarbeit berücksichtigen. Hier muss klargelegt werden, welche Grenzen bei wem überschritten wurden und welche Konsequenzen damit verbunden sind. So sind sich viele Menschen gar nicht bewusst, dass sie Handlungen setzen, die andere beeinträchtigen. Ein Mann denkt sich vielleicht nichts dabei, wenn er eine Frau berührt. Diese Frau fühlt sich dadurch aber bereits sexuell belästigt. Haben die beiden regelmäßig miteinander zu tun, muss zwischen den beiden klargestellt werden, welches Verhalten welche Reaktionen beim anderen auslösen. Geschieht das nicht, so heizen sich die daraus entstehenden Konflikte immer mehr auf und eine friedliche Lösung wird schwieriger. So hatte ich als Coach beispielsweise den Fall einer Schülerin, die von ihrem ehemaligen Freund bedroht wurde. Der Freund hatte damals angekündigt, intime Fotos von ihr im Internet zu veröffentlichen, wenn der Trennungswunsch der Schülerin aufrechterhalten bliebe. Der Bursche war damals nicht in unserer Schule, daher habe ich ausschließlich sie beraten. Wir haben damals eine Strategie entwickelt, die ganz gut funktioniert hat. Als Erstes hat sie ihm gegenüber den deutlichen Wunsch ausgesprochen, dass er die Veröffentlichung unterlassen solle. Für den Fall, dass er dem Wunsch nicht nachkäme, kommunizierte sie auch ganz klar, dass sie weitere Vorgehensweisen, wie die Einschaltung der Polizei oder rechtliche Schritte, in Erwägung ziehen werde. In dem gemeinsamen Gespräch der beiden Jugendlichen hatte die Grenzsetzung die Wirkung, dass weitere verletzende Handlungen ausblieben. Die wechselseitigen Kränkungen im Zuge der Trennung und der damit verbundene Schmerz waren zwar noch immer vorhanden. Das ehemalige Paar konnte aber durch den Prozess lernen, darauf in der Kürze eines Abschiedsgesprächs noch einzugehen.

Konflikte entstehen auf unterschiedliche Weise. Ich erlebe, dass aktuell das Versenden von unerwünschten – meist pornografischen – Videos deutlich ansteigt. Meist sind es Burschen, die sich untereinander mit Material versorgen und so ihre Sexualität ausleben. Die Jugendlichen schicken die Videos dann an Mädchen, die das meistens ekelig empfinden. Wir haben kürzlich in einer Klasse unserer Schule erstmals Burschen und Mädchen bei einem Workshop getrennt. Dabei stellte sich klar heraus, dass der Ursprung dieser Videos hauptsächlich von einem speziellen Jugendlichen kam. Die Mädchen konnten im gleichgeschlechtlichen Dialog erstmals offen und als Gruppe ansprechen, dass sie kein Interesse an den geschickten Videos hätten. Bis zu diesem Gespräch hatten sie eher mit einem Lächeln oder einem unsicheren Gelächter reagiert, was eigentlich kontraproduktiv war. Die Burschen untereinander haben sich klargemacht, dass das nicht nur Spaß bedeutet, sondern durchaus ernst zu nehmen ist. Nach diesem Workshop hat sich die Situation deutlich entspannt. Friedensstifter von morgen müssen flexibel auf die Herausforderungen der Zukunft reagieren. Nachdem wir heute noch nicht wissen, was morgen auf uns zukommt, gibt es keine fixen Themen dafür. Das Erkennen von aktuell auftretenden problematischen Situationen ist der erste Schritt für die gemeinsame Bewältigung. Dann können auch Missstände aufgezeigt werden und ein Einschreiten wird möglich. Die Offenheit von zukünftigen Friedensstiftern hat auch noch eine weitere Bedeutung. Sie ermöglicht ein weitgehend wertfreies Zuhören. Das bietet eine sachliche Diskussionsgrundlage.

Die Friedensstifter der Zukunft brauchen Charisma, damit die Leute auch zu ihnen kommen. Dann können sie durch ihr Handeln möglichst viele motivieren, in ihre Fußstapfen zu treten. Sie vermitteln dann den Wunsch, dass auch die anderen so leben wollen wie sie, weil es Sinn macht und sich gut anfühlt. Ich wünsche mir sehr, dass der Friedensgedanke weitergeht und verstärkt wird – vor allem, wenn ich an die aktuellen kriegerischen Konflikte im Osten Europas denke. Dann wird mir bewusst, dass wir den Zusammenhalt brauchen. Es gibt immer wieder unterschiedliche Kräfte, die auf uns zukommen. Wir brauchen unterschiedliche Optionen, um das zu stoppen. Idealerweise sind es friedliche Methoden. Menschen mit Zivilcourage sind heute mehr gefragt denn je. Wir brauchen sie für die Bewältigung der Probleme unserer Zeit. Nur durch die Übernahme von Verantwortung für die Gesellschaft können wir die Zukunft meistern.

Die erste Anlaufstelle für Bildung und Erziehung ist die Familie. Dennoch befindet sich die Gesellschaft gerade in diesem Bereich in einem sehr großen Umbruch. Noch nie in der Geschichte verbrachten Kinder so viel Zeit in außerfamiliären und professionellen Betreuungs- und Ausbildungseinrichtungen. Die Folgen daraus sind heute noch nicht abzuschätzen. Gleichzeitig ändern sich auch die Sitten und Wertvorstellungen dramatisch. Noch vor mehreren Jahrzehnten war es im Schulbereich durchaus akzeptiert, dass ein Lehrer oder eine Lehrerin aus pädagogischen Überlegungen Gewalt durch Stockschläge ausübte. Heute folgt auf eine derartige Behandlung eine Strafverfolgung.

Zu dem Thema Gewalt finden sich auch Überlegungen in vorangegangenen Kapiteln. Aber auch bei der Erziehung spielt das Thema eine große Rolle. 1990 verabschiedeten die Vereinten Nationen die Kinderrechtskonventionen, die viele Staaten unterzeichneten. Darunter befindet sich in Artikel 19 die Verpflichtung des Staates, Kinder vor jeder Form der Gewaltanwendung zu schützen. Das würde bedeuten, dass Kinder keinerlei Druck und Zwang mehr ausgesetzt werden dürfen – egal, ob sie in der eigenen Familie, in einer Pflegefamilie oder in einer entsprechenden Einrichtung leben. Der Staat legt sich dabei die Verpflichtung auf, bei wahrgenommenen Gewalthandlungen einzugreifen und notfalls eine Trennung von den bestehenden Bezugspersonen vorzunehmen. Würde diese Rechtsgrundlage in letzter Konsequenz umgesetzt werden, so müssten alle Kinder von ihren betreuenden Einrichtungen herausgelöst werden. Abgesehen von der Tatsache, dass sich der Staat selbst durch diese Gewalthandlung strafbar machen würde, hätte sie zur Folge, dass Kinder keine Beziehungen mehr zu anderen Menschen haben dürften. Eine gewaltlose Gesellschaft wäre es trotzdem nicht. Natürlich ist diese skizzierte Vision in der Form (noch) nicht umgesetzt. Dennoch entsteht durch die Formulierung der Vereinten Nationen auch sehr viel Willkür bei der Festlegung, wann ein Kind aus der häuslichen Umgebung genommen werden soll. Die Absicht hinter dieser Regelung ist zu einem großen Teil die Reduktion von Gewalt bis zur gewaltlosen Gesellschaft. Es herrscht weitgehende Übereinstimmung darüber, dass wir aktuell in einer Zeit leben, in der Gewalt an der Tagesordnung ist. Gewaltfreiheit kann es nur geben, wenn es niemand mehr nötig hat, Gewalt auszuüben. Sie kann nicht erzwungen werden. Der Zwang zu einer zwanglosen Gesellschaft ist ein Widerspruch in sich. Diese kann sich nur freiwillig entwickeln.

Der dänische Familientherapeut Jesper Juul weist darauf hin, dass Erziehende heute vor einer deutlich schwierigeren Aufgabe stehen als früher. Er begründet dies damit, dass unsere Vorgängergenerationen die Grenzen zwischen „richtig" und „falsch" viel klarer definierten. Es gab zu einem großen Teil eine Übereinstimmung der moralischen Vorgabe, welche Erziehungssituation welche Maßnahme erfordert. Dieser autoritäre Erziehungsstil wandelte sich allmählich zu einem Laissez-faire-Prinzip. Das eigentliche Ziel der Erziehung ist die Entwicklung der Fähigkeiten von Kindern, sich in der Welt zurechtzufinden und sich idealerweise wohlzufühlen. Kinder von heute sind lebendiger, flexibler und fordernder als früher. Das erfordert auch neue Kompetenzen bei Erwachsenen. Juul ist der Meinung, dass europäische Kinder noch nie mit so vielen Grenzen leben mussten wie heute. So verbringen sie vergleichsweise viel Zeit in zwangspädagogischen Einrichtungen. Dadurch steigt die Verantwortung der Pädagogen auch im Bereich der Erziehung.

Juul war in der Gruppe von Pädagogen, die erstmals in der Geschichte mit Kindern, Lehrern und Eltern gemeinsam arbeiteten. Diese Arbeit startete vor 40 Jahren. Dadurch entstand ein umfassendes Wissen der Beziehungsgestaltung zwischen Eltern und Kindern. Er berichtet von den Nachteilen der Gehorsamkeitskultur vergangener Generationen. So waren Mütter beispielsweise angehalten, Aktivitäten rund um die Kinder regelmäßig zu gestalten. Das Essen gab es zu bestimmten Zeiten und auch die Schlafenszeiten waren fix. Begründet wurden diese Vorgaben mit der Befürchtung, dass ansonsten die Kinder die Macht übernehmen würden. Juul weist darauf hin, dass Erwachsene, die als Kinder nur Gehorsamkeit lernten, in der heutigen Gesellschaft heillos überfordert sind, sowohl am Arbeitsmarkt, bei Partnerschaften und auch als Eltern. Es ist allerdings nicht angebracht, nur aus dem Grund, dass sich das Prinzip der Gehorsamkeit nicht bewährte, Ungehorsamkeit zu fordern. Als Schlüsselbegriffe für eine gute Erziehung nennt Juul Verantwortung und Selbstgefühl. Er weist darauf hin, dass sich die Erziehungsexperten weltweit einig sind, dass Kinder Führung brauchen. Sie kommen zwar mit vielen Fähigkeiten zur Welt. Was ihnen jedoch fehlt, ist die Erfahrung. Die Herausforderung an Erzieher ist, Führung zu geben, ohne zu verletzen und zu kränken. Juul weist darauf hin, dass es bislang dazu noch kein erprobtes pädagogisches Konzept gebe, stellt aber in Aussicht, dass es in absehbarer Zeit verfügbar sein werde.

In seiner Arbeit weicht Juul vom Prinzip der Grenzsetzung und Kontrolle ab und ersetzt sie durch Respekt und Kontakte. Dabei ist es wichtig, Respekt nicht mit Angst zu verwechseln. Juul spricht von der Beobachtung, dass Kinder von heute weniger Angst vor Erwachsenen haben als früher, und findet dies wunderbar. Auch die Definition von Kontakt ist für ihn wesentlich. Die reine gleichzeitige Anwesenheit in einem Raum ist dafür nicht ausreichend. Beide Konzepte erfordern neue Standards. Als besonders wichtig hat sich für ihn das Modell herausgestellt, das er Gleichwürdigkeit nennt. Juul weist darauf hin, dass wir auch heute noch in der Beziehung zu Kindern in Subjekt–Objekt-Verhältnissen denken. Typische Fragen dazu sind:

SUBJEKT   SUBJEKT   SUBJEKT

OBJEKT

Was macht man mit Zweijährigen, die kein Gemüse essen oder am Abend nicht schlafen wollen? Nur Gewalt kann dazu führen, dass Kinder genau das tun – kurzfristig zumindest. Als erfahrener Pädagoge weiß man das. Gewalthandlungen sind nur mittlerweile verboten. Ansonsten gibt es auf diese Frage keine Antwort. Doch was macht man stattdessen? Gleichwürdigkeit setzt eine Subjekt-Subjekt-Beziehung voraus. Darin nehmen Eltern ihre Kinder ernst, nur deshalb, weil sie da sind. Sie beziehen sie in ihre Entscheidungen und Planung ein. Dabei geht es nicht um die sofortige Erfüllung aller Wünsche. In einer Beziehung zwischen zwei Menschen geht es beiden dann am besten, wenn es der wechselseitigen Beziehung gut geht und nicht nur einer Seite. Daher spricht Juul von einer Dreiecksbeziehung: Erwachsene-Kind-Beziehung.

Die Darstellungen von Jesper Juul zeigen die Entwicklung der Erziehungsprinzipien in der Gegenwart. Menschen geht es dann gut, wenn sie gute Beziehungen zu den ihnen Nahestehenden haben. Dies schreibt auch Freiherr von Knigge im 18. Jh. in seinem Ratgeber über den Umgang von Eltern mit Kindern: *„Ehrerbietung besteht nicht in feierlicher, strenger Entfernung, sondern kann recht gut mit freundschaftlicher Vertraulichkeit bestehen. Man liebt den nicht, an welchem man kaum heraufzuschauen wagen darf. Man vertraut sich dem nicht an, der immer mit steifem Ernst Gesetz predigt. Zwang tötet alle edle, freiwillige Hinwendung."*

Susanne Stahl
Tagesmutter und Krisenpflegemutter

Die Mutter als Bezugsperson

Ich bin in der Wohnung meiner Eltern geboren worden. Meine Mutter war der wichtigste Mensch in meinem Leben. Ich habe sie sehr geliebt, auch wenn sie mir das nicht immer leicht gemacht hat. Meine Eltern haben sich scheiden lassen, als ich acht Jahre alt war. Mein Vater war von Beruf Bauingenieur und hatte ein Alkoholproblem. Wir haben immer gemeinsam mit meinen Großeltern gelebt. Dementsprechend hatten sie einen großen Einfluss auf unser Leben. Ich habe einen Bruder, der drei Jahre älter ist als ich. Er war der „Liebling der Nation". Meine Großmutter hatte ihn stark bevorzugt. Ich war der Liebling von meinem Großvater, nur leider hatte er nicht sonderlich viel zu sagen. Ich habe das oft als sehr un-

gerecht empfunden. Für meinen Bruder haben sie beispielsweise den ganzen Dachboden ausgebaut. Das wäre für mich undenkbar gewesen. Eine ganz spezielle Erinnerung habe ich auch an die Zeit, in der mein Vater nicht mehr bei uns lebte. Es gab da einen Mann im Leben meiner Mutter, für den ich mein Zimmer in der gemeinsamen Wohnung räumen musste, um bei meiner Mutter zu schlafen. Doch abends, nachdem ich bereits eingeschlafen war, musste ich dann aus dem Bett meiner Mutter wieder raus, weil dann der Mann zu ihr kam. Weil meine Großeltern das aber nicht wissen durften, gab es diesbezüglich viel Heimlichtuerei. Dies ist eine Situation, die ich meinen eigenen Kindern nie zumuten würde.

Mit 22 Jahren bin ich aus dem Elternhaus ausgezogen. Damals habe ich meinen ersten Mann geheiratet. Ich wollte damals schon Pflegekinder betreuen, doch mein Mann war damit nicht einverstanden. Er meinte, dass ihm andere Kinder nicht ins Haus kämen, schon gar keine behinderten Kinder. Obwohl wir Konflikte hatten, bin ich mit meinem ersten Mann heute noch so weit in Kontakt, dass wir ohne große Schwierigkeiten die gleichen Familienfeiern besuchen können. Darauf bin ich sehr stolz. So etwas ist nicht selbstverständlich. Wir sind zwar kein Ehepaar mehr, trotzdem konnten wir die Angelegenheiten, unsere Kinder betreffend, meist friedlich regeln.

Ich habe viel dadurch gelernt, dass ich Kinder großgezogen habe. Mit meinem ersten Mann hatte ich drei Kinder. Mein zweiter Mann hat vier Kinder in die Ehe gebracht. Gemeinsam mit meinem zweiten Mann hatte ich eine weitere Tochter. Durch unterschiedliche Umstände verbrachte ich viel Zeit mit unseren acht Kindern allein. Es war von Anfang an für mich klar, dass ich alle Kinder so behandele, als ob sie meine eigenen wären, auch wenn ich nicht ihre leibliche Mutter war.

Für mich ist die Rolle der Mutter sehr bedeutend. Ich will damit nicht sagen, dass Mütter nicht arbeiten gehen sollen, ich denke, es geht nicht nur darum, zu Hause anwesend zu sein. Es ist besser, eine Berufstätigkeit auszuüben, wenn man damit grundsätzlich zufriedener ist. Für mich persönlich geht es bei der Mutterrolle mehr darum, für meine Kinder da zu sein. Dies umfasst die bedingungslose Liebe der Mutter und die Gewissheit der Kinder, dass sie zu einem steht, egal, was vorgefallen ist. Meine Kinder wussten immer, wenn es darauf ankam, war ich für sie da. So etwas gibt Kindern Rückgrat. Es ermöglicht ihnen, auch selbst Kinder mit diesem Hintergrundgedanken großzuziehen.

Leben mit Erkrankung und Segnung

Mein zweiter Mann Jürgen litt immer wieder längere Zeiten an schweren Erkrankungen. Vor rund 18 Jahren begannen seine Depressionsphasen, die mich selbst auch sehr gefordert haben. Einmal war es so schlimm für mich, dass mein Arzt mich in eine Klinik einweisen lassen wollte, damit ich zu Ruhe kommen könnte. In dieser Phase beschloss ich, eine alte Freundin von mir zu kontaktieren, die ich seit sechs Jahren nicht mehr gesehen oder gesprochen hatte. Sie lud mich ein, sie in Amerika, wo sie mittlerweile lebte, zu besuchen, um von all dem Stress wegzukommen. Mein damaliger Arzt war zuerst dagegen gewesen, doch als ich zwei Monate später wiederkam, meinte er, es wäre wahrscheinlich das Beste gewesen, was ich hätte tun können. Diese Freundschaft und der Kontakt mit meiner Freundin bestehen noch bis heute. Ohne sie würden zwei meiner Töchter heute nicht in Amerika leben und dort die Ausbildung ihrer Wahl machen können.

Was mich ganz speziell geprägt hat, waren die Erkrankungen und der Tod meines zweiten Mannes Jürgen. Als wir schon in Österreich wohnten, wurde er mit Blaulicht von seinem Arbeitsplatz ins Krankenhaus gebracht. Damals hatten sie

Herzinsuffizienz festgestellt. *Es gab auch schon erste Vorboten auf Darmkrebs. Sechs Jahre später ist er an den Metastasen des Darmkrebses gestorben. In dieser Zeit war er immer wieder schwer krank. Lange Zeit davon war er auch pflegebedürftig. Während dieser Zeit war es möglich, für ihn Heimpflege zu organisieren, und ich musste die Familie, meinen Beruf als Tagesmutter und Krisenpflegemutter mit seiner Betreuung vereinbaren. Dabei habe ich viel Unterstützung von außen bekommen. Das waren unter anderem meine Freunde von der Kirche, die immer für mich da waren, wenn ich es brauchte. Ganz wertvolle Hilfe hat mir auch meine Kollegin Denise geleistet. Ohne sie hätte ich es nicht geschafft, dass Jürgen die letzte Zeit seines Lebens zu Hause verbringen konnte. Ich frage mich heute noch manchmal, wie das überhaupt zustande kam, da wir beide uns bis dahin nicht sehr gut gekannt hatten. Für das, was sie für uns getan hat, werde ich ihr ewig dankbar sein. Durch die intensive Zeit miteinander hat es für beide Änderungen gegeben. Sie hat dabei gelernt, was es bedeutet, Pflegekinder zu betreuen, und ich konnte durch sie meinem Mann seinen Wunsch erfüllen, zu Hause zu sterben.*

Ich rechne auch meinem Arbeitgeber, dem Land Niederösterreich, hoch an, dass sie mich auch in dieser schwierigen Zeit behalten und weiter bezahlt haben. Ich habe damals die übliche Dauer eines Krankenstandes deutlich überschritten. Trotzdem haben sie an meine Fähigkeiten und Rückkehr in den Beruf geglaubt und ich hatte zumindest ein geringes fixes Einkommen.

Für mich ist auch mein Glaube sehr wichtig. Seit ich 20 Jahre alt bin, bin ich Mitglied der Kirche Jesu Christi der Heilige der Letzten Tage. Ich bin überzeugt davon, dass Gott existiert. Eine der vielen Segnungen, die wir von ihm erhalten können, ist, dass wir uns auch in schwierigen Situationen nicht alleine fühlen. Das ist seine Art, uns Beistand zu leisten. Als Mormonin glaube ich an das Gesetz des Zehnten. Das bedeutet, dass wir freiwillig zehn Prozent unseres Einkommens der Kirche zur Verfügung stellen. Trotzdem, oder gerade deshalb, habe ich keine finanziellen Probleme. Ich wundere mich oft selbst darüber, wie das funktioniert. Aber so ist es nun mal. Das muss man selbst ausprobieren, um zu erleben, welche finanziellen Segnungen damit verbunden sind. Segnung heißt für mich auch, dass Menschen von der Kirche da sind, wenn man sie braucht. In unserer Kirchengemeinschaft können wir uns voll und ganz aufeinander verlassen. Ich glaube auch an ein Leben nach dem Tod. Das ist für mich wichtig und hilft mir, viele Dinge aus einer anderen Perspektive zu betrachten. Das betrifft vor allem den Egoismus. Wenn ich immer nur egoistisch bin und mich selbst ins Zentrum der Geschehnisse und der Aufmerksamkeit setze, bringt mir das weder in diesem noch im nächsten Leben Frieden. Hätte ich das getan, könnte ich heute wahrscheinlich schon auf Kosten des Staates leben. Doch das ist für mich nicht der Sinn meines Lebens. Mein Wunsch ist, dass das, was ich heute mache, einen längeren positiven Einfluss hat. Idealerweise auch dann noch, wenn ich schon nicht mehr am Leben bin.

Verknüpfung von Tagesbetreuung und Krisenpflege

Ich habe in Österreich mit der Arbeit als Tagesmutter begonnen, weil meine jüngste Tochter nicht wollte, dass ich außer Haus arbeiten gehe. Es war mir aber klar, dass auch ich zum Haushaltseinkommen beitragen musste. Daher hatte ich nicht so viele Alternativen. Trotzdem bin ich sehr froh, dass ich diesen Weg gewählt habe. Mein Beruf ist für mich auch so etwas wie eine Berufung. Immer wieder höre ich von Menschen, dass das, was ich tue, gar keine richtige Arbeit sei. Der Beruf als Tagesmutter hat den Status, dass man das mal eben so nebenbei macht. Bei mir war das anders. Ich habe durch diese Tätigkeit meine große Familie mehrere Jahre mit meinem selbst verdienten Geld versorgt. Zur Krisenpflege bin ich durch Zufall gekommen. Damals musste ein jugendliches Kind aus unserem Bekanntenkreis untergebracht werden. So begann die Zusammenarbeit mit dem Jugendamt und mir wurden regelmäßig Kontrollbesuche zu Hause abgestattet. Irgendwann fragte man mich, ob ich ein Neugeborenes übernehmen würde. So ging das weiter, bis ich schließlich mit dem Entstehen des Kompetenzzentrums für Krisenpflege in 2011 dort eine Anstellung gefunden habe.

Bei meiner Arbeit finde ich es sehr wichtig, dass ich, wenn möglich, gleichaltrige Kinder habe. Auch wenn das nicht immer funktioniert, so haben die Kinder dann doch eher Gleichgesinnte mit ähnlichen Interessen. So haben sie im Idealfall auch die Möglichkeit, natürliche Rivalitäten in einer gemäßigten Form auszutragen. So wollen beispielsweise kleine Pflegekinder vermehrt dann auf meinen Schoß, wenn gleichaltrige Tageskinder kommen. Sie wissen ganz genau, dass die Tageskinder bei mir sitzen und meine Haare streicheln dürfen. Das löst bei ihnen eine gewisse Eifersucht aus und die Pflegekinder wollen mich in Anspruch nehmen, damit es die Tageskinder nicht können. Vor allem bei den Tageskindern habe ich sehr stark den Eindruck, dass ihre Wünsche oft von ihren Eltern sofort erfüllt werden. Bei mir hingegen müssen sie lernen, auch manchmal warten zu können. Das hängt sehr stark mit der eigenen Stellung in der Gemeinschaft zusammen. Warten zu können heißt für die Kinder, dass nicht nur sie allein wichtig sind. Vielmehr sind sie ein Teil dessen, was wichtig ist. Es funktioniert nicht, wenn jeder nur egoistisch seine eigenen Bedürfnisse in den Vordergrund stellt. Das ist unabhängig, von welcher Generation die Rede ist.

Besonders heikle Situationen ergeben sich oft bei Pflegekindern. Selten geben die Eltern ihre Kinder freiwillig in die Fürsor-

ge des Jugendamts. Es ist mir wichtig, dass die leiblichen Eltern nicht das Gefühl haben, dass ich ihnen ihre Kinder wegnehme. Wenn ich die Notwendigkeit dazu sehe, erkläre ich das meist mit den Worten: „Ich will Ihnen die Gelegenheit geben, selbst wieder gesund zu werden. Es geht mir nicht darum, Ihr Kind für mich zu beanspruchen." Das verstehen die meisten Eltern auch in sehr schwierigen Situationen. Durch Besuchskontakte im Kompetenzzentrum wird der Kontakt mit den Eltern nach Möglichkeit beibehalten. Wenn eine Rückkehr zu den leiblichen Eltern nicht möglich ist, ist es mir ein großes Anliegen, dass die Kinder einen harmonischen Übergang zur Dauerpflege in eine neue Familie haben. Daher mache ich die Eingewöhnung für Dauerpflegeeltern in meiner Wohnung. Sie lernen dann den Umgang mit den Kindern in der gewohnten Umgebung der Kinder und können auf die Art eine neue Beziehung aufbauen. Ich bin unter anderem auch sehr froh, dass nicht ich selbst die Entscheidung treffen muss, welches Kind externer Fürsorge bedarf und welches nicht.

In Summe hatte ich geschätzte 70 Tageskinder in zehn Jahren zur Betreuung. Pflegekinder waren es rund 20. Manche der Pflegekinder blieben nur wenige Wochen, einige wenige jedoch hatte ich bis zu einem Jahr in Betreuung. Bei meinem Beruf ist das Loslassen ein ständiger Begleiter, doch nicht jeder ist dazu in der Lage, da es sehr schwierig sein kann. Ich habe immer wieder Neugeborene, zu denen wir Frauen in sehr kurzer Zeit ein sehr inniges Verhältnis aufbauen. Sie werden zu „unseren" eigenen Kindern, mit allen Gefühlen, die damit verbunden sind. Es ist mir aber völlig bewusst, dass ich sie gehen lassen muss. Die meisten Tageskinder kommen in dem Jahr, bevor sie in den Kindergarten gehen, und gehen nach einem Jahr wieder. Die Bindung zu ihnen ist natürlich anders als bei jenen Kindern, die Tag und Nacht bei mir sind. Unterschiede zwischen Pflege-

kindern und Tageskindern sehe ich auch in der Eingewöhnungszeit. Tageskinder, die mit eineinhalb Jahren kommen, schreien meistens, wenn sie die erste Zeit bei mir sind. Bei Pflegekindern erlebe ich das ganz selten. Das zeigt mir, dass sie nicht so viel vermissen von ihrer gewohnten Umgebung, was ein Zeichen für Bindungsprobleme ist. Diese Beobachtung teile ich mit vielen meiner Kolleginnen.

Kindererziehung und Fürsorge

Für mich ist es sehr wichtig, dass Kinder aus Krisenfamilien gemeinsam mit „normalen" Kindern Zeit verbringen können. Ich bin der Meinung, dass alle dadurch profitieren. Sie lernen voneinander. Eltern, die ihre Kinder als Tageskinder bei mir unterbringen wollen, sind oft ganz unterschiedlich. Manche überlegen es sich sogar anders, wenn sie erfahren, dass ich auch Krisenpflegekinder betreue. Ihre Hauptsorge ist, dass „Krisenkinder" gewalttätiger sind als andere. Meine Erfahrung ist da anders. Alle Kinder leben Gewalt untereinander unmittelbar aus. Das ist nicht unbedingt davon abhängig, ob das Jugendamt in der Betreuung davor eine Krisensituation festgestellt hat oder nicht. Kleinkinder müssen, egal aus welcher Situation sie kommen, einfach immer noch lernen, ihre Kraft zu kontrollieren. Selbstkontrolle ist nicht etwas, mit dem man geboren wird.

Der Umgang mit Gewalt ist aus meiner Sicht ein wunder Punkt in der professionellen Kinderbetreuung. Wenn ein kleines Kind haut, dann gehe ich hin und erkläre, dass es „ei, ei" machen soll, was bedeutet, es soll das andere Kind z. B. über den Arm streicheln, damit es wieder besser wird und das verletzte Kind weiß, dass es dem Übeltäter leidtut. Wenn sie die Erfahrung machen können, dass ein Streicheln auch die gewünschte Aufmerksamkeit bringt, dann brauchen sie in den meisten Fällen die

Gewalt irgendwann nicht mehr. Was wir in dem Zusammenhang gerne vergessen, ist, dass Kinder Raufereien brauchen. Es gehört zur Sozialisierung dazu. Kinder können nicht immer alles ausdiskutieren. Es ist für sie auch notwendig, manchmal körperlich ihre Kräfte zu messen. Natürlich müssen diese in einem angemessenen Rahmen bleiben. In einer Schulung habe ich einmal von einer für mich sehr richtig klingenden Regel gehört. „Eingreifen sollten wir als Erwachsene, kurz bevor Blut fließt." Meist wissen aber auch die Kinder selbst, wann sie zu weit gehen. Dann hören sie auch ganz ohne Eingreifen von außen auf. Durch die Raufereien werden Machtkämpfe ausgetragen und interne Hierarchien gefestigt. „Weil ich der Stärkere bin, darf ich dir sagen, was du zu tun hast." Vor allem Burschen haben diesen Drang. Aus meiner Sicht ist das eine natürliche Entwicklung, die auch ihren Raum und ihre Zeit braucht. Für die Erziehung bedeutet das, dass wir auch manchmal zuschauen sollten, ohne sofort einzugreifen. Natürlich ist das schwer. Wir müssen dann davon ausgehen, dass nichts Schlimmes passiert. Für den Fall der Fälle müssen wir aber dennoch aufmerksam sein, um einzuschreiten, bevor tatsächlich jemand zu Schaden kommt.

Ich werde sehr häufig gefragt, was denn die richtigen Methoden zur Kindererziehung seien. Eine Antwort darauf fällt mir trotz meiner jahrelangen Erfahrung sehr schwer. Anzeichen für eine gute Erziehung zeigen sich oft erst Jahre später. Ein Zeichen für eine gute Erziehung ist, wenn Kinder gern wieder zurück nach Hause kommen, nachdem sie schon ausgezogen oder eben nicht mehr in der eigenen Betreuung sind. Das gilt nicht nur für beruflich betreute Kinder, sondern auch für die eigenen. In der Pubertät müssen sich Jugendliche von uns lösen. Meine acht Kinder kommen mich alle noch gern besuchen. Das werte ich als gelungene Mutterschaft. Meine Tochter Janine hat mir ein-

mal ein sehr schönes Kompliment gemacht. Sie meinte, dass ich ihr Held sei, auch wenn sie nicht genau wisse, wie ich das geschafft hätte. Diese Aussage macht mich sehr stolz und freut mich sehr. Meine Kinder fragen mich mittlerweile alle, wie ich die gleichzeitige Erziehung von so vielen Kindern überlebt habe. Manchmal höre oder sehe ich auch mich selbst in meinen Nachkommen. Sie sind oft wie mein Spiegelbild und verwenden teilweise Worte, die auch ich gesagt habe.

Das Schöne am Dasein der Oma ist, dass ich den schlimmsten Familienstress hinter mir habe. Meist schaue ich zu, wie meine Kinder sich um meine Enkelkinder kümmern. Wenn ich aktiv eingreife, dann meist in den Krisensituationen zwischen meinen Kindern und meinen Enkeln. Als Oma kann ich auch anwesend sein, wenn es Krieg mit der Mutter oder dem Vater gibt. Ich habe allerdings als Oma eher eine Rolle als Außenstehende. Dies verschafft mir jedoch den Vorteil, dass ich besser argumentieren kann und alle Beteiligten mir besser zuhören, weil ich zwar Teil der Familie bin, aber meist doch eher eine neutrale Partei.

Frieden als Teil von Zufriedenheit

Frieden bedeutet für mich in erster Linie, dass wir mit unseren Mitmenschen in unserem engeren Umfeld gut auskommen. Ich kann nicht Frieden in der Welt stiften und persönlich mit meiner Familie Krieg führen. Das passt für mich nicht zusammen.

Frieden kann nur dann entstehen, wenn wir über anstehende Probleme reden können. Wichtig dabei ist, dass wir dann auch wieder einen Weg zurückfinden von dem Konflikt. Wenn wir immer über dieselben Themen streiten, fördert das die üble Laune und den gegenseitigen Hass. Frieden ist Ruhe, aber auch ZuFRIEDENheit in der Welt. Wir sind heute oft durch unsere

Aufgaben überfordert. Das kommt meiner Meinung nach daher, dass wir uns stark von anderen manipulieren lassen. So meinen wir, dass wir bestimmte Dinge haben oder tun müssen. Vor allem bei Kindern sehe ich oft, dass sie in sich selbst keinen Frieden mehr haben, weil sie durch Fernsehen, Zeitschriften oder Freunde zu viele Wünsche mit sich herumtragen. Das fördert eine innere Aggressivität. Eine innere Ruhe habe ich dann, wenn ich mit mir und mit meinem Leben zufrieden bin.

Eine große Hilfe dabei ist für mich mein Glaube. In dem Zusammenhang möchte ich einen Satz weitergeben, der mir sehr geholfen hat: „Ich bin eine Tochter Gottes und bin es wert, mich zu lieben, so wie ich bin." Dann brauche ich weder Botox noch Lifting oder Nasenkorrektur. Für diese Einstellung habe ich lange gebraucht. Doch glaube ich, dass Wertschätzung der eigenen Person ein ganz wesentlicher Teil für den Frieden in unserer Gesellschaft ist. Wir formen immer mehr den „optimalen Menschen" und orientieren uns dabei sehr häufig an Äußerlichkeiten. Auch wenn wir in einer friedlichen Welt leben, so kämpfen wir doch darum, ein Einheitsgesicht, eine Idealfigur oder trendige Kleidung zu besitzen. Das ist ein großer innerer Widerspruch, der viel Unfrieden stiftet.

Frieden hängt auch stark von der wirtschaftlichen Situation einer Person ab. Wird jemand arbeitslos, dann steht er vor der großen Herausforderung, sein Leben neu ausrichten zu müssen. Wir können uns dann nicht mehr all das leisten, was wir gewohnt sind, und werden unzufrieden. Dabei wäre es wichtig zu lernen, dass wir uns mit dem zufriedengeben, was wir haben, vor allem in Hinsicht materieller Dinge. Auch wenn es wenig ist, kann ich dennoch behaupten, dass es mir gehört, und trotzdem zufrieden sein. Ich selbst bin aktuell finanziell sehr gut gestellt. Aber auch ich habe schon andere Zeiten erlebt.

Bei all dem Streben nach materiellen Dingen vergessen wir oft die Zeit miteinander. Es muss uns klar sein, dass wir manchmal Aktivitäten nur deshalb starten, damit wir nahestehenden Menschen eine Freude bereiten können. Durch gemeinsame Erlebnisse und Gespräche formen wir miteinander eine Beziehung und allein das bringt für alle mehr Frieden. Gemeinsam erlebte Zeit sollte so wenig wie möglich durch andere Ablenkungen, etwa am Computer oder durch das Handy, gestört werden. Heute verlernen wir mehr und mehr, wie wir Freude, einfach nur durch das Miteinander und die wechselseitige persönliche Aufmerksamkeit, haben können. Dabei zählt natürlich auch, wie wir unsere Zuwendung auf andere verteilen.

Friedensstifter als Förderer der Familie

Etwas sehr Wichtiges ist, dass wir unseren Kindern vor allem Respekt beibringen. So sind wir alle gefordert, ihnen beispielsweise zu vermitteln, dass man seiner kleinen Schwester nicht das Spielzeug auf den Kopf hauen darf. So geht das einfach nicht. Ein netter Hinweis reicht da oft nicht. Es klingt zwar banal, ist aber trotzdem keine Selbstverständlichkeit. So muss es in manchen Fällen auch deutliche Konsequenzen geben. Diese sind der Situation anzupassen. Der dabei übliche Protest gegen Sanktionen gehört dazu und muss ausgehalten werden. Natürlich liegt es auch an uns, die Kinder daran zu erinnern, warum wir gewisse Regeln und die folgenden Konsequenzen festgelegt haben. Wenn ich den Kindern in diesen Fällen das erklären will, versuche ich, ihnen klarzumachen, dass ich nicht will, dass sie sich so verhalten, und dass das andere Kind es auch nicht will, wenn man ihm zum Beispiel wehtut. Und genau weil es wehtut, ist es besser, es bleiben zu lassen, andere zu verletzen.

Es ist auch notwendig, Menschen dahin zu bringen, dass sie nicht immer gerade das wollen, was andere haben. Hier spielen die Zehn Gebote, an die wir in der Kirche Jesu Christi auch glauben, eine große Rolle. Wenn wir einfache und akzeptierte Regeln des Zusammenlebens haben, dann kommt der Frieden von selbst. Eine zentrale Rolle spielt auch hier die Gewalt. Wir brauchen beim Umgang mit unseren Aggressionen Möglichkeiten, bei denen wir Gewalt ohne Schaden für uns selbst und andere kanalisieren können. Ich sehe das als eine Art Ventil, bei dem wir unsere negativen Gefühle ablassen können. Jeder macht Fehler. Was unseren Frieden heute massiv stört, ist die Tatsache, dass wir Fehler von anderen nicht tolerieren.

Wir müssen uns bewusst machen, dass wir die Probleme anderer viel leichter lösen können als unsere eigenen. Die eigenen

Konflikte gehen zu nahe, daher können wir Situationen nicht immer so gut beurteilen. Wir können uns aus dem Grund aber auch von dem Zwang befreien, uns immer selbst wehren zu müssen. Glauben wir an eine ausgleichende Gerechtigkeit durch ein höheres Wesen, dann können wir gelassener mit Ungleichheiten umgehen. Wir können dann damit aufhören, uns gegenseitig schlechtzumachen. So etwas nützt niemandem etwas und bringt nur Leid.

Eine große Herausforderung für uns ist auch, der jungen Generation den Umgang mit den neuen Medien beizubringen. So ist es für Kinder meist schwer, jemanden im persönlichen Gespräch als Idioten zu bezeichnen. Es ist aber offensichtlich viel leichter, diese Worte über Internet oder Handy zu verschicken. Die Formulierungen treffen aber trotzdem sehr und tun weh. Durch die Anonymität sind Verletzungen immer schwerer zu bereinigen. Wir sind dabei gefordert, Kinder über solche Situationen und deren Folgen aufzuklären. Dabei geht es nicht um eine anonyme Stellungnahme, wie „Es darf nicht gemobbt werden". Es geht mehr ums Verdeutlichen der Konsequenzen unseres Verhaltens, für andere, aber auch für uns selbst.

Wir haben keine sieben Leben, auch wenn uns dies von Spielen oder dem Fernsehen manchmal so vorgegaukelt wird. Es gibt nur ein Leben in dieser Welt. Wenn wir auf jemanden schießen und er stirbt, ist sein Leben vorbei. Auch die Erde ist nur einmal da. Was ist das für ein Leben, wenn wir sagen: „Der Tiger ist toll, muss aber im Käfig leben." Daher geht es auch um einen friedlicheren Umgang mit der Natur. Wir Menschen glauben, dass wir alles bestimmen dürften, doch in Wahrheit brauchen wir die Natur viel mehr, als die Natur uns.

Die Familie ist die wichtigste Einheit in der Gesellschaft. Durch sie lernen die Menschen den Umgang miteinander. Daher sollten Friedensstifter von morgen darauf besondere Aufmerksam-

keit legen. Es geht dabei um die Vermittlung von Werten, wie Zusammenhalt oder Freundschaft. Abschließend möchte ich noch festhalten, dass auch der Staat den Stellenwert der Familie hochhalten sollte. Es ist die falsche Stelle, um zu sparen. Familien sollten jede Unterstützung erhalten, die es ihnen ermöglicht, sich gut zu entwickeln.

4 FRIEDEN IM SPANNUNGSFELD ZWISCHEN WIRTSCHAFT UND SOZIALEM

Die westliche Welt ist stark von finanziellen Kräften getrieben. Das betrifft Nationen genauso wie einzelne Menschen. Staaten mit einer florierenden Wirtschaft und einer großen Kaufkraft sind stark und können mehr oder weniger über andere bestimmen. Menschen mit ausreichend Geld können sich nahezu alles leisten. Dadurch haben sie angeblich mehr Einfluss, mehr Freunde und eher recht als jene, die weniger haben. Es setzt sich mehr und mehr der Glaube durch, dass Menschen mit keinem oder einem geringen eigenen Einkommen selbst keinen Wert mehr haben und dadurch eher unglücklich sind oder einen niederen Status an Lebensqualität haben. Diese Betrachtung mag aus der Perspektive einer kapitalistischen Weltordnung durchaus verständlich sein. Doch fehlt dabei ein wesentlicher Aspekt: die Beziehungen. So lieben Eltern beispielsweise ihre Kinder nicht deshalb, weil sie ein hohes Einkommen haben. Im Gegenteil, viele Jahre sind diese finanziell von ihnen abhängig. Dennoch ist es ihnen meist ein großes Anliegen, dass sie ihren Kindern etwas vermitteln, was mit Geld nicht erkauft werden kann.

Der Zusammenhalt innerhalb von und zwischen den Staaten wird maßgeblich von der Mittelverteilung beeinflusst. Der amerikanische Geldexperte Stephen Zarlenga zeigt dies eindrucksvoll. Er belegt anhand zahlreicher geschichtlicher Beispiele, dass die Macht eines Staates vom Geld- und Bankensystem ausgeht – auch wenn Regierungen und Volksvertreter üblicherweise im Mittelpunkt des öffentlichen Interesses stehen. Dies führt dazu, dass wesentliche Fragen hinter den Kulissen entschieden werden. Geld als Symbol für die Wirtschaft sollte der Allgemeinheit dienen. Die von Eliten geprägte Geldpolitik konnte diese Forderung in der Vergangenheit selten erfüllen. Sie basierte mehr auf Theorien und weniger auf Beobachtungen. Im jüngsten österreichischen Beispiel scheint die

WAS IN UNSEREM LEBEN WIRKLICH WICHTIG IST

WAS WIR GLAUBEN, WAS WIRKLICH WICHTIG IST

Bevölkerung durch das Debakel um die Hypo Alpe Adria 17,8 Mrd. Euro zu verlieren. Das entspricht mehr als der Hälfte der Pensionszahlungen von 27,5 Mrd. Euro, die die Pensionsversicherungsanstalt in Österreich im Jahr 2013 leistete. Nun ist es zwar nicht angedacht, dass Pensionen ausgesetzt werden, nur weil eine Bad Bank krachte. Auch gab es bislang keine Massendemonstrationen oder Revolutionen diesbezüglich. Dennoch wird es jedem Interessierten klar sein, dass diese Aktion nicht spurlos an der Allgemeinheit vorbeiziehen kann. Es ist eine Grundsatzfrage, wie viel Geld ein Staat in die Wirtschaft und wie viel in soziale Ausgaben einbringt. Es ist auch bislang eine

Glaubenssache, ob staatliche Eingriffe in die Wirtschaft mehr Wohlstand bringen oder weniger.

Die beiden grundsätzlichen Ideologien zu diesem Thema sind Kapitalismus und Sozialismus. Während der Kapitalismus die Macht dem Geld zuordnet, verlangt der Sozialismus vorrangig soziale Gerechtigkeit. Die Diskussion spannt sich hier um Eigentumsrechte, gerechte Preise und die Rolle des Geldes. Eine wichtige Rolle dabei spielen die Ideen des schottischen Ökonomen Adam Smith. Er prägte das Bild des Homo oeconomicus, das noch heute die Arbeitsweise von gewinnorientierten Firmen erklärt. Sie geht von der Annahme aus, dass der Mensch ein kalter, rationaler Rechner sei. Seine Handlungen sind dabei bestimmt von der Abwägung von Kosten und Nutzen. So wägt beispielsweise ein potenzieller Bankräuber den möglichen höheren Wohlstand durch eine ergaunerte Beute mit dem Risiko ab, erwischt zu werden. Doch auch Mönche, die ihr Leben mit Fasten und Beten verbringen, handeln entsprechend ihrer religiösen Ökonomie – unabhängig davon, was andere darüber denken. Smith setzte sich für eine liberale Wirtschaft ein, bei der Angebot und Nachfrage am Arbeitsmarkt die Höhe des Lohnes bestimmen. So ging er von der Annahme aus, dass Wirtschaftswachstum automatisch mit Lohnerhöhungen gekoppelt sei. Logischerweise müssten diese dann in Rezessionszeiten wieder fallen.

Einer der Hauptvorwürfe der Sozialisten gegenüber dem Kapitalismus ist die Ausbeutung der Arbeiter. Es ist aus ihrer Sicht verwerflich, dass sich Unternehmer den Mehrwert der Arbeitskraft aneignen. Ein Kämpfer für diese Ideologie war der deutsche Philosoph und Ökonom Karl Marx. Zeit seines Lebens prophezeite er den Untergang des Kapitalismus. Er war der Meinung, dass dieser naturgemäß zwei Klassen erzeuge. Auf der einen Seite steht der Profit in Form des akkumulierten Kapitals und auf der anderen Seite befinden sich die Arbeiter, die zwangsläufig ins Elend kommen. Marx verstand sich selbst nicht so sehr als Theoretiker, sondern er wollte etwas an der sich abzeichnenden Situation verändern. Sein Hauptwerk „Das Kapital" lieferte die Grundlage für viele sozialistische Ideologien, obwohl es unterschiedliche Akteure immer wieder eigenen Vorstellungen anpassten. Der Druck und die Angst vor Revolutionen und Aufständen der Arbeiterschicht veranlassten die Regierungen zur Einführung von neuen Strukturen. Ende des 19. Jahrhunderts entstanden Sozialgesetze und staatliche Kranken-, Unfall- und Rentenversicherungen. Diese milderten das Elend des Proletariats im Falle der Arbeitsunfähigkeit. Durch die Bildung von Gewerkschaften und Betriebsräten ergab sich eine Interessensvertretung für Arbeitnehmer. So ist es auf eine gewisse Weise Marx selbst zuzuschreiben, dass sich der Untergang des Kapitalismus nicht bewahrheitet hat. Seine Lehren stärkten jene Kräfte, die das System für viele überhaupt erst erträglich machten.

Die heutige westliche Wirtschaft ist geprägt von der Krise der Banken. Ihre Grundidee, durch Schulden anderer eigene Vorteile zu erzielen, ist dabei erheblich ins Wanken geraten. Ein kritischer Punkt ist immer dann erreicht, wenn die Schulden so groß sind, dass die Schuldner nicht mehr in der Lage sind, sie zu begleichen. Ausfälle einzelner Schuldnehmer sind dabei noch zu verschmerzen und werden in eine Risikokalkulation mit aufgenommen. Ist jedoch schlagartig ein Großteil des verbuchten Volumens der Verbindlichkeiten nicht mehr einbringbar, so stellt das nicht nur die Bank selbst vor ein nahezu unlösbares Problem. Das hervorstechendste Beispiel dafür ist die Pleite der amerikanischen Bank Lehman Brothers. Am

Anfang des Jahres 2007 meldete die Bank einen Rekordgewinn von vier Milliarden Dollar. Und das, obwohl sie in den vorangegangenen Jahren die Zahlungen an ihre Mitarbeiter um 50 Prozent erhöht hatte. Im Jahr 2008 hatte sich diese Situation total ins Gegenteil verkehrt. Mit einer Schadenssumme von fast 700 Mrd. Dollar schlitterte sie in den größten Konkurs aller Zeiten. Während der Staat andere amerikanische Banken auffing, versagte er Leistungen im Fall von Lehman Brothers. Diese Situation erschütterte das Vertrauen in das Funktionieren marktwirtschaftlicher Mechanismen weltweit erheblich. Der Staat war nun nicht mehr nur gefordert, sozial Schwachen Hilfeleistungen zu geben, sondern sah sich plötzlich damit konfrontiert, dem Symbol der Reichen – den Banken – Geld zur Verfügung zu stellen.

Die Sicherung des Friedens hängt stark mit der wahrgenommenen Verteilung von Ressourcen zusammen. Die Zufriedenheit oder auch nur die Akzeptanz staatlicher Leistungen hängt vom Verständnis der Notwendigkeit dafür ab. Auch der Staat finanziert sich durch die Steuern seiner Bürger. Meinen diese nun, dass der Staat jene vorwiegend zu einem falschen Zweck einsetzt, so sind sie nicht mehr bereit, das mitzufinanzieren. Heute machen auch Staaten Schulden. So befindet sich Europa in einer Situation, in der die Pleite eines Staates möglich wird.

Sozialwissenschaftler bemühten sich redlich darum herauszufinden, was sozial angebracht ist. So definierten sie beispielsweise eine Armutsgrenze. Diese berechnet sich üblicherweise daran, wie hoch das regelmäßige Durchschnittseinkommen ist. Familien, die unter einer bestimmten Einkommensschwelle liegen, gelten als armutsgefährdet. Diese Betrachtungsweise hat einen kleinen Schönheitsfehler. Sie stempelt automatisch Menschen mit einem geringen Einkommen als arm ab, auch wenn diese alle ihre Bedürfnisse erfüllen können. Andere wiederum, die über der Grenze liegen, fallen aus bestimmten Fördermaßnahmen heraus. Sie sind angehalten, mit der festgelegten Summe das Auslangen zu finden. Andernfalls müssen sie ihr vorhandenes Vermögen einsetzen, um zusätzliche Ausgaben abzudecken. Diese Logik folgt zwar einem nachvollziehbaren und verständlichen Muster, hat allerdings auch einen gravierenden Haken. Es gibt immer mehr Menschen, die plötzlich durch länger währende Arbeitslosigkeit oder Erkrankung von einem guten Einkommensniveau auf unterdurchschnittliche regelmäßige Einnahmen abfallen. Nun ist nicht immer von vornherein absehbar, wie sich die finanzielle Situation weiterentwickelt. Können die Betroffenen ihren Status durch den erneuten Einstieg in einen gut bezahlten Job wieder erreichen, so gelingt es ihnen meist, eine Durststrecke zu überwinden. Ist dies nicht möglich, so stehen sie oft vor einer massiven Zwangsänderung. Sie können ihre Schulden nicht mehr zurückzahlen, die Miete ist plötzlich nicht mehr leistbar und auch die gewohnten Ausgaben für die Familie können nicht bezahlt werden.

Die Konfrontation mit der Realität trifft diese Menschen in einer für sie sehr schwierigen Zeit. Sie ist geprägt durch Selbstzweifel, weil sie den Zustand der lang dauernden Arbeitslosigkeit oder Krankheit nur selten als erstrebenswert empfinden. Massive Konflikte – auch mit der Familie – sind dabei unausweichlich. Immer wieder kommt es in diesen Situationen zu Trennungen oder Scheidungen, Verlust der Wohnung und des sozialen Status. Es ist dann nicht verwunderlich, wenn sich Betroffene in der Realität nicht mehr zurechtfinden. Auch die beste medizinische Rehabilitation ist hier maximal ein Tropfen auf ein loderndes Feuer.

Jedes Sozialsystem lebt von einem Ausgleich von Leistungen. Während einige das System mit Leistungen unterstützen, nützen es andere aus, die es brauchen. Im Falle von gesetzlichen Sozialversicherungen finanzieren vorwiegend die Einkommen der Erwerbstätigen jene Geldtöpfe, die für Menschen im Bedarfsfall Geldmittel zur Verfügung stellen. So finanzieren sich beim gängigen Umlageverfahren die Pensionsleistungen nach Ende der Erwerbstätigkeit durch jene, die noch im Arbeitsleben stehen. Gibt es mehr Einzahlungen als Auszahlungen, entsteht ein Überschuss. Wird mehr ausgezahlt als eingezahlt, ergibt sich ein Defizit, das der Staat durch andere Steuermittel ausgleicht.

Der österreichische Sozialminister Rudolf Hundstorfer betonte immer wieder, dass die Österreicher Weltmeister der Frühpensionen sind. Sie gehen somit im Vergleich zu anderen Staaten in verhältnismäßig jungen Jahren in Pension. Die Konsequenzen dieses Verhaltens sind regelmäßige, ansteigende Zuschüsse des Staatsbudgets in die Pensionskasse. Die Frage, wie lange dieses System noch aufrechtzuerhalten ist, wird sehr unterschiedlich beantwortet. Auch die Ursachen für das frühe Pensionsantrittsalter diskutieren viele Experten sehr kontrovers. Dabei geht es weniger um die Regelpension, als um die Pensionsleistungen im Falle einer gesundheitlich bedingten Arbeits- oder Berufsunfähigkeit.

Der Zugang zu einer gesetzlichen Pension ist rechtlich festgelegt. Das bedeutet klare gesetzliche Kriterien, wann jemand zu einer Leistung berechtigt ist und wann nicht. Fühlt sich jemand langfristig zu krank, um zu arbeiten, so stellt er einen Antrag auf Pensionsleistungen, der von der Pensionsversicherungsanstalt geprüft wird. Im Jahr 2013 machten davon rund 57.000 Österreicher Gebrauch. Im selben Jahr wurden mehr als 31.000 Anträge abgelehnt, das sind deutlich mehr als die Hälfte der Beantragungen. Die einzige Möglichkeit für Menschen mit einem ablehnenden Bescheid ist, eine Klage vor Gericht einzubringen. Rund 63% der abgewiesenen Anträge landeten wieder am Sozialgericht. Der Antrag auf Berufsunfähigkeits- oder Invaliditätspension ist somit vielfach eine Art „Point of no Return". Das Bestreben, in Pension zu gehen, steht im Vordergrund und verdrängt die Möglichkeit, ins Arbeitsleben zurückzufinden. Eine rechtliche Ablehnung dieses Anliegens wird oft als ungerecht empfunden, weil es weitreichende Konsequenzen für das weitere Leben hat. Die Betroffenen erfahren zwar, dass sie theoretisch aus gesundheitlichen Gründen arbeitsfähig wären.

Die Ablehnung des Antrags drängt sie allerdings in die Lage von „Sozialschmarotzern", die den Sozialstaat missbrauchen wollten und durch das Rechtssystem davon abgehalten wurden. Nun mag es durchaus so sein, dass diese Einschätzung für manche stimmt. Die meisten Personen ziehen in dieser Situation eine bestimmte Konsequenz. Sie verlieren das Vertrauen in den Sozialstaat. Diese aus ihrer Sicht ungeheuerliche Behandlung durch den Staat, den sie jahrelang finanzierten, besteht darin, dass er eine Leistung verweigert, von der sie annehmen, dass sie sie dringend brauchen. Diese erlebte Enttäuschung ist zwangsläufig gesundheitsschädigend. Darüber hinaus zerstört es den Anreiz, neuerlich ins Berufsleben einzusteigen, weil sie in diesem Fall das System wieder finanzieren müssten, das sie bereits einmal im Stich gelassen hat. 41 Mio. € kosteten die Sozialrechtsstreitigkeiten der Pensionsversicherungsanstalt im Jahr 2013. Dazu kommen noch Personalkosten für die Vertretung vor Gericht. Auch wenn viele Gerichtsverfahren gewonnen werden, so ist das bei Weitem kein Gewinn für den Staat. Die Lebensgeschichten jener Menschen zeigen, dass sie ab dem Zeitpunkt der Antragsstellung sehr selten wieder ins aktive Berufsleben einsteigen. Es wird klar, dass die rein rechtliche Auseinandersetzung bei der Entscheidung über die Auszahlung von Pensionen aus gesundheitlichen Gründen zu kurz greift. Aktuell geht es um die Rechtsfrage, ob jemand krank genug ist, um leistungsberechtigt zu sein. Die weitaus wichtigere Frage wäre jene, was es denn bräuchte, damit ein Wiedereinstieg in die Erwerbsarbeit wieder erstrebenswert und möglich wäre. Dabei ist der finanzielle Aspekt nur ein Teil. Menschen, die widrige persönliche Umstände überwinden, können für sich und die gesamte Welt viel leisten. So schrieb beispielsweise Beethoven gerade in jener Zeit, in der sich seine Taubheit verstärkte, seine besten Werke. Hätte er in der heutigen Gegenwart gelebt, wäre ihm wahrscheinlich Berufsunfähigkeit beschieden worden. Es ist heute unvorstellbar, welches Erbe der Menschen dadurch verloren gegangen wäre.

Die oben skizzierte Vorgehensweise unterteilt in zwei Klassen: in die Klasse der Leistungsträger im Sinne jener, die aufgrund ihrer Erwerbstätigkeit in das Sozialsystem einzahlen, und in die Klasse der Leistungsbezieher, die Gelder erhalten. Wir laufen Gefahr, dass die Leistungsträger den Leistungsbeziehern die Ausnutzung des Sozialstaates auf ihre Kosten vorwerfen. Im Gegenzug werden die Leistungsbezieher darauf Bezug nehmen, dass sie jahrelang das System finanzierten und einen gerechten Ausgleich dafür erhalten müssten, wofür sie jahrelang gearbeitet haben. Kommt es zu extremen Verschlechterungen, ist ein Kampf vorprogrammiert. Dies wird dann kein klassischer Kampf Arm gegen Reich sein. Er wird primär zwischen Erwerbstätigen und nicht Erwerbstätigen ausgetragen werden.

Unabhängig davon, ob es sich um ein kapitalistisches Unternehmen oder eine soziale Einrichtung handelt, brauchen Menschen auch in der Arbeit Führung. Der gebürtige Österreicher und Managementexperte Peter Drucker setzt sich in seinen Werken damit auseinander. Er verurteilt die gängige Praxis, dass es einen einzigen „richtigen" Weg gibt oder geben soll, Mitarbeiter zu führen. Aus seiner Sicht ist es die Aufgabe von Führung, die spezifischen Stärken und das Wissen jedes einzelnen Menschen zum Einsatz zu bringen. Dazu müssen sich Arbeitnehmer und Arbeitgeber erst einmal kennenlernen. Niemand wird mit dem Wissen geboren, welche Stärken und Werte er besitzt. Niemand weiß von Geburt an, wohin er gehört und welchen Beitrag er für die Gesellschaft leisten kann, soll und wird. Führungskräfte haben die Aufgabe, diese Entdeckungsreise ihrer Mitarbeiter zu begleiten.

Margit Burger
Expertin für Arbeitsintegration von
psychisch erkrankten Menschen

Aktiver Umgang mit dem Besonderen

Meine Eltern sind beide gesundheitlich beeinträchtigt. Mein Vater hat eine Kriegsverletzung und meine Mutter nur einen Arm. Als Kind ist mir das nie aufgefallen, dass ich besondere Eltern habe. Beide sind ein sehr gut eingespieltes Team und unterstützen sich gegenseitig dort, wo der andere es braucht. Mein Vater ist heute 88 Jahre alt und meine Mutter 82. Dadurch habe ich als Kind bereits gelernt, wie wichtig es ist, sich aufeinander verlassen zu können. Meine Mutter konnte es gar nicht aushalten, wenn ihr jemand aufgrund ihrer Behinderung etwas nicht zutraute. Immer dann wollte sie erst recht beweisen, dass sie es schaffte. Sie hat drei Kinder großgezogen und war gleichzeitig berufstätig. Sie kann sogar mit einer Hand stricken. Ursprünglich wollte sie Schneiderin werden, stattdessen war sie viele Jahre in der Abrechnung einer Bäckerei tätig.

Konfliktkultur

Es war in meiner Herkunftsfamilie ein ungeschriebenes Gesetz, dass man niemals mit einem offenen Konflikt schlafen geht. Das lebe ich bis heute auch mit meinem Mann so. Er kommt aus einer ganz anderen Konfliktkultur, wo Unangenehmes kaum direkt besprochen wurde. Natürlich war die Umstellung für ihn am Anfang anstrengend. Für mich war es bereits als Kind sehr wichtig, im Streitfall versöhnend einzuwirken. Das hat mir niemand bewusst beigebracht, es war vielmehr ein eigener starker Antrieb in mir. Wenn beispielsweise meine Eltern Meinungsverschiedenheiten hatten, dann habe ich sehr viel Energie darauf verwandt, dass sie sich am Ende des Tages wieder vertrugen. Ich habe die Spannungen nicht ausgehalten. Wir hatten zu Hause eine Bar und das Versöhnungsritual war ein gemeinsames Anstoßen. Meine

Eltern kamen diesem Wunsch von mir nach und ich bin überzeugt, dass wir alle davon profitierten.

Erfahrungen in Syrien

Ich habe kurz nach meinem Berufseinstieg für fünfeinhalb Jahre in Damaskus, der Hauptstadt von Syrien gelebt und gearbeitet, als Sekretärin des Außenhandelsdelegierten der österreichischen Wirtschaftskammer. Primär hat mich die Neugier dorthin verschlagen, mir gefiel es, viele Menschen unterschiedlicher Nationalitäten kennenzulernen.

Meinen Mann lernte ich auch in Damaskus kennen, er arbeitete für ein österreichisches Unternehmen in Syrien. Besonders schätzten wir die syrische Gastfreundschaft. Egal, wo man hinkam, überall bekamen wir arabischen Tee oder Kaffee angeboten. Vorbeifahrende Autos stoppten und ermöglichten unkomplizierte Mitfahrgelegenheiten. Als Frau fühlte ich mich sehr sicher. Die Zeit in Syrien habe ich in sehr schöner Erinnerung. Wir haben heute noch Freunde dort und hören mit Wehmut, wie der Krieg das Leben dort verändert hat.

Freiheit durch Vertrauen

Mein Mann und ich sind gerne auf Reisen. Wir haben unsere Kinder immer mitgenommen. Durch sie kamen wir immer schnell in Kontakt mit der Bevölkerung. Das Reisen ist für uns ein Stück Freiheit, wir genießen es, uns davon überraschen zu lassen, was am nächsten Tag auf uns zukommt. Wir machen abenteuerliche Urlaube, etwa Trekking in Asien oder Afrika. Wir reisen meistens mit dem Zelt und jenen Fortbewegungsmitteln, mit denen auch Einheimische reisen, und organisieren uns alles selbst im jeweiligen

Land. *Wir vertrauen auf die Menschen dort und machen damit sehr gute Erfahrungen. Ich glaube, dadurch, dass unsere Kinder dabei waren, war es auch für die ansässigen Menschen einfacher, uns zu vertrauen. So sind wir beispielsweise in Pakistan im Hindukusch bei schlechtem Wetter eingeladen worden, in einem Haus zu übernachten. Unser Sohn war zwei Jahre alt und die Tochter vier Jahre, als wir das erste Mal mit ihnen in Ladakh im Himalaya-Gebiet unterwegs waren.*

Leistung und Einschränkung in der Arbeitswelt

Als Arbeits-, Gesundheits- und Klinische Psychologin leite ich seit 2004 die inter.work Arbeitsassistenz. Das ist eine Einrichtung in Niederösterreich, die Menschen mit psychischen Erkrankungen beim Erlangen bzw. Erhalt eines Arbeitsplatzes unterstützt. Im Jahr 2014 kamen über 500 Personen zu uns in die Betreuung. Unsere Erfahrung in der Beratung zeigt, dass viele Menschen aus Scham nicht über ihre psychischen Erkrankungen am Arbeitsplatz sprechen. Dadurch ergeben sich erst recht viele unnötige Konflikte. Die liegen gebliebene Arbeit aufgrund von Krankenständen muss meistens von anderen erbracht werden und das bringt Unruhe ins Team. Daher hat sich im persönlichen Umgang mit anderen ein offener Zugang bewährt. Die Einbeziehung einer professionellen Unterstützung wie der Arbeitsassistenz kann hier für alle im Team Entlastung bringen.

Die Probleme von Menschen mit psychischen Erkrankungen sind vielfältig. Meist betreffen sie auch die Gestaltung des Alltags – in Abhängigkeit von der Erkrankung. So haben z. B. Menschen mit einer Erschöpfungsdepression den Eindruck, nicht mehr das zu schaffen, was sie früher leicht bewältigt haben. Bei Personen mit

Schizophrenie sind es vor allem die Verhaltensänderungen, die von dem sozialen Umfeld nicht akzeptiert werden. Sie werden dadurch leicht als „Sonderlinge" eingestuft. Dies betrifft auch das Arbeitsumfeld. Entweder sind diese Menschen stark getrieben, ziehen sich total zurück oder sind nicht mehr zur Reflexion fähig. Die Tatsache, dass oft sehr spät oder gar nicht offen darüber gesprochen wird, erschwert den Umgang mit der Situation. Dies betrifft auch den Wiedereinstieg ins Arbeitsleben nach einem Krankenstand.

Schwierige Situationen treten besonders dann auf, wenn die Leistung aufgrund eines längeren Krankenstandes nicht mehr in der gewohnten Form erbracht werden kann. Veränderungen bei psychischen Erkrankungen können nicht anhand klar messbarer Werte, wie z. B. Blutdruck oder Körpertemperatur, dokumentiert werden. Meistens sind mit einer schwereren Erkrankung auch überdurchschnittlich lange Krankenstände verbunden. Die Heilungserfolge werden oft auch dadurch erschwert, dass die bedarfsorientierte Abfolge von Rehabilitationsmaßnahmen aus Ressourcengründen nicht möglich ist. Die Genesung psychisch erkrankter Menschen ist an andere Voraussetzungen gekoppelt als bei körperlich Kranken. So helfen beispielsweise lange Spaziergänge bei der Heilung. Das sind viele Faktoren, die beim Arbeitgeber nicht immer auf Verständnis stoßen. Konsequenzen daraus sind verärgerte Vorgesetzte und ein schlechtes Gewissen beim Erkrankten. Beide Optionen sind für eine rasche Erholung nicht gerade förderlich. Verbunden mit der Erkrankung sind meist auch finanzielle Einbußen der betroffenen Menschen und die Angst vor dem Verlust des Arbeitsplatzes. Eine Rückkehr ins Arbeitsleben mit reduzierter Stundenanzahl wäre gesundheitlich sinnvoll, ist aber oft nicht leistbar. Dadurch werden diese Menschen in die Arbeitslosigkeit gedrängt. Ein weiteres Problem ist die Arbeitsmarktsituation. Es gibt immer weniger Nischenarbeitsplätze, leistbare Teilzeitjobs oder Arbeitsplätze, in denen es während der Arbeitszeit auch Zeit und Raum für Erholungsphasen gibt.

Es ist für mich ein großes Zeichen der Wertschätzung, wenn die Rahmenbedingungen im Betrieb so angepasst werden, dass auch Menschen mit gesundheitlichen Einschränkungen ihre Arbeit verrichten können. Ich bin davon überzeugt, dass jeder etwas leisten kann und möchte.

Gesunde Arbeitsbedingungen

Durch die neuen Rahmenbedingungen im Arbeitnehmerschutz gibt es heute eine große Chance für Arbeitgeber, mehr Augenmerk auf psychische Belastungen zu lenken. Wir wissen heute mehr über die Umstände, die Menschen bei ihrer Arbeit aus dem Gleichgewicht bringen, und können hier gegensteuern. Ein Schwerpunkt dabei ist die Vermeidung unnötiger Belastungen. Gerade weil wir uns in einer Epoche einer sehr fordernden Arbeitswelt bewegen, ist es so wichtig, uns damit auseinanderzusetzen, welchen Ballast wir täglich abwerfen können. Das ist auch für mich als Führungskraft in meinem eigenen Team wichtig. So schaue ich regelmäßig darauf, was uns als Team das Miteinander erleichtert. Das sind Abläufe, aber auch persönliche Befindlichkeiten.

Wir verbringen heute sehr viel Zeit in der Arbeit. Daher sollten wir gerade hier stark darauf achten, dass sie nicht zu viel Energie raubt. Viele Leute identifizieren sich über die Arbeit. Ein gutes Arbeitsklima ist die Voraussetzung für gute Leistungen und gute Ergebnisse. Leidet das soziale Klima am Arbeitsplatz, so erleidet nicht nur ein Einzelner einen Schaden, sondern viele. Daher wird der Frieden in der Arbeitswelt auch in Zukunft einen sehr hohen Stellenwert haben.

Frieden als Wellenbewegung

Frieden ist ein umfassendes, schwieriges Wort. Mein erster Gedanke dazu ist: Frieden ist das Gegenteil von Krieg. In meinem persönlichen beruflichen und privaten Kontext bedeutet Frieden für mich ein gutes Miteinander. Das beinhaltet auch das Zulassen von Unterschieden und positiven Konflikten, um Bewegung und Veränderungen zu ermöglichen. Ähnlich einer Wellenbewegung, es gibt Harmonie – Konflikte – Veränderung – Harmonie. Herrscht ausschließlich Harmonie vor, wird vermutlich vieles unter den Teppich gekehrt. Auch unangenehme Dinge müssen besprochen werden, ohne dass die Basisbeziehung infrage gestellt wird. Können wir mit Konflikten positiv umgehen, fördert das unser aller Wachstum. Konflikte sind notwendig, um Differenzen aufzuzeigen und daraus resultierende Veränderungen vorzunehmen.

Dabei sollte jeder sein Gesicht wahren können. Das Gegenteil von Frieden ist für mich der negativ ausgetragene Konflikt. Bei negativ ausgetragenen Konflikten handeln die Beteiligten sehr destruktiv und es entstehen persönliche Feindschaften.

Das Stiften von Frieden ist für mich untrennbar mit Offenheit, Toleranz und der Bereitschaft verbunden, sich auf anderes, Fremdes einzulassen. Jeder von uns hat Gründe für seine eigenen Handlungen. Friedensstiften beinhaltet zumindest den Versuch, diese Gründe zu verstehen. Aus dieser Haltung heraus können bereits viele Spannungen abgebaut werden. Je älter ich werde, umso gelassener stehe ich vielen Dingen gegenüber. Ich kann heute viel eher andere Meinungen akzeptieren, ohne meine eigenen Überzeugungen aus dem Lot zu bringen. Toleranz hat für mich aber auch etwas mit der Akzeptanz zu tun, dass alles und jeder seine Berechtigung hat.

Als Friedensstifterin in meinem beruflichen Kontext als Psychologin lade ich Menschen bewusst ein, sich in die Rollen von anderen zu versetzen. Das ist vielfach ein Loslassen von Schuldzuweisungen, dabei möchte ich Menschen begleiten.

Kriege haben immer Menschen im Hintergrund, die die Fäden ziehen. Die normale Bevölkerung durchschaut dies sehr selten. Wie bei allem gibt es auch hier Menschen, die wirtschaftliche Interessen daran haben, dass Kriege stattfinden und lange dauern. Da geht es neben Machtansprüchen auch um viel Geld, das zu verdienen ist. Im Moment muss in der westlichen Welt das Feindbild Islamischer Staat herhalten. Dann gibt es wieder ein anderes. Wichtig wäre, hinter die Kulissen dieser Mächte zu sehen. Ich würde es sehr begrüßen, wenn auch die UNO globaler denken und handeln würde. Natürlich hat sie auch eigene Interessen und ist sehr stark von den Vereinigten Staaten abhängig. Wenn es nach mir ginge, sollten wir überhaupt auf Waffen verzichten. Dabei geht es mir vorrangig um die dahinterstehende

Industrie. Wir leben im 21. Jahrhundert. Mir fällt kein einziger wirklicher Grund ein, wozu wir sie heute überhaupt noch brauchen. Es passt aus meiner Sicht gar nicht zusammen, einerseits über Frieden zu verhandeln und gleichzeitig jede Menge Waffen für die Vernichtung herzustellen. Für mich wäre es sinnvoll, ein Weltmenschenrecht auf die Vernichtung von Waffen einzuräumen.

Friedensstifter sollten nicht nur auf Defizite schauen. Das ist unabhängig davon, ob sie Frieden in Afrika stiften oder in österreichischen Betrieben. An erster Stelle sollte die Klärung dessen stehen, was die Menschen selbst noch tun können. Das bedeutet aus meiner Sicht ein Abgehen von einer standardisierten Normierung von Maßnahmen. Ein Beispiel dafür ist der Führerschein. Bis zu welchem Punkt lässt man Menschen die Würde, eigenverantwortlich damit umzugehen? Ist es notwendig, dass ein Amtsarzt eine Bescheinigung ausstellt, die zur Kenntnis gibt, dass ein Mensch nicht mehr Auto fahren darf – oder überlässt man es der eigenen Entscheidung des jeweiligen Menschen? Das sind grundsätzliche Überlegungen. Wird diese Frage sehr stark reglementiert, würde man viele Menschen direkt damit konfrontieren, was sie alles nicht mehr können. Manchmal bedeutet ein Verlust des Führerscheins auch ein Hinausdrängen aus der Erwerbsarbeit. Vielleicht sind manche auch nicht immer voll fahrtüchtig, wenn sie zu bestimmten Zeiten Psychopharmaka nehmen. Die Frage ist, ob ich den Menschen selbst die Verantwortung zutraue, zu erkennen, wann sie fähig sind, ein Auto zu lenken, und wann nicht.

Friedensstifter sehe ich auch als Berichterstatter dessen, was einzelne Menschen und auch Völker alles schaffen. Heute gibt es viele Sensationsmeldungen von negativen Ereignissen. Wir müssen unseren Blick vermehrt darauf lenken, was gut läuft, und das auch weiter verbreiten. Das betrifft natürlich in erster Linie die Medien. Aber auch der Umgang mit Krankenständen oder anderen Problemen von Führungskräften sollte den Fokus darauf legen. Dabei sollte man zuallererst analysieren, was man an dem oder der jeweiligen Mitarbeiter bzw. Mitarbeiterin hat. Wenn sich eine Führungskraft darüber im Klaren ist, welche Leistung jemand erbracht hat und auch weiter erbringen kann, dann können Gespräche über mögliche Änderungen im Leistungsspektrum ganz anders geführt werden. Natürlich gilt das auch für private Beziehungen. Ein „alles oder nichts" gibt es nicht, daher ist es nur naheliegend, die unterschiedlichen Zugänge und Seiten zu betrachten.

Mich fasziniert die Psychologie ungemein. Mit ihr habe ich einen guten Weg für mich gefunden. Durch die Arbeit als Psychologin habe ich stark das Gefühl, etwas verändern zu können und auch etwas zurückzubekommen. Sie macht für andere Menschen Sinn und gibt auch meinem Leben Sinn. Wenn ich von einer Klientin höre, dass es ihr besser geht, dann fühle auch ich mich besser. Auch wenn die Menschen selbst ihren Wandel herbeiführen, so kann ich doch ein Stück daran teilhaben. In dem Beruf ist es sehr schön, wenn positive Wendungen angestoßen werden können.

Will man etwas erreichen, dann geht es auch um das Durchhalten und Abschließen. Auch wenn es Rückschläge gibt und zeitweise eine Doppelbelastung schwer aushaltbar ist, bringt es inneren Frieden mit sich, wenn etwas zu Ende gebracht werden kann. Auch das ist wie eine Wellenbewegung. Ist etwas sehr anstrengend, dann ist das Glücksgefühl umso größer, wenn man es erreicht.

5 FRIEDEN UND GESUNDHEIT

Gesundheit ist unser höchstes Gut. Manche meinen deshalb, dass so viele Ressourcen wie nur möglich für die Medizin verwendet werden müssen. Kein Politiker überlebt das Durchsetzen der zwangsweisen Schließung eines Spitals. Kaum ein Einwohner einer Gemeinde oder Stadt würde dem freiwillig zustimmen. Das macht die Diskussion über diese Thematik so schwer. Im Bereich der Gesundheit zeichnet sich eine Konzentration auf den körperlichen Bereich ab. Dabei spielte die Technologie eine wesentliche Rolle. Neue Messmethoden konnten mehr Krankheitsarten diagnostizierbar machen, der Fortschritt in der Medizintechnologie erlaubt für körperliche Erkrankungen immer bessere Heilungsmethoden, die sich in der Krankheitsbekämpfung besser bewähren als jene, die bislang Einsatz fanden.

Daher ist die Gesundheit auch eine Frage des Geldes und der Wirtschaft geworden. Es ist Menschen etwas wert, für die Gesundheit zu zahlen. Weil viele Werte heute in Geld gemessen werden, besteht auch die Forderung, mehr Geld für die Gesundheit auszugeben. Ist eine neue, erfolgreiche Medizin- oder Pharmatechnologie in einem bestimmten Bereich weltweit verfügbar, so kann es sich kaum ein westlicher Staat leisten, diese für seine Bürger nicht zu erwerben und einzusetzen. Aufgrund der hohen Auflagen, damit Mittel auch als gesundheitsförderlich anerkannt werden, ist die Entwicklung von neu einsetzbaren Methoden meist mit sehr hohem finanziellem Aufwand verbunden. Einem Aufwand, der auszugleichen ist. Der medizinische Bereich ist wie kaum ein anderer wirtschafts- und wissenschaftsgesteuert. Österreich hat eines der teuersten Gesundheitswesen der Welt. Dennoch sind die Menschen hierzulande nicht gesünder als anderswo. Der österreichische Journalist Kurt Langbein weist in seiner Auseinandersetzung mit der hiesigen Medizin auf bestehende Konflikte hin. So zweifelt er die Wissenschaftlichkeit von vermeintlich unantastbaren Resultaten medizinischer Studien an. Auch weist er darauf hin, dass der soziale Aspekt in unserem Gesundheitswesen deutlich zu kurz kommt.

Die Weltgesundheitsorganisation WHO definiert Gesundheit als körperliches, seelisches und soziales Wohlbefinden. Der Begriff Wohlbefinden soll verdeutlichen, dass Gesundheit mehr ist als nur die Abwesenheit von Erkrankungen. Dennoch liegt der Schwerpunkt der heutigen Medizin in der Krankheitsbekämpfung und nicht in der Gesundheitsvorsorge. Bahnbrechende Ideen lieferte dazu der israelisch-amerikanische Gesundheitssoziologe Aaron Antonovsky mit seinem Konzept der Salutogenese. Dennoch ist der Begriff Wohlbefinden nicht optimal gewählt. So weist der österreichische Soziologe Anselm Eder darauf hin, dass auch der Heroinsüchtige nach einem Schuss Wohlbefinden erfährt. Das kann wohl nicht der Zweck von Gesundheitsförderung sein. Zentral ist im modernen westlichen Gesundheitswesen die weitgehende Verdrängung psychischer und die überwiegende Ignoranz sozialer Gesundheit. Die Standardmaßnahmen für Gesundheitsvorsorge sind medizinische Vorsorgeuntersuchungen, gesunde Ernährung, Bewegung und der weitgehende Verzicht auf Suchtmittel. Durch die Bemühungen der Psychologen und Psychotherapeuten, aber auch durch die zunehmende Einsicht aller im Gesundheitswesen Tätigen setzt sich langsam die stärkere Verankerung der Förderung der psychischen Gesundheit durch. Soziale Gesundheitsförderung ist nach wie vor so gut wie nicht vorhanden. Ein eindrucksvoller Indikator für diese Tatsache ist die Auflistung der anerkannten Gesundheitsberufe durch das Gesundheitsministerium. Dieses umfasst schwerpunktmäßig Ärzte, Psychologen und Psychotherapeuten der verschiedenen Richtungen. Auch die sonstigen nicht ärztlichen Gesundheitsberufe, wie Pflege, Assistenzdienste, Masseure oder Hebammen, sind dort aufgelistet. Eine Berufsgruppe mit dem Schwerpunkt der Förderung sozialer Gesundheit fehlt gänzlich.

Eine Spezialfrage im Gesundheitsbereich ist die Auseinandersetzung mit dem Ende des Lebens. Durch die Errungenschaften der Medizin leben Menschen heute deutlich länger. Fraglich dabei ist es, ob diese Verlängerung auch immer eine Lebensqualitätsverbesserung ist. Das Gesundheitswesen soll kein Selbstzweck sein. Daher haben unzählige Forscher verschiedene Konzepte zur Messung von Lebensqualität entwickelt. Lebensverlängerung soll idealerweise auch eine zumindest gleichbleibende Lebensqualität in der gewonnenen Zeit nach sich ziehen. Die aussagekräftigste Kennzahl dazu, der Zeitanteil, in dem Menschen gern leben oder glücklich sind, wird nur von ausgewählten Konzepten berücksichtigt. Meist werden bestimmte Indikatoren, wie Einkommen, wahrgenommene Gesundheitssituation oder die Anzahl unterschiedlicher, medizinisch festgestellter, ernsthafter Diagnosen, dazu herangezogen. Die ultimative Entscheidung in diesem Bereich ist die Auseinandersetzung mit der Tötung auf Verlangen. Das umfasst auch die Frage, ob es für einen Arzt eine strafrechtliche Verurteilung gibt, wenn er seinem Patienten auf dessen eigenen Wunsch die tödliche Dosis verabreicht. Die Legalisierung der Tötung auf Verlangen ist eine immer wieder auftretende Forderung. Sie ist geknüpft an die individuelle Willensäußerung des Betroffenen. Die Praxis zeigt, dass diese Idee an ihre Grenzen stößt, wenn sich Menschen selbst nicht mehr äußern können.

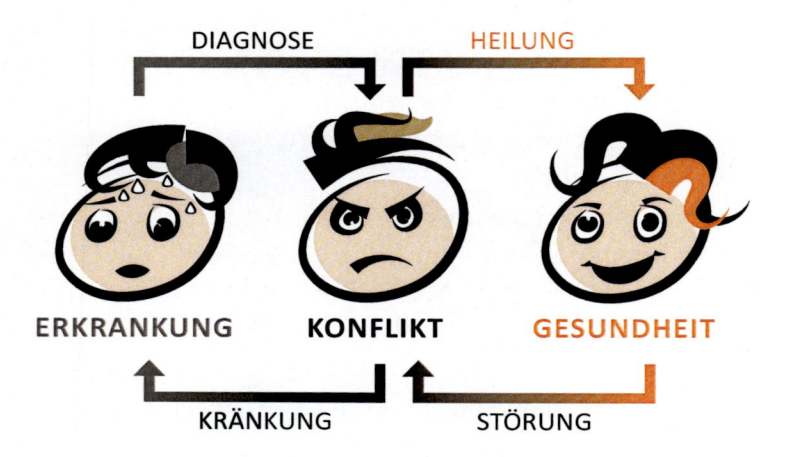

```
         DIAGNOSE        HEILUNG

      ERKRANKUNG      KONFLIKT      GESUNDHEIT
              KRÄNKUNG        STÖRUNG
```

Im medizinorientierten Gesundheitswesen hat der Konflikt kaum einen Platz. Es gibt für ihn scheinbar keine medizinische Diagnostik und keine Therapie. Dennoch hat er für unsere Gesundheit eine zentrale Bedeutung. So, wie aus Konflikten Krieg oder Frieden entstehen kann, sind sie auch eine Ursache für Erkrankung oder Gesundheit. Will man der Erkrankung an der Ursache begegnen, ist eine Auseinandersetzung mit den auslösenden Konflikten unumgänglich. Dabei ist zu beachten, dass hier das Ziel nicht die Vernichtung aller Konflikte sein kann. Das würde zwangsläufig scheitern. Vielmehr besteht die Herausforderung, jene Veränderungen zu initiieren, die eine Genesung ermöglichen. Konflikte sind dafür Wegweiser. Friedensstifter können dazu Wegbegleiter sein.

Judith Jaindl
Erste Pflegemediatorin in Österreich

Lebenseinstellung und Familie

Mein Vater hatte einen Gärtnereibetrieb in Pinggau. Als Älteste von vier Kindern war ich es von klein auf gewohnt, für meine Geschwister zu sorgen. Unsere einzige Volksschule war eine Klosterschule, die sogenannte Mädchenschule. Dort unterrichteten hauptsächlich Nonnen. Einen ganz großen Platz in meinem Herzen nimmt mein Sohn ein. Er ist mittlerweile 37 Jahre alt und hat sehr gut im Leben Fuß gefasst. Er hat ein abgeschlossenes Jurastudium und arbeitet bereits seit vielen Jahren als Journalist in Wien. Ich freue mich jedes Mal, wenn er Zeit für ein Wochenende in der Steiermark findet. An diesen Wochenenden gibt es auch immer wieder gemütliche Treffen, wie wir sie alle mögen. Die Großfamilie in meiner unmittelbaren Nähe gibt es noch im-

mer. Sie umfasst vor allem meine Geschwister mit ihren Kindern und Enkelkindern und meinen Vater, der heute 81 Jahre alt ist. Im Familienbund beeinflussen wir uns alle gegenseitig. So reiße ich mich immer wieder zusammen, bevor ich mir von der Jugend sagen lasse: „Tante Judy, du bist ja von gestern."

Natürlich gab es auch in meiner Familie immer wieder Konflikte, bei denen wir uns im Nachhinein meistens gedacht haben, dass wir das durchaus auch hätten besser machen können. Doch sind das auch Entwicklungsprozesse, die man erleben und durchmachen muss. Ich bin natürlich nicht stolz darauf, dass auch bei uns manches passiert ist, was zwischen Menschen vorkommt. Aber ich glaube auch, dass man andere Leute in ihren Problematiken leichter verstehen kann, wenn man sich selbst auch in ähnlichen Situationen befand. Ich weiß aus eigenen Geschichten sehr gut, wie schnell sich ein Streit entwickelt, wenn jeder seinen eigenen Standpunkt vertritt. Ich bin kein Vertreter der hundertprozentig heilen Welt. Was nicht gut ist, sollte man auch nicht schönreden. Manchmal muss auch ich Sachen aushalten, die mir nicht so gut gefallen. Ich kann die Welt nicht nach meinen alleinigen Vorstellungen richten. Diese Erfahrungen haben auch mein persönliches Leben geprägt. Es verursacht in mir immer wieder ein tiefes Gefühl der Zufriedenheit und der Demut, wenn ich erkenne, dass ich viel Schönes erlebt und auch einiges bei anderen zum Positiven gewendet habe. Natürlich gibt es manchmal kleine Hoppalas, doch meistens sind diese bald wieder vergessen.

Die Anfänge der Mediation in der Krankenpflege

Die Krankenpflegeausbildung machte ich im Wiener Wilhelminenspital. Ich wollte nicht in Wien leben, daher bewarb ich mich bald im Landeskrankenhaus Hartberg, wo ich seitdem arbeite.

Das Kennenlernen der Mediation war für mich wie eine himmlische Fügung. Es war ein kalter Herbsttag und ein Feiertag. An dem Tag las ich den Kurier, weil mein Sohn damals bei dieser Zeitung arbeitete. Mir fiel der Artikel „Mediation macht's wieder gut" im Gesundheitsteil besonders auf und daher las ihn sehr sorgfältig. Die Seite habe ich heute noch. Mich hat damals sehr stark beeindruckt, dass auf dem gezeigten Bild eine Krankenhausszene dargestellt war. Eine der beiden Schwestern hatte eine sehr große Ähnlichkeit mit mir. Dazu kam noch, dass wir 1998 im Krankenhaus ein sehr ähnliches Bild für die lokale Bezirkszeitung machten. Es gab auf jedem der beiden Bilder drei Personen aus dem Krankenhausbereich, der Patient befand sich in der Mitte. Ich überlegte mir, wie das wohl wäre, wenn das funktionieren würde, was dort beschrieben war. Niemand hat ein heiles Umfeld, weder zu Hause noch in der Arbeit. Wo Menschen zusammenkommen, reibt es sich. Ich habe da einen Spruch auf meinem Schreibtisch: Je näher man einem Menschen steht, umso mehr Berührungspunkte ergeben sich. Damals entstand bald der große Wunsch von mir, einen anderen Umgang mit Konflikten zu erlernen. Ich rief bei der im Artikel genannten Telefonnummer an und ging gemeinsam mit einer Freundin zum Informationsabend. Er fand im Bildungshaus in Maria Trost statt. Eine lustige Begebenheit war, dass die Ankündigung der Veranstaltung falsch ausgeschrieben war. Sie kündigten „Meditation" statt „Mediation" an. Eine Verwechslung, wie sie damals durchaus üblich war. Die Veranstaltung führte mich näher zu neuen Möglichkeiten. Bisher kannte ich Varianten der Konfliktlösung nach unterschiedlichen Glaubenssätzen, z. B.: „Wer älter ist, hat recht" oder „Wer nicht meiner Meinung ist, ist mein Feind". Die Vorstellung der Mediation vermittelte für mich sehr viel Wertschätzung, etwas, was ich bisher in meinem Leben vermisst hatte. Die Ausbildung kam damals nicht zustande, doch mir war ganz klar, dass ich das lernen wollte.

Letztendlich machte ich den Lehrgang am Wifi. Während der Ausbildung war mir bereits bekannt, dass es Mediation im Gesundheitsbereich bei Konflikten zwischen Mitarbeitern gibt. Es gab auch damals bereits ein Buch zu dem Thema. Ursprünglich hatte ich gleich nach der Ausbildung an eine selbstständige Arbeit als Mediatorin gedacht. Doch im Laufe des Kurses wurde ich diesbezüglich etwas zurückhaltender. Ich war Krankenschwester. In den Übungsgruppen bei der Ausbildung machten wir auch immer wieder Trennungs- oder Scheidungs-Mediationen. Bei aller Wertschätzung jener, die das heute beruflich machen, konnte ich mir das damals persönlich gar nicht vorstellen. Da hatte ich immer wieder das Gefühl, dass sich beide anlügen würden. So verschwieg ein Mann seine neue Freundin vor seiner Frau, von der er sich trennen wollte. Oder beide Elternteile saßen da und redeten vom Wohl der Kinder, dabei vermittelten sie beide den Eindruck, dass sie nur ihre Schäfchen retten wollten.

Die Pflegemediation ist aus einem sehr negativen Gefühl entstanden. Damals war ich verzweifelt und hilflos. Es war mir klar, dass ich kein Talent zur Scheidungsmediatorin hatte. Für die Wirtschaftsmediation fehlte mir der berufliche Hintergrund. Ich fuhr in einer sehr angespannten Stimmung nach Hause. In dieser Verfassung kam ich dort an und sah eine Sendung mit einem Politiker, der zu Hause seine kranke Mutter versorgte. Ich hörte mir damals an, wie toll angeblich diese Situation in Österreich geregelt sei und dass die Angehörigen alle Unterstützung der Welt bekämen. Damals hatte ich bereits dreißig Jahre Praxis in der Arbeit im Krankenhaus. Ich hatte täglich mit der großen Not der Patienten und deren Angehörigen zu tun. Alte Menschen haben in ihrem Leben sehr vieles geleistet. Sie haben sich einen schönen Lebensabend redlich verdient. Auf der anderen Seite gibt es die Jungen, die in ihrem Leben Beruf und Fa-

milie unter einen Hut bringen müssen. Auch sie wollen den Lebensstandard halten, den sie sich erarbeitet haben.

Die Pflegebedürftigkeit schafft schnell intensive Konflikte. Der Schlaganfall oder der Schenkelhalsbruch der Mutter kommt plötzlich. Viele Menschen hoffen, dass es ihnen erspart bleibt. In der Hinsicht arbeiten fast alle nach dem Floriani-Prinzip. Kaum jemand beschäftigt sich im Vorhinein mit der Thematik. Meist braucht es schnelle Lösungen, auch wenn sie nur übergangsweise gelten. Ich bin heute noch der Meinung, dass Mediatoren besser arbeiten, wenn sie auch Fachkenntnisse besitzen. Mein damaliger Gedanke war, Pflege und Versorgung mit einem neuen Umgang mit Konflikten zu verbinden. Auch heute bin ich noch immer aus tiefster Seele davon überzeugt, dass Mediation sehr gut in Pflegesituationen passt. Ich persönlich glaube, dass sie hier noch viel besser anwendbar ist als im Wirtschafts- oder Familienbereich. Akutbetten im Krankenhaus sind sehr teuer, daher können sie nicht für reine Pflege eingesetzt werden. Das Gesundheitsrisiko steigt zudem, wenn ältere Menschen längere Zeit im Krankenhaus sind. Je schneller jemand wieder in seiner gewohnten Umgebung leben kann oder in eine neue Umgebung kommt, in die er sich noch eingewöhnen kann, umso besser ist es.

Hilfe zur Selbsthilfe

Am Beginn meiner Tätigkeit als Pflegemediatorin war ich Krankenschwester auf einer chirurgischen Abteilung. Hier gab es viele junge Patienten, daher war das Thema der Pflege nach dem Krankenhausaufenthalt nicht so akut. Doch im Gespräch mit den Kolleginnen aus der internen Medizin kannte ich viele Geschichten. So waren wir vom Krankenhaus immer wieder erstaunt, dass sich trotz vieler Kinder niemand bereit erklärte, auf die Eltern zu schauen. Mein damaliger Zugang war etwas anders. Ich glaubte schon, dass Kinder das prinzipiell wollten, doch ohne externe Hilfe war es für sie schwer, das zu bewerkstelligen. Das zeigte sich dann, wenn ein Patient nach seiner Entlassung aus dem Krankenhaus bald wieder dorthin zurückkehrte. Das wurde sehr oft damit kommentiert, dass die Angehörigen zu Hause nicht damit zurechtkämen. Es kam auch immer wieder vor, dass ältere Menschen nach dem Aufenthalt in der Chirurgie bald wieder in einer anderen Station auftauchten. In einem bestimmten Alter gibt es fast niemanden mehr ohne Diabetes oder Herzrhythmusstörungen. Daher kann man immer wieder Gründe für einen Krankenhausaufenthalt finden. Es gab auch jene Patienten, die von einem Krankenhaus zum anderen wanderten. Alle diese Anzeichen deuteten auf eine heillose Überforderung im sozialen Umfeld hin.

Bei meiner Arbeit hatte ich die vollste Unterstützung der Pflegedirektorin im Haus. Die erste Rückmeldung auf mein Anliegen, Pflegemediation im Krankenhaus Hartberg zu verankern, war: „Das klingt so einfach, glauben Sie wirklich, dass es so funktionieren kann?" Sie meinte, ich solle etwas daraus machen. Ich habe mich damals mit vielen ausgetauscht. Dazu zählten Kollegen und Kolleginnen aus dem Krankenhaus. Auch bei meinen Mediationslehrern holte ich mir Unterstützung. Es wäre ja möglich gewesen, dass mein Modell bereits in vielen Spitälern umgesetzt wurde. Damals bekam ich die Antwort, dass es das in der von mir angedachten Form bisher nicht gebe. Dabei war es so einfach und es funktionierte sehr gut – von Beginn an. Gerade in der Anfangszeit war mir eine gute Vorbereitung wichtig. Vor allem die Zeit spielte dabei eine große Rolle. Es war klar, dass diese Gespräche nicht im Vorbeigehen im Krankenhausalltag möglich waren. Daher vereinbarte ich am Beginn eigene Termine mit den Familien in meiner Freizeit. Sie kamen alle freiwillig zu mir, was *mir zeigte, dass hier der Wille zum Helfen durchaus gegeben war. Sie brauchten Hilfe zur Selbsthilfe. Manchmal nahm ich meine Rolle als Mediatorin bewusst zurück und sprach als Krankenschwester. So griff ich beispielsweise ein, wenn Gefahr drohte, dass jemand die ganze Nacht in einer nassen Windel schlief, was zu unnötigen Wunden führen würde. Begann das Gespräch zu laufen, dann konnte ich mich mehr und mehr zurückziehen. Dann begann die Familie, ihre Dinge selbst zu regeln. Ich war begeistert mitzuerleben, wie gut das funktionierte.*

Die Arbeit hat mich gelehrt, gut zuzuhören und aktiv zu hinterfragen, wenn etwas nicht klar war. So hatte ich bereits zu Beginn meiner Tätigkeit als Pflegemediatorin ein sehr einprägsames Erlebnis. Meine erste Familie war ein guter Lehrmeister. Ich war damals mit meiner Ausbildung noch nicht ganz fertig. Das Erstgespräch führte ich mich dem Sohn einer Patientin und dessen Frau. Sie erklärten mir, dass eine Pflege der Mutter nicht ganz einfach werden würde, weil sie nicht im selben Haus lebten. Außerdem gab es schon seit längerer Zeit keinen Kontakt des Sohnes zu seinem Bruder. Ich schlug ihm vor, gemeinsam mit seinem Bruder zu mir zu kommen, damit alle Betroffenen an einem Tisch miteinander über die Situation reden könnten. Er freute sich über mein Angebot und wir vereinbarten einen Termin am Abend. Zum vereinbarten Termin klopfte es an meiner Tür und vor mir standen viele Menschen. Im ersten Moment glaubte ich, dass sie die Seelsorge suchten. Doch dann erkannte ich den Sohn und hörte, dass sie zu mir wollten. Dann trat der Sohn vor, mit dem ich das Vorgespräch geführt hatte, und meinte: „Es war ja Ihr Vorschlag, dass alle an einen Tisch kommen sollten." Der Sohn hatte neben dem Bruder noch sieben Schwestern. Gemeinsam mit Ehepartnern und Enkelkindern standen sie vor mir. Jetzt dachte ich nur, dass ich wie ein Profi handeln müsse. Gleichzeitig schwor ich mir, beim nächsten Mal besser zuzuhören, wenn es darum ging, wie viele Menschen zu mir in die

Mediation kommen würden. Wir gingen dann in den Aufenthaltsraum, in dem Platz genug war. Zu meiner Überraschung lief das Weitere sehr gut. Es war eine sehr nette und disziplinierte Familie. Auch die beiden Brüder, die schon jahrelang nicht mehr miteinander gesprochen hatten, nahmen aktiv teil, auch wenn sie sich nicht gegenseitig ansahen. Es war allen Anwesenden klar, dass sie das Bestmögliche für die Eltern wollten. Es war auch für jeden nachvollziehbar, dass nicht allein derjenige, der bei den Eltern zu Hause lebte, die Versorgung übernehmen könne. Sie vereinbarten damals das Beiziehen einer 24-h-Pflege und die Aufteilung der Betreuung auf die Kinder, die bis zum Tod der Eltern gut für alle war. Auch für den Vater, der beim ersten Termin nicht dabei gewesen war, war die Lösung mit einer großen Erleichterung verbunden. Er meinte, dass er sich schon Sorgen um seinen Sohn gemacht hätte, weil die alleinige Pflege durch ihn nicht zu bewältigen gewesen wäre. Die Eltern konnten so bis zu ihrem Tod zu Hause leben. Die Familie war mir dafür sehr dankbar. Zu Weihnachten erhielt ich jedes Jahr eine Karte von ihnen. Seit diesem Erlebnis frage allerdings ich jedes Mal nach, mit wie vielen Personen ich denn zu einer Mediation zu rechnen hätte. So habe ich gelernt, was aktives Zuhören wirklich bedeutet.

Im Rahmen meiner Arbeit lernte ich Töchter und Schwiegertöchter kennen, die allein auf die Frage hin, wie es denn gehe, in Tränen ausbrachen und meinten, dass sie früher lustig gewesen wären. Wir hatten im Haus immer wieder die größten Probleme, wenn wir bekannt gaben, dass Patienten nach Hause gehen dürften. Da gab es Wortmeldungen, wie: „Um Gottes willen, ihr könnt mir doch die Mutter nicht ins Haus schicken. Ich muss arbeiten gehen und halte beides gleichzeitig nicht aus." Ich erinnere mich auch an die Klagen mancher Schwiegertöchter: „Ich habe ins Haus geheiratet. Dreißig Jahre hat sie mich schlecht behandelt. Muss ich sie jetzt waschen und versorgen? Ich kann *das nicht."* Immer wieder kam auch die Aussage, dass schon seit langer Zeit nur mehr das Allernotwendigste gesprochen werde, weil es so viele unausgesprochene Probleme gäbe. Die Palette an möglichen Konflikten ist hier sehr groß. Ich erinnere mich auch an den Fall einer Schwiegertochter, die meinte, mit der Pflege der Schwiegermutter grundsätzlich gut zurechtzukommen. Was sie jedoch gar nicht mehr aushielt, waren die sonntäglichen Besuche der Kinder. Dabei servierte sie Kaffee und Kuchen. Gleichzeitig musste sie sich anhören, wie schlecht die Mutter aussehe. Dabei kam keiner der eigenen Kinder auf die Idee, selbst mit der Mutter etwas zu unternehmen. Auf die Frage an ihren Mann, was sie denn tun solle, hatte dieser nur gemeint, sie solle ihn mit diesen Problemen in Ruhe lassen. *Das ist mein Alltag. Den Satz: „Sie haben ja keine Ahnung, wie es bei uns zu Hause zugeht. So etwas haben Sie noch nie gehört", höre ich circa zwölf Mal pro Tag.*

Eine Familie mit sechs Kindern ist mir noch gut in Erinnerung. Der älteste Sohn hatte schon vor längerer Zeit den Hof übernommen. Da waren sicher einige unangenehme Dinge passiert, weil Vater und Sohn sehr zerstritten waren. Die Mutter war bereits verstorben. Die drei Töchter, die nicht auf dem Hof lebten, wollten jedenfalls, dass der Vater weiter in seiner gewohnten Umgebung bleiben konnte. Sie meinten, dass dies im Dorf nicht anders möglich sei. Der Hoferbe setzte sich vorerst nicht an den gemeinsamen Tisch, was schon einiges aussagte. Die zwei anderen Kinder planten zunächst eine Art Rachefeldzug. Sie waren der Meinung, dass der Vater sie beide sehr schlecht behandelt hätte, und wollten es ihm zurückzahlen. Letztlich einigten sich alle Kinder darauf, dass der Vater zu Hause mit Unterstützung einer 24-Stunden-Pflege leben würde. Mit dem eigenen Wohnbereich des Vaters war dies ohne Weiteres möglich. Jene Kinder, die den Vater besuchen wollten, konnten dies tun, es wurde aber jedem Einzelnen selbst überlassen, ob er dies wollte. Auch die Bezahlung der Pflege war kein Problem mehr und wurde unter den Kindern aufgeteilt. Ein gutes halbes Jahr später rief mich die Tochter noch einmal an, die als Erste die Mediation in die Wege geleitet hatte. Sie meinte, dass sie noch eine kurze Sitzung brauchen würden. Es stellte sich heraus, dass der Vater mittlerweile verstorben war. Alle jene, die in der Mediation waren, und noch einige mehr kamen zu mir, um mir einen großen Blumenstrauß zu überreichen. Sie taten dies mit folgenden Worten: „Unser Vater war nicht immer gut zu uns. Wir sind Ihnen ewig dankbar, dass wir es mit Ihrer Hilfe besser machen konnten als er." So konnten sie ohne Vorwürfe gegen sich selbst und ihre Verwandten den Vater am Friedhof besuchen. Mich hat das damals sehr berührt.

Einmal waren zwei Schwestern bei mir, die eine krebskranke Mutter betreuten. Die eine Tochter warf der anderen vor, die Mutter umbringen zu wollen. Es stellte sich heraus, dass diese – zum Missfallen der anderen Tochter – der Mutter erlaubt hatte, Mehlspeisen zu essen und Wein zu trinken. Eine Tochter wollte die Mutter vorwiegend behüten, die andere wollte ihr noch einiges ermöglichen. Beide hatten die Mutter sehr gern, die aus ihrer beider Sicht sehr gut zu ihnen war. Zuerst habe ich beide Töchter eine Zeit lang schreien lassen. Das nimmt die Energie der Gefühle. Nach und nach fanden wir ins Gespräch. Durch Rückfragen, beispielsweise, was denn so schlimm sei, wenn die Mutter noch Mehlspeisen esse, erkannten sie, dass ohnehin jede Tochter ausschließlich das Beste für die Mutter wolle. Dann konnte die eine Tochter auch zugeben, dass die Mutter immer gern Mehlspeisen gegessen habe und ihr wahrscheinlich der eine Kuchen nicht wirklich Schaden zufüge. Beide stimmten im Endeffekt damit überein, dass eine ausgesprochen gesunde Ernährung eine totale Umstellung der Gewohnheit bedeutet hätte, die wahrscheinlich von der Mutter weitaus schlechter aufgenommen würde. Anschließend konnten sich die beiden Schwestern wieder anschauen und gemeinsam weiter beratschlagen.

Manchmal stehe ich Situationen gegenüber, bei denen ich selbst nicht weiß, wie eine Lösung aussehen könne. So gab es einen Fall, in dem eine Schwiegertochter mit ihrem Schwiegervater zusammenlebte. Ihr Wunsch war ein freies Wochenende im Monat, *weil sie noch relativ jung und ihr Leben noch nicht ganz vorbei sei. Das war kein sehr hoher Anspruch. Doch obwohl es einige leibliche Kinder gab, waren diese mit ihren jeweiligen Aktivitäten so verplant, dass eine Vertretung zunächst aussichtslos schien. So meinte beispielsweise der Sohn, der im Nachbarhaus wohnte, dass er der Bub wäre und somit mit dem Ganzen nichts zu tun habe. Eine Tochter war berufstätig und sagte, die freien Wochenenden, die sie hätte, seien ihr heilig. Die andere Tochter bekam am Sonntag immer Besuch von ihren Kindern und musste sich dafür vorbereiten. Letztlich haben die Kinder die Lösung ganz gut selbst gefunden. Auch wenn jeder etwas von seinen Gewohnheiten abgehen musste, war eine Lösung möglich, bei der alle zufrieden waren. Sogar der Sohn brachte sich ein, indem er seinem Vater eine bestimmte Zeit Gesellschaft leistete. Die Familien waren dann von ihrer eigenen Hilfe so angetan, dass sie im Laufe der Zeit ihre Unterstützungsleistungen noch ausweiteten. So bot die berufstätige Tochter an, manche Stunden auch während der Woche zu übernehmen. Das hat die anderen dann so motiviert, dass sie ähnliche Angebote machten.*

Es kommt auch immer wieder vor, dass der eine oder andere Zugesagtes nicht einhält. Dann kommen sie meistens ein zweites Mal und wir reden nochmals darüber. Einmal hatte ich eine so zerstrittene Familie bei mir, dass keine Worte mehr halfen. Damals nahm ich meine Handtasche und meinte, dass sie in Ruhe im Mediationsraum weiterstreiten könnten. Nachdem sie sich an keine Regeln gehalten hatten, machte ich ihnen klar, dass es mir schade um meine Zeit sei, ihnen nur zuzuhören. Geholfen hat es erst dann, als ich aus der Tür ging. Dann kamen alle zu mir und baten darum, dass ich bliebe. Plötzlich war ein gemeinsames Gespräch möglich.

Manchen Angehörigen ist auch nicht sofort klar, dass sie Unterstützung brauchen. So waren einmal drei Töchter bei mir, die *ursprünglich meinten, gut zurechtzukommen. Im Alltag zeigte sich jedoch sehr rasch, dass es nicht so gelang, wie sie es sich vorgestellt hatten. Eine Woche nach der Entlassung der Mutter aus dem Krankenhaus rief mich die älteste Tochter an und erzählte mir von Vorwürfen und Streitereien, wie sie es noch nie erlebt hätten. Plötzlich wurde alles infrage gestellt. In der Mediation war das bald wieder bereinigt. Die Töchter stellten einen Plan auf. Wir vereinbarten auch, dass die Schwestern, wenn es zu einer fortschreitenden Verschlechterung des Gesundheitszustands der Mutter käme, gemeinsam eine Pflegekraft bezahlten. Somit war das Drei-Mäderl-Haus wieder heil.*

Pflegemediation als etablierte Einrichtung

Ich arbeite nun schon seit rund 10 Jahren als Pflege- und Entlassungsberaterin und Pflegemediatorin und bin nach wie vor begeistert davon. Es funktioniert deshalb, weil der überwiegende Teil der Menschen für den letzten Lebensabschnitt ihrer Eltern das Bestmögliche will. Das gilt auch für jene Kinder, die mit den Eltern so gebrochen haben, dass sie sich nicht mehr sehen können. Da waren bestimmt schlimme Dinge passiert. Trotzdem wollen Kinder, dass ihre Eltern gut versorgt sind. Die Kinder können die Pflege auch ohne Kontakt zu Eltern organisieren. Das ist in unserer Seele tief verankert, dass es unseren Eltern und unseren Kindern gut gehen soll. Inzwischen habe ich über 12.000 Familien beraten. In all diesen Fällen kam es nur zwei Mal vor, dass Kinder ihren Eltern nicht das Beste wünschten.

Mittlerweile frage ich aktiv bei allen Patienten nach, die bei uns im Krankenhaus aufgenommen werden, und nehme sofort mit den pflegenden Angehörigen Kontakt auf. Meistens kommt es dabei nur zu einem ganz normalen Beratungsgespräch, wie man zu den notwendigen Hilfsmitteln kommt. Viele Familien organisieren sich dann selbst sehr gut. Manchmal ist aber eine Versorgung nicht möglich, weil die Familienverhältnisse so konfliktreich sind. Dann biete ich Mediation an. Manchmal kommen auch Menschen zu uns, deren Eltern noch gar nicht im Krankenhaus sind. Immer mehr wollen auch präventiv Vorkehrungen treffen. Wenn ein Plan da ist, wie eine Versorgung aussehen könnte, dann gibt das Zuversicht – auch wenn man ihn nie braucht. Es nimmt die Angst und verbessert die Lebensqualität für alle. Das ist ein ganz wichtiger Punkt. Einmal kam ein Mann kurz vor Weihnachten zu mir. Er kannte zwar meinen Namen nicht, doch wurde er von seinem Arbeitgeber ins Krankenhaus geschickt mit den Worten, dass es da eine Frau gäbe, die ihm helfen könne. Ich erfuhr, dass seine Frau damit gedroht hatte, ihn zu verlassen. Den Fall wollte ich gar nicht übernehmen, weil ich bei Scheidungen nicht mediatorisch tätig bin. Erst dann stellte der Mann klar, dass seine Frau ausziehen wolle, weil sie die Pflegesituation mit seinem Vater nicht mehr aushielte. Das passte wiederum gut zu mir. Sie fanden einen Weg und die Frau lebt noch immer mit ihrem Mann zusammen. Gerade in solchen Situationen beginnen die Menschen, sich gegenseitig zu sagen, dass sie sich mögen. Das löst sehr schöne Gefühle aus. Dann gibt es wieder viel mehr Möglichkeiten, zusammen etwas auf die Beine zu stellen. Manchmal können sie auch über die Vergangenheit lachen.

Ich bekomme viel von jenen zurück, die bei mir in der Mediation waren. So geschah es einmal, dass ich für einen Vortrag von Hartberg nach Graz fahren musste. Es war ein heftiger Freitag und ich war spät von der Arbeit weggekommen. Ich kam auf den Parkplatz und sah, dass mein Auto eingeparkt war und ich nicht wegfahren konnte. Somit gab es noch mehr Verzögerung. Beim Fahren war ich mit den Gedanken natürlich auch schon beim Vortrag. Die Sonne stand relativ tief. Dann passierte ein Un-

fall. Ich fuhr auf das Auto meines Vordermannes auf. Es war mir sofort klar, dass ich daran schuld war. Gott sei Dank war kein Mensch zu Schaden gekommen, auch am Wirtschaftsfahrzeug des anderen war kaum etwas zu erkennen. Mein kleines Auto allerdings war so zerstört, dass ich mit ihm nicht mehr weiterfahren konnte. Der Herr war sehr nett zu mir. Er meinte, dass er mich kenne. Ich wäre doch die Schwester vom Spital, bei der er mit seiner Frau schon einmal gewesen wäre. Damals ging es auch um einen Konflikt zwischen seinem Vater und seiner Frau, bei dem er in der Mitte stand und nicht mehr wusste, was er tun könne. Ich erkannte ihn nicht gleich. Dann bot er mir sofort an, mich nach Graz zu bringen, und meinte, dass er mich sogar bis nach Paris bringen würde. Das sind sehr schöne Momente für mich, weil es mir zeigt, dass die Lösungen, die Menschen mit meiner Unterstützung gefunden haben, wieder Frieden in deren Familien ermöglichen.*

Meine Erfahrungen als Pflegemediatorin gebe ich auch als Ausbildnerin weiter. So gab es bereits zwei Lehrgänge speziell für Krankenpflegepersonal. Heute gibt es in elf Krankenhäusern in der Steiermark und in Wien das Angebot der Pflegemediation, das ich vor zehn Jahren ins Leben gerufen habe. Das macht mich sehr stolz. Ich lege großen Wert darauf, dass es keine Judith Jaindl One-Woman-Show mehr ist, sondern dass diese Idee von vielen weitergetragen wird. Es ist alles in Bewegung und ich bin sehr neugierig, wie es sich weiter entwickelt.

Mit meinen sechzig Jahren mache ich mir natürlich auch schon Gedanken darüber, was ich in meiner Pension mache. Es ist aber für mich diesbezüglich noch vieles offen. Einige private Vorhaben sind dabei schon fix. Doch gerade bei der Weiterführung der Arbeit in der Pension bin ich noch sehr gespalten. In anstrengenden und heftigen Situationen freue ich mich schon auf die bevorstehende Pensionierung. Doch wenn ich nach einer gelungenen Mediation zufrieden von der Brücke im Krankenhaus den Angehörigen nachschaue und sehe, dass sie sich umarmen, dann meine ich, dass das ein Teil von mir sei, den ich nie aufgeben werde. Ich weiß heute noch nicht, was ich in meiner Pension machen werde. Doch bin ich zuversichtlich, dass sich auch das so entwickeln wird, wie sich alles in meinem Leben gefügt hat. Aus heutiger Sicht glaube ich, dass ich noch circa zwei Jahre arbeiten werde. Wenn ich dann irgendwann der Meinung bin, dass ich das Richtige gefunden habe, werde ich alles dransetzen, es auch umzusetzen.

Ich mag auch die Überlegung, eine Zeit lang nur das zu machen, was mir im Moment gerade in den Sinn kommt. Quasi seit Beginn meines Lebens war ich für andere da, zuerst als Älteste für meine Geschwister, dann als alleinerziehende Mutter. Ich arbeitete dreißig Jahre im Pflegeberuf und nun schon seit zehn Jahren als Pflegemediatorin. Meine Freunde und meine Familie würden mir gern einen Hund schenken, was ich strikt ablehne. Dann würde ich mich wieder für jemanden verantwortlich fühlen. Ich freue mich schon darauf, auch einmal nur für mich allein zuständig zu sein. Ich weiß heute noch nicht, wie es mir dabei gehen wird. Aber ich weiß, dass ich das Gefühl der Freiheit der spontanen Entscheidung auskosten möchte.

Frieden als warmes Gefühl, wenn alles passt

Frieden ist ein ganz großes Wort, so ähnlich wie die Liebe. Er ist ein wichtiges Bedürfnis. Wenn ich Frieden mit meiner Arbeit als Pflegemediatorin verbinde, dann ist es die Situation, die für alle passt. Frieden beinhaltet Problemlösungen, mit denen alle Beteiligten so weit wie möglich zufrieden sind. Für mich selbst ist der Frieden das, was das Leben rund, schön und warm macht.

Wenn ich daran denke, kommt mir ein warmes Gefühl unterm Brustbein. Dann bin ich mit mir in Harmonie und die Welt um mich herum ist heil. Das gibt es natürlich nicht immer. Der Frieden der Welt ist für mich eine Utopie. Er wäre schön, so wie das Paradies. Einer allein kann den Weltfrieden nicht herstellen. Das hängt von sehr vielen ab. Aber wenn ich in meinem Umfeld ein kleines Stück Frieden schaffe, dann trage ich ja auch zum Frieden in der ganzen Welt bei. Das ist schwer genug. Manchmal menschelt es, dann funktioniert es auch im kleinen Rahmen nicht so gut.

Was ich wirklich lange gelernt habe, ist die Gewissheit, dass die Welt viel schöner ist, wenn es mir selbst gut geht. Geht in meinem eigenen Leben alles Mögliche durcheinander, dann ist auch meine Sicht auf die Welt sorgenvoller. Es ist auch ein Reifeprozess. In jungen Jahren brauchen wir Revolutionen, bei denen wir laut schreien oder balzen müssen. Ich glaube, dass wir irgendwann so weit unsere eigene Mitte finden sollten. Stehe ich heute vor einem Problem, so überlege ich mir zuerst, ob jemand davon krank wird. Ist dem nicht so, dann schlafe ich eine Nacht darüber und entscheide am nächsten Tag, ob ich etwas unternehme oder nicht.

Pflegemediatoren als Friedensstifter stehen oft vor der Situation, dass sie mit Familien arbeiten, in denen es über viele Jahre falsch gelaufen ist. Aus meiner Sicht ist es sehr wichtig, dass alle Beteiligten an einem Tisch sitzen, um ihre Probleme zu besprechen. In der Beratung kann ich oft nur einseitig unterstützen. Wenn jeder die Sicht des anderen persönlich hört, ergibt sich ein ganz anderer Zugang zur Wahrheit. Den Satz „Warum hast du mir denn das nie vorher gesagt?" höre ich so oft. Mediation ist für mich ein tolles Instrument zur Friedensstiftung, weil es hier viele Anwendungsmöglichkeiten gibt. Es kann sein, dass sich etwas sehr schlimm anhört, wenn es das erste Mal ausgesprochen wird.

Oft können sich die Betroffenen gar nicht mehr daran erinnern, was sie gesagt haben. Und doch bleibt es lange im Gedächtnis von anderen.

Friedensstifter als aktiv Handelnde

Wir sollten jedenfalls aktiv etwas tun und nicht unser Leben einfach so an uns vorüberziehen lassen. Viele berühmte Menschen haben Bücher darüber geschrieben. Ich höre es auch immer wieder selbst von Sterbenden, mit denen ich zu tun habe. Wir Menschen haben am Ende unseres Lebens viel mehr Probleme mit dem, was wir versäumt haben, und hadern nur selten mit dem, was wir getan haben. Wenn wir das Gefühl haben, dass wir etwas tun können, dann sollten wir es auch tun. Da passt ein Spruch von Hermann Gmeiner dazu, den ich auch über meinem Schreibtisch hängen habe: Alles Große in unserer Welt passiert nur, weil jemand etwas mehr tut, als er muss. Natürlich brauche ich dafür die nötige Wertschätzung, gute Werkzeuge und vor allem Verständnis. Ich sage oft, dass ich einen Rucksack mit Möglichkeiten habe. Aus dem hole ich dann das heraus, was für einen bestimmten Moment passt. Manchmal kippe ich den gesamten Inhalt des Rucksackes aus, damit ich irgendetwas finde.

Jeder von uns kann zum Frieden beitragen. Das kann auch nur daraus bestehen, dass wir uns nicht immer sofort über alles aufregen. Oft ist es besser, einmal tief Luft zu holen und zu überlegen, ob es die Sache wert ist. Manchmal ist es auch gut, zu einer Sache keine Meinung zu haben. Das Schwierigste in unserem Leben ist das eigene Lernprogramm. Der Umgang mit den eigenen vermeintlichen Schwächen und Fehlern fordert uns ständig heraus. Die Reise zu uns selbst ist sehr wichtig. Wir sollten uns dabei aber nicht andauernd selbst geißeln. Auch wenn wir nicht immer perfekt handeln, so ist das menschlich und verständlich. Wir brauchen eine gewisse Ausgewogenheit. Es kann schon einmal vorkommen, dass wir abheben. Wenn wir viele schöne Dinge gleichzeitig erleben, wachsen der Seele Flügel. Das darf man natürlich genießen und auskosten. Wir müssen dann aber wieder den Weg zurück zum Boden finden. Das bedeutet, dass ich mir trotz meines schönen und ausgeprägten Glücksgefühls bewusst mache, dass ich nur ein Teil von dem Ganzen bin. Andere leisten auch ihren Beitrag und sind genauso wichtig wie ich. Flügel sind wichtig, doch auch andere haben Flügel und jedem Einzelnen stehen sie auch zu. Andernfalls verlieren wir die Wertschätzung des anderen. In unserem Leben haben wir auch die Aufgabe, herauszufinden, wann ich mich in den Vordergrund stellen soll und wann den anderen. Frauen und Mütter neigen oft dazu, sich selbst zurückzunehmen, um das Wohl der Kinder oder der Familie zu fördern. Auch meine Tätigkeit im Krankenhaus und die Ausbildung als Mediatorin tragen dazu bei, dass ich mich aktiver um andere kümmere. Für mich bedeutete es einen Lernprozess, mich auf lange Sicht gleichwertig zu behandeln. Es war lange Zeit so, dass die anderen zuerst kamen, dann lange nichts und dann irgendwann war ich dran. Inzwischen habe ich sehr viele Phasen, wo es für alle passt – auch für mich. Hilflose Helfer nützen auch nicht wirklich.

 Ein wesentlicher Punkt für inneren Frieden ist das Zurechtfinden in unserer jeweiligen Realität. Das beinhaltet auch, dass wir uns mit den Veränderungen in unserem Leben anfreunden. Stillstand bedeutet den Tod, daher brauchen wir den Wandel. Doch müssen wir ihn auch nicht ständig provozieren, indem wir immer wieder alle Brücken abbrechen und neu beginnen. Für mich finden Veränderungen fließend statt. Es geht dabei vor allem um das Entstehen und das Wahrnehmen neuer Chancen. Ich vergleiche diese Situationen gern mit Schwammerl suchen. Wenn ich einen bekannten Pilz finde, den ich brauchen kann, *dann freue ich mich und nehme ihn mit.* Aber selbstverständlich bin ich nicht entmutigt, wenn ich an einer Stelle, wo ich einen erhofft hätte, doch keinen finde. Bin ich in dem Moment auf der Suche nach Schwammerln, dann bemühe ich mich weiter. Wenn nicht, genieße ich einfach nur meinen Spaziergang. Wir brauchen in unserem Leben Flügel und Wurzeln, auch wenn sich das im ersten Moment wie ein Widerspruch anhört. Wir wissen aus der Wissenschaft schon sehr viel, wie der Körper funktioniert, was ich sensationell finde. Jeder Mensch ist einzigartig. In jedem Menschen ist alles vorhanden, er ist ein einzigartiges Wunderwerk. Er umfasst Tag und Nacht, Ying und Yang, hell und dunkel. Wir haben unsere Streichelseiten sowie unsere stacheligen Momente. Wir haben in uns selbst so viele unterschiedliche Seiten und Widersprüche, die wir unter einen Hut bringen müssen. Da können wir bis zu unserem letzten Tag noch dazulernen.*

Die Auswirkungen von sozialen Erkrankungen sind in der menschlichen Psyche unmittelbarer erkennbar als auf der körperlichen Ebene. So hat bereits der Wiener Nervenarzt Siegmund Freud erkannt, dass übermächtige, inakzeptable Gedanken in das Unbewusste verdrängt werden. Dort steuern sie Handlungen, die sich der menschlichen Kontrolle weitgehend entziehen. Seine Arbeitsweise, sich diesen versteckten Erinnerungen und Gefühlen wieder zu stellen, entspricht in etwa einer aktiven Auseinandersetzung mit verborgenen Konflikten. Freud bezeichnet Arbeitsfähigkeit, Liebesfähigkeit und Genussfähigkeit als Voraussetzung für ein erfülltes Leben. Dennoch konzentrieren sich seine Therapien auf die Behandlung der krankhaften Formen der Psyche. Doch auf Dauer ist die problemzentrierte Arbeit der Therapie selbst diskussionswürdig. Der persisch-deutsche Arzt und Therapeut Nossrat Peseschkian nahm dieses Vorgehen in vielen Fällen als kontraproduktiv für eine Genesung wahr. Er begründet die Positive Psychotherapie. Dabei setzt er auf die Prinzipien Hoffnung, Balance und Beratung. Im Gegensatz zu verschiedenen anderen Richtungen der Psychotherapie beschränkt er die Anwendung seiner Methoden nicht allein auf den therapeutischen Bereich. Er stellt sie unter vier Aspekte. Neben der eigentlichen Therapie ist die Erziehung für ihn sehr wichtig. Somit kann ein Mensch für anstehende Probleme Lösungsmöglichkeiten lernen, die er selbstständig einsetzen kann. Eine weitere ist die Selbsthilfe. Hier geht es um interdisziplinäre Systeme, die im Falle einer Störung unterstützen. Die vierte und letzte Komponente sieht Peseschkian in der Transkulturalität. Durch unterschiedliche Erziehungsformen entstehen Konflikte, die sich auch auf die Psyche auswirken. Das Balance-Modell der Lebensbereiche von Peseschkian für ein gesundes Leben wurde mehrfach adaptiert und zählt heute zu den Standardtools in der Lebensberatung.

Speziell in der Gesundheitsförderung hat die Wahrnehmung eine zentrale Bedeutung. Erkennen Menschen, was sie brauchen, können sie sich auch darum bemühen, es zu bekommen. Durch die Vielfalt der vorhandenen Güter und Dienstleistungen steigt auch die Anzahl der Wünsche. Werbung und sozialer Gruppendruck erzeugen das Gefühl, nur mehr dann akzeptiert zu sein, wenn man bestimmte Gegenstände besitzt. So werden Dinge zur Triebkraft des Handelns. Die Wahrnehmung, ob das Streben danach wirkliche Vorteile oder möglicherweise auch Nachteile hat, tritt in den Hintergrund. Besitzt man das ersehnte Stück, beginnt die Jagd auf eine neue Sache.

In der persönlichen Analyse ist Klarheit sehr wichtig. Daher es notwendig, über konkrete Situationen nachzudenken und eine Einschätzung vorzunehmen. Es gilt herauszufinden, mit welchen Komponenten man sich gut identifizieren kann. Aber auch die Betrachtung jener Punkte, denen man mit Ablehnung gegenübersteht, ist von großer Bedeutung. Sie zeigen Veränderungsbedarf. Dazwischen liegt die

Toleranzgrenze. Ein klassisches Beispiel dafür liefert die Partnerschaft. Sie beginnt im besten Fall mit einer Identifikation mit dem anderen. Man verbringt oft viel Zeit miteinander, daher ist es naheliegend, dass irgendwann Meinungsunterschiede auftauchen. Solange diese innerhalb der Toleranzgrenzen liegen, kann man gut mit ihnen leben, obwohl man selbst wahrscheinlich anders handeln würde. Verschieben sie sich derart, dass sie Ablehnung erzeugen, so ist das Paar gefordert. Die notwendige Änderung kann ein angepasstes Verhalten sein, aber auch ein Wechsel der Einstellung. Das Erkennen des konkreten Bedarfs bildet die Grundlage für weitere Aktivitäten. Je klarer die Wahrnehmung, umso eher finden sich geeignete Maßnahmen.

Imre Márton Reményi
Psycho- und Lehrtherapeut, Berater

Friedenswunsch durch Kontakt mit Krieg

Den ausgeprägten Wunsch nach Frieden trage ich schon seit vielen Jahren in mir. Das liegt wahrscheinlich daran, dass ich mit sechs Jahren die ungarische Revolution und deren Niederschlagung selbst miterlebte. Damals rutschte das Bett, in dem ich schlief, plötzlich hin und her, ohne dass es Räder gehabt hätte. Unmittelbar danach kam meine Mutter, schnappte mich und schleppte mich in den Keller. Durch unsere Straße fuhren Panzer. Mein Vater war damals nicht dabei, aber meine Mutter hatte bereits Erfahrung mit Krieg. Wir lagen zu Beginn am Boden, ganz nahe an der Straße. Ich konnte sehen, wie die Geschosse der Panzer im Haus einschlugen. Sobald die Panzer vorbei waren, brachte mich meine Mutter ganz nach hinten in den Keller. Dann kamen die Soldaten, um die Fenster einzuschlagen. Sie schossen genau dorthin, wo wir vorher gesessen waren.

So bin ich bereits sehr früh mit Krieg in Kontakt gekommen. Dies förderte deutlich meinen Wunsch, Konflikte anders auszutragen. Ich lernte beispielsweise freiwillig grundlegende Phrasen der russischen Sprache. Bei unserem ersten Fluchtversuch hielten uns russische Soldaten kurz vor der Grenze auf. Wir mussten aus dem Lastwagen aussteigen, mit dem wir hatten fliehen wollen. Die Stimmung war dementsprechend angespannt. Ich sagte auf Russisch: „Grüß dich, Genosse russischer Soldat." Sofort fingen die Soldaten an zu lachen. Das entspannte die Situation und die Soldaten waren danach weitaus weniger gewaltbereit.

Ich habe auch viel durch meine eigenen Misserfolge gelernt. So kam vor langer Zeit die beste Freundin meiner damaligen Freundin eines Tages zu mir, um sich auszuweinen. Sie beklagte sich, dass ihr Freund zu ihr so gemein wäre. Um ihr zu helfen, rief ich umgehend diesen Mann an und konfrontierte ihn mit den Klagen. Die Retourkutsche kam postwendend. Sowohl meine eigene Freundin als auch ihre beste Freundin wollten nichts mehr mit mir zu tun haben. Damals lernte ich, dass ich mich nicht ungefragt einmischen darf. Heute würde ich sagen, dass ich keine Mediation ohne Auftrag mache. Diese Lebenserfahrung und viele weitere Geschichten haben mich stark beeinflusst.

Vom Rollenspieler zum Gestalter

Mein erster Beruf war Opernsänger. Ich hatte dabei ein sehr spannendes Erlebnis im Rahmen der Oper Otello. In der Pause einer Hauptprobe gab es ein Gespräch mit einer Schulklasse. Da kam die sehr interessante Frage einer Zwölfjährigen: „Wie ist es, auf der Bühne jemanden zu töten?" Das war eine sehr treffende Frage, weil Otello ja seine geliebte Frau erwürgt und dann auch *noch Selbstmord begeht. Meine Antwort darauf war, dass es ja nur gespielt sei. Der Autor des Stücks habe es vorgesehen, dass es so passieren müsse, um die Tragödie nachvollziehbar zu machen. Dann erzählte ich ihr auch noch von meiner Gewohnheit auf der Bühne. Sobald der Vorhang zugeht, helfe ich als „Tötender" jenen auf die Beine, die ich „getötet" habe. Es war mein persönliches Ritual, die von mir „Ermordeten" auch wieder ins Leben zurückzuholen. Mich selbst konnte ich natürlich nicht ins Leben zurückbringen. Doch mein Wille zum Weiterleben war immer groß genug, um mich selbst wieder aufzurichten. Dieses Erlebnis zeigte mir sehr deutlich, dass mir Frieden zu stiften, im Sinne von Ausgleichen, immer sehr wichtig war.*

Das zweite prägende Erlebnis als Sänger war ein Stück von Wolf Ferrari, Il Campiello. Es spielt auf einem kleinen Platz in Venedig. Ich stellte dabei eine italienische Mama dar. Mit dieser Rolle gastierte ich in Wuppertal. Dort gibt es eine sehr angesehene Oper. Ich kam erst zur Vorstellung an und sah daher meine Kollegen erst auf der Bühne. Nach der Oper sagte mir die amerikanische Sopranistin, die meine Tochter spielte: „Weißt du, zum ersten Mal habe ich in einer Aufführung von Il Campiello gemerkt, dass ich eine Mami hab. Dann warst du noch viel lieber zu mir als meine eigene Mama." Dabei wurde mir klar, dass man auch im Nachhinein noch gewisse Gefühlskälten der Vergangenheit ausgleichen kann. Im Laufe der Zeit wurde mein Wunsch immer größer, Lebensgeschichten mitgestalten zu können. Auf der Bühne musste ich das spielen, was mir der Autor des Stücks vorgab. Ein Tod ist ein Tod und eine Katastrophe bleibt eine Katastrophe. Mein Ziel in einem neuen Beruf war es, dass es gar nicht erst zu einer Katastrophe kam. Auch für den Fall, dass schon eine Katastrophe da wäre, sollte möglichst wenig Schaden angerichtet werden in dem Sinne, dass die Beteiligten möglichst heil wieder aus dieser Situation herauskamen. Deshalb zeichnete sich eine berufliche Veränderung ab.

Ich entschloss mich, als Psychotherapeut mit der systemischen Familientherapie zu arbeiten. *Dort geht es auch immer wieder darum, in Systemen friedliches Zusammenleben zu ermöglichen. Daher sehe ich meinen Beruf als Psychotherapeut eindeutig als friedensstiftend. Heute kombiniere ich diese Tätigkeit mit unterschiedlichen Methoden. Doch egal ob in der Therapie, im Konfliktmanagement oder in der Mediation, es geht dabei immer um Seelenfrieden. Das gilt auch im Arbeitskontext. So hatte ich einmal zwei Brüder als Kunden, die gemeinsam eine Firma besaßen. Diese geriet immer wieder in finanzielle Schwierigkeiten. Dabei waren die Brüder sehr unterschiedlich. Der eine steckte seine gesamte Energie und sein Leben in den Beruf. Dieser war die Lebensgrundlage für ihn und seine Familie. Der andere Bruder hingegen war vermögend. Deshalb zog er sich aus der Firma zurück. Nun wies der in der Firma beschäftigte Bruder immer öfter auf fehlendes Kapital hin, während der andere Bruder anhaltendes Desinteresse zeigte. Es entstand dadurch eine richtige Feindschaft, sodass sie gemeinsame Gespräche verweigerten. Letztlich fanden die beiden dann doch zu einer gemeinsamen Mediation. Die Ausgangssituation war denkbar schlecht, weil die Beziehung zum jeweils anderen Bruder als sehr problematisch beschrieben wurde. Doch waren letztlich beide bereit, an einer konstruktiven Lösung hinsichtlich der Firma zu arbeiten. Diese wechselseitige Absichtserklärung führte zu einer Vorgehensweise, die von beiden unterschrieben werden konnte. Durch die Lösung des dringendsten Problems verbesserte sich auch allmählich die Beziehung der beiden Brüder. Der Zankapfel war weg.*

Sexualität und Untreue

Das mit Abstand bedeutendste Thema, mit dem ich als Psychotherapeut konfrontiert bin, ist die Liebe. Menschen verwechseln

Liebe oft mit Sexualität. So befragen mich Männer immer wieder, welche Maßnahmen sie gegen ihre Impotenz ergreifen sollen. Meine erste Reaktion darauf ist oft die Frage, was denn so schlimm daran sei, dass sie im Moment keine Erektion hätten. Das lenkt bereits am Anfang des Gesprächs den Fokus darauf, dass es gar nicht immer wünschenswert ist, sexuell erregt zu sein. Manchmal beginnen sie dann, darüber zu lachen, was sofort zu einem gelasseneren Umgang mit dem bisherigen Problem führt. Eine weitere – in dem Zusammenhang häufig geäußerte – Situation ist vergangene oder bestehende Untreue eines Partners. Es gibt Kolleginnen und Kollegen von mir, die bei Aufgabenstellungen wie diesen ihren Klienten anraten, selbst untreu zu werden. Ich nehme von Ratschlägen dieser Art Abstand. Ich weise vielmehr allgemein auf die Tatsache hin, dass Menschen moderat polygam sind. Das bedeutet, dass sie sich von Natur aus zu unterschiedlichen Partnern gleichzeitig – auch sexuell – hingezogen fühlen können. Im Gegensatz zu anderen Lebewesen können wir jedoch diese Impulse steuern. Es liegt in unserer Hand, ob wir uns der polygamen Neigung hingeben oder monogam leben wollen. Unabhängig von dem hohen Stellenwert, den wir der Sexualität aktuell für unser Liebesglück geben, gibt es weitaus wichtigere Einflussfaktoren darauf, ob wir in unseren Liebesbeziehungen glücklich werden.

   Als Therapeut bin ich in unterschiedlichen Situationen gefordert. So kam zu mir einmal ein Ehepaar, bei dem der Mann sich vornahm, sich bis zum Nationalfeiertag zu entscheiden, ob er sich umbringe oder nicht. Seine Frau meinte darauf ganz unbeeindruckt, dass sie bereits die nötige Menge an Schlafmitteln besorgt hätte. Diese Ausgangssituation hat mich damals schon sehr nachdenklich gemacht. Wir haben dann einen Folgetermin vereinbart, der nach dem Nationalfeiertag lag. Ich erbat allerdings, bis zwei Tage vorher informiert zu werden, ob der Termin stattfinden solle oder nicht. Schon zwei Tage später rief mich die Frau

sehr fröhlich an und informierte mich, dass sie nicht kämen. Es gäbe bereits einen Gerichtstermin für die Scheidung. Aus der Sicht des Paares schien der Konflikt gelöst. Aus meiner Sicht war er das nicht. Sie hatten sich beide die Chance auf einen kreativen Prozess zur besseren Erfüllung ihrer Bedürfnisse genommen.
Es ist für mich auch sehr wichtig, mein Wissen nicht nur für mich selbst einzusetzen. Daher arbeite ich auch als Lehrtrainer für Psychotherapeuten, Supervisoren und andere beratende Berufe. Dabei geht es um die Aufbereitung von relevantem Wissen. Andere müssen Gedanken verstehen und auch weitergeben können. Als Faustregel gilt für mich dabei, Gedanken so aufzubereiten, dass sie auf einem Plakat sichtbar werden. Gelingt das nicht, male ich ein Neues.

Frieden durch erfüllte Bedürfnisse

Alles Leben birgt Konflikte in sich, das bedeutet konkret, dass wir Konflikte für unser Leben brauchen. Nun haben es Konflikte an sich, dass sie uns auch betroffen machen. Meist geschieht dies, weil die wenigsten in ihrer Familie und in der Schule gelernt haben, mit Konflikten konstruktiv umzugehen. Jeder Mensch hat eine Vorstellung von einer besseren Welt. Das kann ein Blick für sich selbst sein, aber auch für andere. Dieses Bild der besseren Welt nennen wir Vision. Wir erkennen es daran, dass wir es beschreiben können. So hatte beispielsweise Martin Luther King die Vision von schwarzen und weißen Kindern in einer gemeinsamen Schule. Die Vision von Friedensstiftern ist, dass Konflikte friedlich geregelt werden. Jetzt weiß ich aber, dass ich zur Realisierung der Vision auch einen Beitrag leisten muss. Der konkrete Beitrag, den ich für die Verwirklichung der Vision leisten will, heißt Mission. Zur konkreten Umsetzung braucht es zusätzlich noch die Strategie, das Festlegen, in welcher Form ich meinen Beitrag erbringe.

Dieser Dreischritt Vision – Mission – Strategie gilt einerseits für Organisationen und bestimmt deren Leitbild, andererseits aber auch für Individuen. Dort heißt das Gesamtbild Motivation. In allen Gemeinschaften gibt es diesen Unterschied zwischen der individuellen Motivation einzelner Menschen und den Zielen der organisatorischen Einheit – egal ob Familie, Firma oder Staat. Je größer die Deckung zwischen Individuum und Kollektiv ist, umso eher funktionieren Kooperationen.

Der wichtigste Schlüssel für den Frieden sind unsere Bedürfnisse. Für eine Konfliktsituation braucht es Bedürfnisse, die einander widersprechen, und eine gegenseitige Abhängigkeit zur Erfüllung unserer Bedürfnisse. Alles andere ist aus meiner Sicht eine Panne oder ein Versehen. Um den Konfliktbegriff noch etwas näher zu verdeutlichen, möchte ich auf den Nahostkonflikt Bezug nehmen. Das Bedürfnis sowohl der Palästinenser als auch der Israelis ist es, eigenes Land zu besitzen. Der Konflikt entsteht dadurch, dass beide Völker ihr eigenes Land auf demselben Gebiet wollen. Aus meiner Sicht ist es ein großes Missverständnis, wenn Menschen meinen, dass ein Konflikt ein Krieg sei. Krieg ist eine Methode, um einen Konflikt zu handzuhaben. Doch gibt es unterschiedliche Weisen, Konflikte zu managen: Verhandlung, Gerichtsverfahren, Streit ... Die Strategien Flucht, Kampf und Unterwerfung gibt es bereits bei den Tieren. Wir Menschen haben noch zusätzlich die Möglichkeit der Kommunikation. Wir können Lösungen für Probleme besprechen und vereinbaren. Weiterführend reicht es allerdings nicht aus, nur das aktuell vorherrschende Bedürfnis zu befriedigen. Wir müssen auch zukünftige Verhaltensweisen mit berücksichtigen. Ein Beispiel für einen Kompromiss ist die Vertragsverhandlung zum Kollektivvertrag. Je nachdem, ob diese Vereinbarungen halten oder nicht, sind die Verhandlungen im nächsten Jahr schwieriger oder einfacher.

Motivation und Bedürfnisse haben viele Facetten. Viele Menschen verwenden als Modell dafür die Bedürfnispyramide nach Maslow. Dabei zitieren sie ihn mit dem Modell von 1952 mit den fünf Ebenen. Die Komponenten hat er dabei eher aus philosophischen Betrachtungen als aus empirischen Erkenntnissen gezogen. Als Maslow im Jahr 1972 starb, hatte die Pyramide fünfzehn Ebenen. Davon redet heute niemand mehr, weil es zu kompliziert ist. Mir persönlich gefällt das Bedürfnismodell besser, das ich von Pawlowski und Riebensahm abgeleitet habe.

Dabei gibt es drei psychische Grundbedürfnisse. Das erste Bedürfnis ist die Klarheit. Menschen wollen sich auskennen, sie wollen bekannte Spielregeln. Wenn das nicht vorhanden ist, dann existieren wir im Nebel. Das zweite Bedürfnis des Menschen als soziales Wesen ist jenes nach Zugehörigkeit. Das Gegenteil davon ist die Isolation – eine Situation, von der wir wissen, dass sie für uns eine Folter ist. Trotzdem brauchen Menschen noch eine dritte Komponente, die Selbstbestimmung. Ohne Autonomie leben wir unter Zwang. Fehlt nur eine der drei Komponenten, dann kann diese unter Umständen wiederhergestellt werden. Ein Beispiel dafür: Wenn ich zwar nirgends dazugehöre, mich aber auskenne und frei von Zwängen bin, kann ich mir einen Verein aussuchen, dem ich beitrete. Natürlich muss ich mich dann den Gemeinschaftsregeln anpassen und auch manche Rituale über mich ergehen lassen, was ich sonst nicht gemacht hätte. Wenn ich mich beispielsweise einer Kirche anschließe, dann erlebe ich dort die Gottesdienste nach den Vorstellungen der bisherigen Gemeinde. Wenn ich einer Gruppe zugehörig bin und selbstbestimmt handeln kann, dann kann gemeinsam die notwendige Information zur Klarheit beschafft werden. Wenn ich unter Zwang lebe, aber einer Gruppe zugehörig bin, dann kann ich bei vorhandener Klarheit die Gruppe dazu motivieren, sich in einer geeigneten Form mit mir und für mich aufzulehnen. Sind allerdings zwei oder drei Komponenten nicht erfüllt, dann beherrscht uns Angst. Aus dieser Angst heraus passieren Kurzschlusshandlungen. Das kann in die passive Richtung der Verleugnung des Problems bis zur Erstarrung gehen. Auf der aktiven

Seite kann Angst bis hin zum blinden Aktionismus führen und sogar zum Harakiri nach dem Motto: Bevor die anderen mich umbringen, mache ich es lieber selbst. Die drei Grundbedürfnisse erklären aus meiner Sicht sehr prägnant, warum Menschen so viel Angst vor Veränderungen haben. Sie wissen dann nicht mehr, ob sie dazugehören, wie sie die Veränderungen mitgestalten können und welche Rolle sie danach noch spielen.

Gerade in Firmen staune ich immer wieder, dass Führungskräfte diese einfachen Zusammenhänge nicht kennen. Sie können sich dann nicht erklären, warum die aus ihrer Sicht positiven Veränderungen Widerstände der Mitarbeiter bewirken. Die verursachende Angst bemerken sie oft nicht. Der bewusste Umgang mit den drei Bedürfnissen kann auch einen stark manipulativen Charakter entwickeln. Unterschiedlichste Gurus führen das immer wieder vor. Sie verunsichern Menschen, um ihnen als Antwort darauf eine Lösung anzubieten. Sie setzen dann bewusst auf Abhängigkeit: Nur der Anschluss an ihre Gruppe verhilft zu dem, was gewünscht wird. Das kann ein Arbeitsplatz, Zugang zu Ressourcen oder ein spezieller geistiger Austausch sein. Das Interessante bei den drei Bedürfnissen ist, dass sich individuelle und kollektive Vorstellungen treffen und sich die Widersprüche der Vorstellungen von Einzelnen in Bezug auf die Gruppe aufheben. Auch die Organisation braucht Klarheit darüber, wo es hingeht, wer dazugehört und wer welchen Handlungsrahmen erhält.

Eine Voraussetzung für Frieden ist, vorhandene Konflikte mit friedlichen Mitteln zu handhaben. Ich sehe weder Flucht noch Kampf noch Unterwerfung als friedliche Varianten an, Konflikte zu lösen. Beim Kampf geht es ursprünglich um die Vernichtung des Gegners. Da kann es letztlich nur einen geben. Für mich sind heute auch Gerichtsprozesse eine Form des Kampfes. Mein Rechtsanwalt hat die Aufgabe, für meine Interessen zu kämpfen und den Gegner zu besiegen. Bei einer Klage vor Gericht zwinge ich andere dazu, sich dem Spruch des Richters zu unterwerfen. Die Flucht ist eine Verweigerung der Austragung des Konflikts. Das ist für mich auch nicht friedlich. Frieden entsteht für mich durch die Suche nach einem Kompromiss. Dazu ist es unverzichtbar, miteinander zu kommunizieren. Hier kommen im Gegensatz zu Anwälten und Richtern die Mediatoren mit ihrer Allparteilichkeit ins Spiel. Gibt es mehrere erfolgreiche Kompromisse, kann auch Konsens entstehen. Dies braucht zusätzlich zur zukunftsorientierten Kommunikation auch noch Vertrauen.

Es gibt Menschen, die so emotional bewegt von einer Geschichte sind, dass sie nicht mehr sachlich kommunizieren können. In dem Fall sollte ein außenstehender Dritter eingreifen, der nichts anderes tut, als die Kommunikation der beiden zu fördern, damit sie gemeinsam einen für beiden Seiten fairen Kompromiss finden können. Diese Person heißt Mediator. Es ist jemand, der mit speziellen Methoden unterstützt, aber selbst keinerlei Entscheidungen trifft, ob etwas richtig oder falsch ist.

Friedensstifter als Konfliktmanager

Jeder von uns hat eine friedensstiftende Aufgabe. Konflikte sind in unserer Gesellschaft meist mit Angst, manchmal sogar mit Bedrohung verbunden. Die Aufgabe von Friedensstiftern ist die – auch missionarische – Verbreitung der Tatsache, dass ein Konflikt der Normalfall ist. Solange wir leben, haben wir immer mit allen Konflikte. Das kann das offene Fenster im Zug sein oder die Zusammenarbeit im Büro. Wo zwei Menschen miteinander zu tun haben, gibt es Konflikte. Auch durch den Tod, durch ein mehrdeutiges Testament können Konflikte entstehen. Daher sind Konflikte das Natürlichste und Selbstverständlichste auf der Welt. Wir alle sind Experten im Lösen von Konflikten, denn im Regelfall kommen wir gut mit unseren Mitmenschen aus. Wir verhandeln viele Situationen und einigen uns. Wir lösen auch permanent innere Konflikte. Der Tag beginnt bereits mit der inneren Auseinandersetzung: Soll ich aufstehen oder noch weiter im gemütlichen Bett liegen bleiben? Es gibt mich nur einmal. Daher braucht es eine Entscheidung. Genauso verhalten wir uns tagtäglich in den verschiedensten Situationen, wie ich mich anziehe, was ich frühstücke und welchen Weg ich gehe. Das Leben ist eine Abfolge von Konflikten, die zu managen sind. Ich bin der Meinung, dass wir uns das mehr bewusst machen sollten, damit wir die Angst vor ihnen verlieren.

Mein Freund und Kollege Günter Sigl stellt in gemeinsamen Seminaren über Konfliktmanagement immer wieder eine Frage: „Wer von Ihnen hat in der Familie gelernt, konstruktiv mit Konflikten umzugehen? Wer von Ihnen hat es in der Schule, im Studium oder in der Lehre gelernt?" Ganz selten gibt es hier Meldungen von Teilnehmern, die diese Fragen positiv beantworten. Es ist ernüchternd, doch fast niemand lernt diese so wichtige Fähigkeit. Einerseits könnte ich froh sein, weil ich dadurch viel Arbeit bekomme. Doch eigentlich finde ich es sehr schade, weil wir uns alle miteinander viel ersparen würden. Ich bin fest davon überzeugt, dass wir Konfliktmanagement lernen können. Ein rein mechanischer Lernprozess ist allerdings zu wenig. Es braucht auch eine Entwicklung der Persönlichkeit. Wenn wir Konflikte als Normalzustand annehmen, koppeln wir andere Gefühle und andere Sichtweisen an das Wort. Der Konflikt steht zwischen uns, wenn ihn einer anspricht. Dann wird üblicherweise der eine das Problem für den anderen. Wenn wir es schaffen, uns Seite an Seite zu stellen und uns gegenseitig zu sagen: „Schau mal, dort ist ein Konflikt, wie gehen wir mit ihm um?", dann wird die Handhabung des Konflikts als gemeinsame Aufgabe gesehen. Es wäre doch wunderschön, wenn wir möglichst früh in unserem Leben erkennen würden, dass dies auch eine tolle Gelegenheit ist, etwas Sinnvolles miteinander zu tun. Unsere Sichtweise gegenüber dem Konflikt würde sich grundlegend wandeln. Wir fänden Konflikte wunderbar. Es bestände dann die gemeinsame Chance, ihn gemeinsam erfolgreich zu bewältigen. Das wäre aus meiner Sicht eine Zukunftsvision der friedlichen Welt.

Bei uns gilt leider noch der zweitausend Jahre alte römische Spruch: Willst du den Frieden, so bereite dich auf den Krieg vor. Wir hatten das jahrelang im Kalten Krieg. Hier haben beide Großmächte aufgerüstet in der Annahme, dass dies den anderen vom Angriff abhalte. Irgendwann gab es so viele Atomwaffen, dass das Arsenal gereicht hätte, die Welt vierzig Mal auszurotten. Das wollten beide Seiten nicht. Inzwischen ist das sogenannte kommunistische System zusammengebrochen. Das wurde in kriegerischen Worten als der Sieg des Kapitalismus verkündet. Doch auch dieses System hielt in den letzten Jahren den Erwartungen nicht stand. Geblieben ist das Denken in Verlierern und Siegern. Das ist eine sehr primitive, aber stark verankerte Gewohnheit mit dem Hintergedanken, dass es nur einen Sieger geben könne. Heute gibt es in dem Sinne keine Großmächte mehr, die man bekämpfen kann. Jetzt müssen die Terroristen herhalten.

Wenn es gelingt, Menschen zu helfen, dass sie wieder miteinander kommunizieren, dann geht es weiter. Durch die Sprache können sie leichter auf Gewalt verzichten. Ich stimme hier voll mit Rotraud A. Perner, einer Lehrerin von mir, überein. Wenn ich bei Menschen die Gewaltbereitschaft reduzieren möchte, dann muss ich ihnen das Kommunizieren beibringen. Gewalt entsteht dann, wenn Menschen keine andere Chance mehr sehen, sich verständlich zu machen. Fühlen sich Menschen unterlegen, dann kommt die Faust, das Messer oder die Pistole.

Zum Abschluss möchte ich noch von einem Erlebnis erzählen, das mich sehr beeindruckt hat. Am 11. September 2001 fand der Anschlag auf das World Trade Center in New York statt. Im November desselben Jahres sprach der Dalai Lama als Gast vor dem Europäischen Parlament. Er bat die versammelte Runde am Beginn seiner Rede um zwei Minuten der Stille. In diesen zwei Minuten sollte das Publikum einen imaginären Dialog mit Osama bin Laden führen. Für viele Menschen zeigte diese Aufforderung das erste Mal, dass sie sich überhaupt bewusst machten, dass man auch mit Osama bin Laden reden könne. Ich lade auch alle ein, hin und wieder den arabischen Sender Al Jazeera in seiner englischsprachigen Version anzusehen. Nur so können wir die unterschiedlichen Sichtweisen von Völkern kennenlernen. So sagte mir eine amerikanische Freundin, dass CNN in Europa ganz andere Inhalte zeige als in Amerika. Wir alle sind geprägt durch die Propaganda der Medien, die unsere Einstellungen stark beeinflussen. Österreich war immer wieder eine Plattform für Gespräche. Kreisky war der Erste, der Arafat empfing. Er musste sich damals viel Unangenehmes anhören. Und doch hat es den Friedensprozess ein Stück weit bewegt. In diesem Sinn ist auch die Einladung von Putin durch den aktuellen Bundespräsidenten Fischer aus dem Friedensgedanken entstanden. Je mehr Menschen Handlungen zur Friedensförderung setzen, umso eher wird es ihn geben.

6 FRIEDEN UND MEDIEN

Kommunikation ist nicht nur ein Mittel der objektiven Berichterstattung, sondern auch eine Waffe, die gegebenenfalls Gewalt verursacht oder anwendet. Selbst seriöse, objektive Berichterstattung ist nicht gefeit vor Gewalt, sondern stellt selbst eine zusätzliche Gewalt dar. Sehr anschaulich beschreibt diese Tatsache die Diplomatin der OSZE Mira Beham. Medien sind die wichtigsten Vermittler von Informationen. Dies spielt vor allem in Kriegszeiten eine große Rolle. Naturgemäß wollen dabei alle am Kampf Beteiligten Einfluss auf die Art und Inhalte der öffentlich gemachten Darstellungen nehmen. Beham erinnert an die ersten professionellen Kriegsberichterstatter im Krimkrieg von 1853 und 1856 zwischen Großbritannien und Russland. Durch die Entstehung der Zeitung waren die Leser es gewohnt, aus erster Hand Informationen zu erhalten. Bislang waren die Medien auf die Selbstdarstellungen Einzelner angewiesen gewesen. Dies stuften die Verantwortlichen zunehmend als nicht zufriedenstellend ein. Daher entschloss sich die auflagenstärkste britische Tageszeitung, die Londoner Times, den Reporter William Howard Russell ins Gefecht zu schicken. Am Ende seiner Karriere bezeichnete sich Russell selbst als elenden Urahn eines glücklosen Stammes.

Sein Fall machte das Grunddilemma der Berichterstattung rund um Frieden und Krieg deutlich. Russell bemerkte bereits beim Eintreffen am Kriegsschauplatz den desolaten Zustand der britischen Armee. Die Diskrepanz zwischen der Desorganisation des Heeres und der Würde eines so ruhmreichen Landes wie das britische Königreich formulierte er mit deutlichen Worten und schickte Berichte nach Hause. Der Herausgeber der Zeitung bekam die Information, hielt sie aber vorerst außen vor, weil er den Vorwurf fürchtete, unpatriotisch zu sein. Erst als das Konkurrenzblatt London Daily News der Times zuvorkam, war auch er gezwungen, die Berichte seines Korrespondenten zu veröffentlichen. Die Militärführer waren wütend und untersagten sofort jeglichen Beistand. Auch legten sie den Journalisten nahe, sich von den Stützpunkten und somit auch aus der Kampfzone zu entfernen. Die Frage von Russell, was muss berichtet werden und was gilt es besser zu verschweigen, ist heute nach wie vor eine brandaktuelle. Es ist die Gratwanderung zwischen der Pflicht zur journalistischen Wahrheit und den eigenen Bindungen und Interessen – gegenüber dem Vaterland, einer Glaubensgemeinschaft oder einer sonstigen Bewegung. Militär und Presse sind aufeinander angewiesen.

Zeitungen brauchen verlässliche Informationen. Die Armee war erpicht auf Berichte, die der Sache dienten. Ein Dauer-Krieg zwischen Presse und Militär begann aus ganz rationalen und für beide Seiten nachvollziehbaren Gründen. Sieben Jahre später waren im amerikanischen Sezessionskrieg bereits 500 Reporter für die Nordstaaten im Einsatz. Durch die Erfindung des Telegrafen konnten sie Informationen auch schneller weitervermitteln. Die Vermutung, dass diese Entwicklungen zu mehr Transparenz und einer verbesserten Berichterstattung und somit Einflussnahme führen würden, war ein Trugschluss. Es führte vielmehr zu einer totalen Kommerzialisierung. Die Zeitungen wetteiferten um die spektakulärsten, neuesten Nachrichten, weil diese ihre Auflage drastisch steigern ließen. Der Wahrheitsgehalt der Meldungen wurde dabei nicht geprüft. Die Reihe dieser Begebenheiten ließe sich noch weiter fortführen. Ein abschließendes Beispiel weist auf die Zeiten der Nazidiktatur hin. Hier ließ die Propagandamaschinerie die Pressefreiheit kurzerhand durch die Militärzensur ersetzen. Die deutsche Presse stand zwangsweise, aber ergeben im vaterländischen Dienst.

Die Art der Kommunikation ist nicht nur in Kriegszeiten, sondern auch für den Frieden eine wesentliche Komponente. Der deutsche Journalist und Sprachkritiker Wolf Schneider setzt sich in dem Zusammenhang für eine knappe, aber informationsreiche und klare Sprache ein und ist ein Anhänger der Sprache des deutschen Religionsreformers Martin Luther. So verfasste er beispielsweise im Jahr 2007 ein Werk über Glück, in dem er unterschiedliche Modelle gegenüberstellte und beurteilte. In einem Kommentar zu diesem Werk meinte er: *„Ich wollte sie alle nur angemessen ohrfeigen."* Diese Aussage beinhaltet unglaublich viel Sprengstoff und doch auch eine enorme Weitsicht. Etwas falsch zu finden, und trotzdem positiv darüber zu berichten, ist nicht zu vereinbaren mit journalistischer Wahrheitsliebe. Die verbale Ohrfeige bringt diesen Aspekt deutlich zum Ausdruck. Dennoch geht es auch bei dieser Gewaltanwendung zumindest um das Bemühen der Angemessenheit. Schneider setzt das in diesem Buch über das Glück folgendermaßen um. Er teilte die Glücksratgeber in drei Kategorien: empfehlenswert, strittig und nicht mit ja oder nein zu beantworten.

In Anbetracht der oben geschriebenen Empfehlung erscheint es geradezu grotesk, dass es für friedensrelevante Begriffe keine einheitlich akzeptierten Definitionen gibt. Frieden wird am häufigsten mit der Abwesenheit von Krieg definiert. Dennoch ist die Abwesenheit von Krieg noch lange kein Frieden. Diese Unterscheidung wird oft vernachlässigt. Die gängigste Beschreibung von Krieg ist ein mit Waffengewalt ausgetragener Konflikt. Nun zeigt die oben skizzierte Darstellung, dass auch Kommunikation eine Waffe darstellen kann. Infolgedessen dürfte man auch nicht kommunizieren, wenn man Kriege vermeiden will. Das ist absurd. Gerade die geeignete Kommunikation ermöglicht erst bedürfnisgerechten Frieden. Auch der Begriff Gewalt ist in unserer Gesellschaft sehr negativ besetzt. Sie muss um jeden Preis vermieden werden. Der Blick in die Wörterbücher zeigt eine gängige Definition: Gewalt ist die Ausübung von Zwang. Zwang wird wiederum oft mit Gewalt beschrieben. Es scheint also eine Gleichstellung zwischen Gewalt und Zwang zu geben. Dennoch ist es nicht eindeutig festgelegt, was Gewalt und Zwang wirklich ist. Es ist also nicht weiter verwunderlich, dass eine Gewaltspirale entsteht. Das Leben besteht naturgemäß aus Zwängen. Niemand kann immer das tun, was er gerne möchte. Das ist auch gut so. Manche Wünsche bleiben auch besser unerfüllt, weil sie negative Konsequenzen haben. Ist Zwang nicht gleich Gewalt, so fehlt eine gängige bis akzeptierte Unterscheidung zwischen beiden. Ist Zwang gleich Gewalt, so fehlt eine klare Unterscheidung jener Gewalt bzw. jenes Zwangs, der zu vermeiden oder gar verabscheuungswürdig ist. Diese Grenzen werden heute sehr willkürlich und individuell festgelegt, obwohl sie für unser Zusammenleben eine zentrale Bedeutung haben.

Auch die weitgehende Gleichstellung der beiden Begriffe Krieg und Konflikt ist für den Friedensprozess sehr unglücklich. Konflikte sind als unerfüllte Bedürfnisse Triebfeder für Veränderungen. Sie beinhalten Chancen und Risiken. Die Art und Weise der Konfliktarbeit bestimmt darüber, ob Friedensstiftung möglich ist oder nicht. Sie bestimmt auch darüber, ob in dem erreichten

Frieden die Bedürfnisse der Betroffenen tatsächlich erfüllt werden. Danach richtet sich, ob es sich nach einem Konflikt nur um einen Waffenstillstand handelt oder um echte Zufriedenheit. Auch die Sprache und die Kommunikation sind Waffen – vergleichbar mit einem Maschinengewehr. Sie können Errungenschaft oder Geißel sein. Es hängt von ihrem Einsatz ab. Menschen können einander in vertrauensvoller, wenn nicht gar liebevoller Zuwendung begegnen. Sie können neutral miteinander umgehen. Nicht nur verbale Attacken können aber auch Schädigungen der Gegner beabsichtigen und umsetzen. Auch ein Schweigen kann schmerzen. Es liegt an den handelnden Menschen, darüber zu urteilen. Möglicherweise gibt es eine Welt, in der auch kommunikative Gewalt unnötig ist. Doch kann es auch sein, dass diese mit einem immerwährenden Schweigen verbunden wäre. Jedenfalls gibt es in einer gewaltfreien Welt einen Weg weniger, Frieden zu stiften.

Nina Krämer-Pölkhofer
Medienexpertin und Mediatorin

Selbst-Bewusstsein als Lebensgrundlage

Mein Leben ist stark geprägt von Selbst-Bewusstsein im wahrsten Sinne des Wortes. Bewusst sein bedeutet für mich, positive und negative Seiten von Gegebenheiten wahrzunehmen und zu versuchen, sich selbst dabei zu beobachten, bewusstseinsbildende Selbstreflexion zu betreiben. Im Sinne des ganzheitlichen Systemdenkens bin ich davon überzeugt, dass die optimale Ergebnisfindung, Antworten auf Problemstellungen, durch die Kombination der analytischen, linken und der visionären Kraft der rechten Gehirnhälfte funktioniert, also dann, wenn ich ganz bewusst in mich hinein höre. Mit dem Gedankenlesen aus dem Kernspintomografen am Leipziger Max-Planck-Institut für Kognitions- und Neurowissenschaften hat der Psychologe John-Dylan Haynes die Debatte um den freien Willen und das an die Oberfläche kommende Wissen des Unterbewussten angeheizt und mich in meiner Masterthesis sehr mit seiner Studie beeindruckt. Diese besagt, dass auch unbewusste Prozesse einer Logik folgen, die wir nur in uns selbst nicht beobachten können. Dazu kommt die wechselseitige Beeinflussbarkeit von Körper und Geist. Wenn mir im Sitzen nichts Gescheites einfällt, dann vielleicht beim Sport oder umgekehrt.

Das Selbst-Bewusstsein ist bei mir angelerntes Wissen, das ich mir auf der Suche nach Erklärungen, warum Menschen so handeln, wie sie handeln, anzueignen versuche – eine never ending Story, die immer wieder für Überraschungen sorgt! Für mich bedeutet Selbst-Bewusstsein so viel mehr als Selbstbewusstsein, nämlich die Fähigkeit, Bedürfnisse von anderen und auch meine eigenen zu erkennen. Selbstbewusstsein im Sinne von Selbstvertrauen und Selbstsicherheit, wie es in unserem üblichen Sprachgebrauch definiert ist, hatte ich, glaube ich, dank meiner Familie schon immer. Familie ist für mich die Kraftreserve und Lebensgrundlage. Eltern und Großeltern haben mich dabei unterstützt, meine Wurzeln tief und fest in der Erde zu verankern. So tief, dass mein Lebensbaum durch nichts so leicht umgeblasen werden kann. Die weitere Erfahrung durch unsere Patchworkfamilie hat den Baum nicht nur in die Höhe und Tiefe, sondern wunderschön in die Breite wachsen lassen. Immer schon da waren Neugier und Gerechtigkeitssinn. Neugier auf alles und jeden und Gerechtigkeit als Lebensgrundprinzip. Beides gilt heute wie damals ☺

Neugier als Einstieg in den Journalismus?

Ganz so klassisch lief es bei meiner Berufswahl nicht ab. Ursprünglich wollte ich, der Gerechtigkeitssinn hatte sich durchgesetzt, seit ich über Berufe nachgedacht habe, Anwältin werden. Das

Jurastudium habe ich auch begonnen – nur nie beendet, da durch den Scheidungsprozess meiner Eltern mein Glaube an die Sinnhaftigkeit von Gerichtsprozessen in den Grundfesten erschüttert wurde. Jahre später, als mittlerweile eingetragene Mediatorin, die Paare zu Einigungen begleiten durfte, schätze ich nun das Wesen der Mediation um so viel mehr als gerichtlich ausgetragene Ehestreitigkeiten, da Mediation Selbstverantwortung und Selbstbestimmung ermöglicht. Wer lässt sich (als Erwachsener) schon gerne von einem Dritten unwiderruflich aufoktroyieren, was er oder sie zu tun haben? Im Berufs- und Privatleben eher ungern, schätze ich, vor Gericht aber anscheinend noch sehr gerne, sonst würden wohl nicht immer noch Unsummen in einen Prozess bis zum Richterspruch, nach dem sich alle zu richten haben, investiert werden. Mein Gerechtigkeitssinn fand das in Zeiten des Studiums der Rechtswissenschaften schon nicht super und so unterstützte die Neugier die Suche nach Alternativen. Mein zweiter Bildungsweg war das Sprachrohr des Journalismus, das Radio, das mich faszinierte.

Den Einstieg in den von mir heiß geliebten Beruf verdanke ich der Hartnäckigkeit von Gotthard Rieger. Ich habe neben meinem Jurastudium gekellnert. Dabei besuchte er mich immer wieder in dem Lokal, in dem ich arbeitete. Er war damals als Ö3-Wecker-Moderator schon eine lebende Legende und als Pionier der Privatradios sehr bekannt. Neben seiner Arbeit beim ORF war er maßgeblich am Aufbau der Privatradios 1998 beteiligt. PL1, der Sender für St. Pölten Stadt und Land, startete mit einer technischen Reichweite von 70.000 Hörern am 1. April 1998 und ich war sehr stolz im Gründungsteam dabei! Ab diesem Moment war Radio mein berufliches Leben.

Der Sender hat sehr klein begonnen und wurde bald sehr groß und erfolgreich. Ich führe das hauptsächlich auf die Zusammensetzung des Teams zurück, bei dem alle mit Herz, Hirn und Bauch dabei waren. Jeder hat alles gemacht, was zum Radiogeschäft dazugehört: Platten einspielen, Moderation, Redaktion, strategische Überlegungen und freiwillige 24h-Einsatzbereitschaft. So nahmen wir die Aufnahmegeräte im Kofferraum immer mit, damit wir live dabei sein konnten, wenn wir zufällig auf eine gute Geschichte stießen. Dieser Privatradio-Pioniergeist war ansteckend und begeisterte wohl auch viele ZuhörerInnen.

Herausforderungen und Veränderungen

Interessante Erlebnisse ergaben sich in dieser Zeit auch bei der Zusammenarbeit mit dem öffentlichen Rundfunk. So war es am Beginn unserer Arbeit nicht selbstverständlich, dass wir Privatradioleute bei Interviews unsere Mikrofone hinhalten durften, wenn gleichzeitig der ORF dabei war. Doch gerade im Alltag der JournalistInnen änderte sich dieses Verhalten sehr rasch. Wir lernten uns persönlich besser kennen und halfen uns bei Problemen, wie beispielsweise bei fehlenden Batterien für die Aufnahmegeräte, gegenseitig aus und waren beim Tun, bei unserer Arbeit, relativ flott KollegInnen auf Augenhöhe. Die offizielle Akzeptanz der Privatsender in der traditionellen Medienwelt kam erst viel später.

Im Jahr 2000 wechselte ich nach Wien zum legendären Rocksender RTL, dann zu 88.6 und zum Aufbau des nächsten Privatradios, das 2001 starten sollte, Radio Arabella. Privatradio zu machen war wunderschön, dennoch setzte sich wieder einmal die Neugier durch, mich reizte der Umstieg zum ehemaligen „großen Rivalen", dem ORF. Ich wollte auch „die andere Seite" kennenlernen. Ich liebe berufliche Herausforderungen und deshalb begann ich meine Arbeit beim Österreichischen Rundfunk mit dem aus heutiger Sicht leicht wahnsinnigen Vorsatz, die Radiolandschaft, die einengenden Strukturen dort zum aus meiner Sicht Positiven zu verändern. In meiner Anfangszeit als ORF-Moderatorin 2004 hatte ich das Glück, einen sensationellen Programmchef als Vor-

gesetzten zu haben, der mir viele Freiheiten einräumte und mir die Gewissheit vermittelte, sehr gute Arbeit am Puls der Zeit für unsere HörerInnen zu leisten – danke Stephan Halfpap. Gott sei Dank, muss ich im Nachhinein sagen (mit Betonung auf „im Nachhinein", denn zur damaligen Zeit habe ich wirklich darunter gelitten), gab es aus meiner Sicht auch grottenschlechte Vorgesetzte und menschlich fragwürdig agierende KollegInnen. Durch diese bin ich zur Mediation gekommen. Hier war die Neugier Antreiber, irgendwie verstehen zu können, wieso diese Menschen so handeln, wie sie agieren, und durch das Verstehen selbst Konfliktlösungen generieren zu können. Und es hat funktioniert!

Medien als Friedensstifter

Als Journalistin war und ist es für mich Privileg, unglaublich viel Neues zu lernen, zu entdecken, Menschen zu erreichen und inspirieren zu können. Meine Ambitionen, zu lernen und mich ständig weiterzuentwickeln, haben sich bis heute nicht verändert. Es war mir aber auch sehr wichtig, Wissen von mir in geeigneter Form weiterzugeben. Sei es als Programmleiterin oder als Lektorin. Meine Kernbotschaft dabei ist die Unabhängigkeit der Medienarbeit. Angehende JournalistInnen sollen sich trauen dürfen, auf ihr eigenes Gefühl bzw. ihre Intuition zu hören und diese dann mit Fakten zu untermauern. Für mich ist eine möglichst objektive, unabhängige Berichterstattung wesentlicher Bestandteil professioneller Arbeit, um nicht zu polemisieren, sondern zu informieren. Führungskräfte sollten diese Qualität sicherstellen. In meiner Idealvorstellung sind das Leute, die niemandem außer ihrer eigenen Moralvorstellung etwas schuldig sind. Die Robin Hoods der Ressorts! Das sind Menschen, die aufgrund ihrer fachlichen Qualifikation und Persönlichkeit überzeugen und nicht nur durch den gedruckten Status auf der Visitenkarte. Natürlich

gab und gibt es solche bereits. In der heutigen Medienlandschaft wünsche ich mir jedoch mehr davon.
Was mir momentan sehr gut gefällt, ist die Medientechnologie. Früher waren viele Menschen auf die mehr oder weniger gute Recherchearbeit von JournalistInnen angewiesen, wenn sie sich eine eigene Meinung bilden wollten. Durch die neuen Medien, speziell durchs Internet oder Twitter, kann sich jeder selbst ein Bild darüber machen, wie andere die Welt sehen und beurteilen. Auch als Nicht-Journalistin habe ich leichter Zugang zu Erstquellen und muss nicht der Recherche von Dritten blind vertrauen. Eine wunderbare Kontrollinstanz der Allgemeinheit hat sich etabliert und belebt durch ihre Existenz die Politik wie im antiken Griechenland definiert, als Tätigkeiten, Gegenstände und Fragestellungen, die das Gemeinwesen betreffen. Faszinierend und gleichzeitig verstörend ist die damit einhergehende Doppelmoral. Das Hinschauen mit einem gleichzeitigen Wegschauen und dem Ausblenden von Problemen. Nur als ein Beispiel von vielen dadurch, dass Medienkonsumenten sowie -produzenten meist die Haltung einnehmen, dass wir als Einzelne außer zu informieren nichts tun können. Bei Kriegsverbrechen schauen wir hin und stellen gleichzeitig fest, dass wir froh sind, dass das Geschehen so weit weg ist und wir eigentlich nicht wirklich eingreifen können.

Mediation als Erklärungsansatz

Die Ausbildung und meine darauf folgende freiberufliche Tätigkeit als Mediatorin förderte in Summe eine respektvolle und anerkennende Grundhaltung, die ich jeden Tag pflege. Das heißt nicht, dass mein Leben konfliktfrei abläuft, sondern dass ich dankbar bin für Konflikte, wenn sie auftauchen, da ich jetzt um die positiven Eigenschaften rund um ihre Lösung und danach Bescheid weiß. Die Fähigkeit, Konflikte im Berufsleben erkennen zu können, ist der beste, billigste und nachhaltigste Unternehmensberater. Dort, wo es knallt, muss hingeschaut werden, denn hier gibt es definitiv Optimierungsbedarf. Vogel-Strauß-Politik macht es selten besser, fördert eher den Anstieg von Krankenstandstagen und innerlichen Kündigungen von Mitarbeitern. Es ist mir kein Anliegen, andere zu bevormunden. Daher kann ich nicht sagen, ob ich in meinen Mediationsfällen als Friedensstifterin handle. Ich sehe mich manchmal eher sogar als „Knall-Anleiterin", indem ich Menschen bestärke, ihre Meinung zu vertreten, und zwar so, dass sie vom Gegenüber verstanden und nachvollzogen werden kann. Dazu müssten sie weg von ihren Standpunkten und hin zu Bedürfnissen, die dahinterstecken. Sich dem Gegenüber zu öffnen und nicht enttäuscht zu werden, dafür ist Vertrauen nötig und diese Vertrauensbasis kann Mediation (wieder) schaffen.

Vermittlung als Beruf

Mein aktuelles Kernarbeitsfeld in der Mediation ist die Medienberatung mit mediativen Aspekten. Diese Fertigkeiten sind erlernbar – auch und gerade für Führungskräfte. Mediative Methoden umfassen zum Beispiel das Wissen, dass Menschen dasselbe sagen, obwohl sie etwas Unterschiedliches meinen. Es beinhaltet auch das Bewusstsein, dass es manchmal einfach nur nachfragen und übersetzen braucht und nicht immer sofort ein „dagegen anlaufen". Es geht auch um das Herausfinden, warum Menschen einen bestimmten Standpunkt haben. Das fängt für mich bei der Körpersprache an. Ich halte gar nichts von Standardaussagen. Ich habe selbst viele Situationen erlebt und war immer froh, wenn andere nicht vorschnell bestimmte Gesten interpretiert haben, sondern nachfragten, wie diese tatsächlich gemeint waren. Auch wenn ich vorwiegend im unternehmerischen Umfeld arbeite, so ist das Themenfeld nicht immer auf die Wirtschaft beschränkt. Ein Beispiel aus meiner Praxis ist mir da besonders gut in Erinnerung. Es ging um einen Streit zwischen zwei Firmeninhabern, die auch privat liiert waren. In diesem Fall stellte sich sehr bald heraus, dass die Probleme nicht beruflich bedingt waren. Sie lagen rein auf der Paarebene und wurden ins Unternehmen getragen. Durch eine Klärung der Paarbeziehung lief es auch in der Firma wieder viel besser.

Mediation ist für mich eine Sammlung aus Erfahrungswissen: alles, was in der Vergangenheit in Bezug auf das Miteinander bereits – meistens – funktioniert hat, ohne Anspruch auf Vollständigkeit und ständig erweiterbar für die Zukunft. Selbst-Bewusstsein ist dabei in der Rolle der Mediatorin essenziell. Mediatorinnen und Mediatoren befassen sich für die Zeit der Mediation intensiv mit den Problemen ihrer KlientInnen und erbringen Höchstleistungen in der (empathischen) Begleitung bis zur Konfliktlösung, die beide ganz schön auspowernd wirken kön-

nen. Neugierig auf Methoden, um wieder aufzuladen und sich als MediatorIn wieder gut zu fühlen, habe ich mich in meiner Masterthesis mit dem Thema „Psychohygiene als Selbstschutz für MediatorInnen" beschäftigt. Bewusstseinsbildende Selbstreflexion, auch mithilfe des eigenen Unterbewusstseins, war in der empirischen Forschung einer der doch überraschend oft als sehr hilfreich beschriebenen Mechanismen, wie etwa die Theorie des Embodiments als verwandtes Muster der Salutogenese, dem gesund Erhaltenden.

Friedensstiftung als Auseinandersetzung mit sich selbst

Frieden ist das Wichtigste auf der Welt, auch wenn es nicht so einfach zu definieren ist, was Frieden für mich speziell bedeutet. Hauptsächlich verbinde ich ihn mit innerem Frieden – mit innerer Ruhe. Zum Frieden gehören aber auch viele andere Dinge: das Wohlergehen der Lieben oder die Gesundheit. Ich habe mir auch lange darüber Gedanken gemacht, ob ich so weit gehen würde, mich selbst überhaupt als Friedensstifterin zu bezeichnen, das ist doch eine sehr starke Ansage. Zuallererst denke ich bei Friedensstiftern an Namen wie Gandhi, Mandela, Mutter Teresa. Nach Friedensstifter-Recherchen bin ich im Internet auch auf das komplette Gegenteil der Bedeutung gestoßen. Friedensstifter heißt in dem populären Computer- und Animationsspiel Call of Duty eine der begehrtesten Waffen, eine Maschinenpistole.

Kann Friedensstiften im übertragenen Sinn eine Waffe sein? Vielleicht ist das die Waffe schlechthin, weil sie Waffengebrauch überflüssig macht, sich selbst als Waffe wegrationalisiert. Frieden zu stiften ist nicht immer leise. Manchmal, eigentlich meistens, muss Frieden hart erarbeitet werden. Wir Menschen empfinden nicht immer aus unserer Natur heraus innere Ruhe und schweben auf Wolke sieben. Viele von uns haben schon Bekanntschaft mit Gewitterwolken gemacht, sind ohne Schirm im Regen gestanden, wurden vielleicht auch noch von vorbeifahrenden Autos zusätzlich nass gespritzt und einige haben es dennoch geschafft, sich, als der Donner vorbei war, an der klaren, rein gewaschenen Luft zu erfreuen, und waren im Frieden mit sich selbst und der Welt. Wie geht das? Frieden zu stiften beginnt für mich in der Auseinandersetzung mit mir selbst, dem Selbst-Bewusstsein. Das umfasst die Tatsache, dass jemand, der anders handelt als ich, sehr wohl (auch) recht haben kann. Es beinhaltet Werte wie Offenheit, Respekt und Akzeptanz. Diese Begriffe sind für mich sehr eng miteinander verbunden und bedeuten ehrliches und nachhaltiges Bemühen, den anderen zu verstehen. Akzeptanz des Andersseins – ohne Angriff, Abgrenzung oder Verteidigung.

Friedensstifter und deren Verantwortung

Es gibt aus meiner Sicht keine Anleitung zum Friedensstiften. Frieden muss in jedem selbst entstehen. Am ehesten verstehe ich darunter die Schaffung von wechselseitigem Verständnis, wobei ich hier nicht missionarisch tätig sein will. Ich verbinde es eher damit, dass wir Meinungen anderer – zuerst ohne unmittelbare Bewertung – anhören und reflektieren. Natürlich höre auch ich immer wieder Meinungen, mit denen ich gar nichts anfangen kann. Doch dann denke ich mir im selben Moment, dass der andere seine Meinung aus einem guten Grund so vertritt. Durch diese Vorgehensweise können wir gut voneinander lernen und haben nicht den Anspruch, dass eine Ansicht für alle jederzeit passt. Ich bin sicher nicht als Friedensstifterin geboren worden. Doch habe ich gelernt, dass ich andere Menschen so akzeptieren kann, wie sie sind – meistens zumindest. Das hängt für mich sehr stark mit Lebenserfahrung und innerer Selbstsicherheit zu-

sammen. Je klarer und sicherer die eigene Vorstellung von einer Sache ist, umso weniger sind Menschen dazu gezwungen, andere von ihrer Meinung zu überzeugen.

Frieden zu stiften hängt auch mit Kampf zusammen, sonst gäbe es die Notwendigkeit wahrscheinlich nicht. Dabei ist für mich dieser Begriff sowohl positiv wie auch negativ besetzt. Positiv empfinde ich es, wenn Menschen für ihre Überzeugung eintreten – auch wenn sie gegen den Strom schwimmen. Negativ finde ich den Kampf, der andere unterdrückt. Vor allem meinen Berufskolleginnen und Berufskollegen möchte ich nahelegen, Selbstverantwortung zu übernehmen. Vor Kurzem habe ich gelesen, dass der erste Radiosender in Österreich vor rund 90 Jahren in Betrieb ging. Ursprünglich sollte dieser nur unterhalten und keine politisch relevanten Inhalte vermitteln. Das ging natürlich nicht. Sobald klar war, dass Medien Menschen begeistern können, waren sie auch ein Machtfaktor. Das Entstehen der großen Medienhäuser ist ein konkreter Beweis dafür. Jeder Journalist muss sich daher bewusst machen, dass auch er instrumentalisiert werden kann. Daher hat gerade diese Berufsgruppe eine hohe Verantwortung dafür, in welchen Situationen sie noch mitspielen und welche sie lieber auslassen sollte. Wenn wir von Friedensstiftern reden, dann fallen uns sofort einige Namen ein. Das Benennen und Definieren hat für uns Menschen offensichtlich eine große Bedeutung. Vielleicht hat Friedensstiften auch damit zu tun, Dinge beim richtigen Namen zu nennen, Worte zu wählen, die verstanden und akzeptiert werden können. Besonders schön und beruhigend finde ich die Aussage, dass jede und jeder Friedensstifter sein kann, wie Mahatma Gandhi gesagt hat: „Be the change that you wish to see in the world. (Sei du selbst die Veränderung, die du dir wünschst für diese Welt.)"

7 FRIEDEN UND GERECHTIGKEIT

Die Sehnsucht und die Forderung nach Gerechtigkeit sind den Menschen in die Wiege gelegt. Sie zählen auch zu den Grundtugenden, die nahezu in allen Kulturen als Wert hochgehalten werden. Deshalb gab es bereits sehr viele Bestrebungen, Gerechtigkeit in klare Worte zu fassen. Religiöse Menschen wähnen das als gerecht, was ihr Gott sagt. Wissenschaftler finden gerecht, was beweisbar ist. Kapitalisten wollen Gerechtigkeit mit Geld erkaufen, Sozialisten mit dem ‚Recht' des Volkes. Alle diese Konzepte brachten Zeiten des Friedens, aber auch Zeiten des Krieges. Die Entscheidung zum einen oder dem anderen lag in den Händen der verantwortlichen Menschen. Eine Extremsituation der Gerechtigkeit sind jene Entscheidungen, die den Tod eines lebensfähigen Menschen in einer „friedlichen" Demokratie legalisieren, wie beispielsweise die Verhängung der Todesstrafe. In den meisten Ländern ist sie heute abgeschafft. Dennoch gibt es leider viele berühmte Beispiele dafür.

Ein sehr interessanter Fall in dem Zusammenhang ist der griechische Philosoph Sokrates. Er war der Begründer der modernen Philosophie. Auch Denker der Gegenwart beziehen sich auf seine Weisheiten, die vor mehr als 2.000 Jahren entstanden und Verbreitung fanden. Dennoch starb er aufgrund eines Todesurteils, das andere rechtmäßig über ihn verhängt hatten. 501 Geschworene richteten über ihn. Dabei hatte er niemandem Gewalt angetan, das legte ihm auch niemand zur Last. Auch war unbestritten, dass er das, was ihm vorgeworfen wurde, nicht mit Absicht bewirken wollte. Die damalige Anklage lautete auf Gottlosigkeit und Verderbnis der Jugend. Sokrates stand am Rande einer Zeitenwende. Althergebrachte Sitten und Traditionen wichen zunehmend einer neuen Autorität – der Wissenschaft. Mangels anderer Sanktionen suchte die Gesellschaft Griechenlands nach dämonischen Naturen. Sie fand eine solche in der Gestalt des Sokrates, der auf öffentlichen Plätzen Menschen ansprach und sie in Diskussionen verwickelte. Er zog vor allem Aristokraten mit seinen Ideen in Bann.

Das Wirken von zumindest zweien seiner Schüler wirkte sich laut der Meinung der Athener Bürger als nachteilig aus. Also war es aus ihrer Sicht notwendig, Schuldige zu suchen und zu verurteilen. Entsprechend der Meinung vieler Historiker gab es damals kein gültiges Gesetz zur Verfolgung des Delikts der Gottlosigkeit. Trotzdem fand sich ein Ankläger und Urteilende. Über das Beweisverfahren in diesem Fall ist bekannt, dass es einige Belastungszeugen für die Anschuldigung gab, Sokrates hätte die Jugend verdorben. Darüber hinaus gab es einen Entlastungszeugen, der die Gottesgläubigkeit von Sokrates unterstrich. Weitere Entlastungszeugen wurden abgelehnt. Von den 501 Geschworenen befanden ihn 266 für schuldig. Dem Antrag auf Verhängung der Todesstrafe stimmten 360 Geschworene zu. Dreißig Tage danach nahm Sokrates den Schierlingsbecher und vollzog die Strafe. Diese Geschichte stimmt sehr nachdenklich. Auch wenn es laut den Überlieferungen so gewesen sollte, dass sogar Sokrates selbst seine Hinrichtung mit Gelassenheit ertrug, so fanden sich seit der griechischen Antike bis zur heutigen Zeit viele, die diese Entscheidung als eine große Ungerechtigkeit einstufen.

Auch heute können wir noch viel aus diesem Ereignis lernen: Selbst in einer Hochburg der Demokratie, in der offensichtlich kein Krieg herrscht, sind solche Handlungen möglich. Natürlich könnten in Folgeverhandlungen jene verurteilt werden, die dies ermöglichten oder dazu aufhetzten. Auch die Geschworenen könnten dafür zur Verantwortung gezogen werden. Die Suche nach Ursachen für dieses Ereignis mag uns sicher viele Erkenntnisse bringen. Beschränkt sie sich rein auf die Schuldsuche und die Verurteilungen, so wird sie mehr zum Krieg als zum Frieden beitragen.

Der Wunsch, Gerechtigkeit fassbar zu machen, initiierte Gesetze. Der Prüfstein der Gerechtigkeit ist jedoch die Alltagssituation. Nur diejenigen Menschen, die miteinander einen Konflikt austragen, wissen, ob eine mögliche Lösung für sie gerecht ist oder nicht. Eine Delegation der Entscheidung an Dritte raubt der Konfliktlösung die Selbstbewertung durch die Betroffenen. Daher sind sie nur in Ausnahmefällen für beide ideal. Meist gibt es einen Gewinner oder einen Verlierer, in vielen Fällen verlieren beide. Fühlen sich Menschen durch andere extrem benachteiligt, so machen sie sich auf die Suche nach einem Gesetz, das der andere verletzt haben könnte. Ist dieses gefunden, so konzentriert man sich auf die Beweisführung. Alles, was dazu beitragen kann, die Schuld des anderen zu untermauern, wird ausgegraben und präsentiert. Der Konflikt verlagert sich. Nicht mehr die wirklichen Bedürfnisse stehen im Vordergrund, sondern jene Handlungen, die durch das Recht angreifbar sind. Diese Vorgehensweise macht das Rechtssystem als Friedensstifter fragwürdig. Das Recht ist nicht mit Gerechtigkeit zu verwechseln, auch wenn diese Annahme tief in uns verankert ist.

Recht im objektiven Sinne bestimmt eine verbindliche Ordnung des menschlichen Zusammenlebens. Es soll den Anspruch auf Gerechtigkeit wahren und kann allenfalls mit Zwang durchgesetzt werden. Somit sind sowohl die Gesetzgebung als auch die Gerichtsbarkeit und die Exekutive Organe, die Gewalt ausüben. Diese Tatsache wird heute leider oft übersehen. Offensichtlich wird dies für jene, die sich selbst wegen eines Delikts verantworten müssen. Viele Menschen glaubten und glauben an einen Gesellschaftsvertrag, der die Willkür wechselseitig einschränkt und dadurch nachhaltigen und weltumspannenden Frieden stiftet. Dieser macht allerdings auch den Einsatz von Gewalt notwendig, um die Formulierung des Vertrags durchzusetzen, die Beurteilung des Verstoßes dagegen, und die Bestrafung von „willkürlich" Handelnden durchführt. Trotz umfangreicher Bemühungen, diesen Vertrag zu schaffen, gibt es ihn bis heute nicht. Es ist auch sehr unwahrscheinlich, dass es ihn jemals geben wird. Frieden kann nur freiwillig entstehen. Gesetzlich angeordneter Frieden kann Unruhen und Aufstände nicht verhindern.

Ein abschreckendes Beispiel der Rechtsgeschichte war die gesetzliche Anordnung von Kriegshandlungen während des Zweiten Weltkrieges im Deutschen Reich. So sah § 5 des Sonderstrafrechts vom Jahr 1938 die Todesstrafe bei Zersetzung der Wehrkraft vor. Gefasst werden sollte, wer den Willen des deutschen oder des verbündeten Volkes zu lähmen oder zu zersetzen suchte. Die Todesstrafe war auch für jene vorgeschrieben, die sich dem Wehrdienst zu entziehen suchten. Die Zahl der nach diesem Paragrafen Verurteilten stieg mit Dauer des Krieges. Im zweiten Quartal 1944 lag sie bei mindestens 16.000 Menschen. Die Begründungen für diese Urteile wurden immer kürzer, letztlich hieß es nur mehr: *„Wer seinem Volk in schwerster Kriegszeit den Wehrdienst hartnäckig und unbelehrbar verweigert, hat* *sein Leben verwirkt.*" Die Nürnberger Prozesse zwischen 1945 und 1949 beinhalteten neben der Anklage und der Verurteilung von politischen, militärischen und wirtschaftlichen Führungskräften auch jene der Juristen. Aufgabe dieses Gerichtes sollte es sein, durch seinen Spruch ein Jahrhundert des gerechten Friedens einzuleiten, Gerechtigkeit nach den Regeln von Recht und Menschlichkeit herzustellen und den Schandfleck unserer Zeit zu tilgen. Von den rund 3000 Juristen standen 16 hohe Justizbeamte unter Anklage. Der prominenteste Angeklagte der Juristen war Franz Schlegelberger, der ehemalige stellvertretende Reichsjustizminister. Er wurde zu lebenslanger Freiheitsstrafe verurteilt, allerdings bereits Anfang 1951 durch eine Amnestie freigelassen. Auch die Nürnberger Prozesse waren nicht unumstritten. Naturgemäß gab es kein Vertrauen der Siegermächte in die deutsche Justiz nach dem Krieg. Daher setzten sie ein eigenes Gericht mit eigenem Statut ein. Dabei wirkten einige Richter des Verfahrens auch als Gesetzgeber dafür. Die Einwände der Verteidigung führten allerdings nicht zur Ablehnung der Richter wegen Befangenheit. Die Antwort auf die Frage, ob es überhaupt nach einem Krieg möglich ist, dass die Sieger gerecht über die Besiegten urteilen, ist wohl jedem selbst überlassen. Klar ist, dass die Besiegten kaum das Recht heranziehen können, um über die Sieger zu urteilen. Die einzige wirklich erfreuliche Erkenntnis aus diesem dunklen Kapitel ist, dass offensichtlich auch zur Kriegsführung ein bestimmter Grad an Freiwilligkeit notwendig ist. Weder die Gewalt des Gesetzes noch die Androhung der Todesstrafe kann sie im Einzelfall erzwingen.

Die Frage, ob wir heute ohne geschriebenes Recht überleben würden, ist nicht zu beantworten. Aktuell stehen wir auch nicht vor der Diskussion, das Recht radikal abzuschaffen. Dennoch deuten viele Anzeichen darauf, dass wir rechtlich überreguliert sind. Die Gesetzgebung produziert ständig neue Gesetze, allerdings verabsäumt sie zu großen Teilen, damit andere zu ersetzen. In manchen Fällen gibt es auch eine widersprüchliche Rechtssituation. Wahrscheinlich spielt hier auch das Eigeninteresse der Berufsgruppe der Juristen als Gesetzgeber eine Rolle. Solange das Recht so komplex ist, dass es gut ausgebildeter und erfahrener Experten bedarf, ist deren Auslastung gesichert.

Dennoch widerspricht es jeglichem Sinn von Gerechtigkeit, dass es diese Vielzahl an unterschiedlichen Gesetzen gibt. Es ist für den Einzelnen oft nicht mehr nachvollziehbar, wann er sich im gesetzestreuen oder gesetzesverletzenden Raum befindet. Oft erfährt er das erst, wenn der Strafvollzug bereits erfolgt. Die Vielzahl an Rechtsgrundlagen ermöglicht auch eine Vielzahl an Möglichkeiten zur Klage vor Gericht. Eine Erhöhung der Rechtssicherheit ist damit nicht immer verbunden. Auch durch das Gesetz lässt sich nicht alles erzwingen. Eine große Hürde des aktuellen Rechtssystems ist die weitgehende Bestimmung, dass es häufig einen Ankläger und einen Angeklagten gibt. Der Ankläger kann sich von einem Anwalt vertreten lassen, auch der Beklagte kann zu seiner Verteidigung einen Anwalt vor Gericht beiziehen. Diese Vorgabe der ordentlichen Gerichtsbarkeit in Österreich schränkt die Kooperationsmöglichkeiten der beiden Seiten deutlich ein. Natürlich gibt es auch hier Vergleichsoptionen, die sich oft in der Auseinandersetzung um finanzielle Fragen erschöpfen. Die Erforschung und Bearbeitung der Ursachen des Ursprungskonflikts ist nicht vorgesehen. So gesehen ist der Lerneffekt bei Gerichtsverfahren die Erkenntnis, was gesetzlich verboten und was erlaubt ist.

Die sinnvolle Lernerfahrung der eigenverantwortlichen und kooperativen Konfliktarbeit ist dabei kaum möglich.

Neben der ordentlichen Gerichtsbarkeit haben sich auch andere Formen der Streitbeilegung entwickelt. Ein Blick auf unsere Nachbarn, die Schweiz, zeigt ein besonders erfolgreiches Konzept, jenes der Friedensrichter. Friedensstiften zwischen zwei verfeindeten Parteien hat in der Schweizer Eidgenossenschaft eine sehr lange Tradition. Bereits im 13. Jahrhundert gab es eine Grundlage, die den „angesehensten und weisesten" Männern die Aufgabe zuwies, Zwietracht in ihnen gut scheinender Weise zu schlichten. Im 14. Jahrhundert ändert sich der Wortlaut auf die „Besten und Witzigsten", denen man diese Kunst zutraute. Bereits im späten 18. Jahrhundert wollten die Schweizer sogenannte Friedensrichter einführen.

Obwohl das Gesetz ausgearbeitet und angenommen wurde, trat es nie in Kraft. Erst die zwangsweise Verordnung der Mediationsverfassung durch Napoleon im frühen 19. Jahrhundert ermöglichte dessen Etablierung. Seitdem sind Friedensrichter aus der Schweizer Konfliktkultur nicht mehr wegzudenken. Seit mehr als 200 Jahren sind sie zuständig für die Vermittlung zwischen Bürgern und Justiz und somit erste Anlaufstelle bei Zivilstreitigkeiten. Als demokratisch gewählte und lokal verankerte Anlaufstellen wickeln sie rund 50–70 % der Zivilrechtsstreitigkeiten ab, ohne dass Gerichte eingeschaltet werden müssen. In einem Vermittlungsversuch wollen sie die Streitparteien aussöhnen, ohne als Anwalt oder Berater einer Partei tätig zu werden. Die Gründung dieser bewährten Friedenseinrichtung war das Ergebnis eines Gewaltakts. Somit ist bewiesen, dass der Einsatz von Gewalt durchaus auch Frieden ermöglichen kann. Dieser ist allerdings nur dann verwirklichbar, wenn es zu Regelungen führt, die nicht nur die Täter, sondern auch die Opfer als gerecht und brauchbar einstufen. Nur so ist zu erklären, dass diese Organisation über die Friedensrichter der Schweizer auch die Zeiten Napoleons überlebte. Sie überstand nicht nur ihn, sondern auch zwei Weltkriege danach. Dabei befand sich die Schweizer Nation inmitten von sich heftig bekämpfenden Feinden. Die Tatsache, dass sich die Schweizer trotz allem ihre Neutralität und den Frieden in ihrem Land erhielten, ist in Anbetracht der oben geschilderten Ereignisse in den Nachbarländern nahezu ein Wunder. Natürlich bleibt auch hier die Einschätzung dem Leser überlassen, welchen Beitrag die Friedensrichter dazu geleistet haben. Allerdings lohnt es sich für jeden, der am Frieden interessiert ist, sich mit dieser Einrichtung näher auseinanderzusetzen.

Reinhard Dittrich
Jurist und Mediator

Schutz und Sicherheit der Familie

Ich stamme aus einer gutbürgerlichen, traditionellen Familie. Mein Vater arbeitete viel und sorgte für das finanzielle Einkommen. Meine Mutter kümmerte sich um den Haushalt und um die Erziehung und die Versorgung der Kinder. Meine zwei Schwestern sind ein paar Jahre älter als ich. So gesehen habe ich meine Kindheit gut behütet erlebt. Darüber hinaus war ich als Kind bereits sehr groß gewachsen. Das verschaffte mir zusätzlich Respekt der anderen. Zum Krieg habe ich selbst erfreulicherweise keinen persönlichen Bezug. Natürlich habe ich Erzählungen von Eltern und Großeltern dazu gehört. Gott sei Dank habe ich auch Gewalt am eigenen Leib so gut wie nie gespürt. Mir fallen dazu nur zwei Geschichten ein. Beim ersten

Mal war ich noch sehr jung. Ich war damals in Englisch nicht besonders gut. Aus diesem Grund schickten mich meine Eltern zu Sprachferien nach England. Ein Teilnehmer aus der organisierten Gruppe war etwas älter und ein Hobbyboxer. Bei einem Ausflug in London ergab es sich, dass er mir auf eine Wange schlug. Offensichtlich hatte ich aus seiner Sicht etwas gesagt oder getan, was ihn aufregte. Ich konnte mir nicht erklären, was genau das gewesen war. Insofern war für mich sein Verhalten völlig überraschend. Natürlich überlegte ich dann, welche Reaktion ich auf seine Handlung setzen sollte. Es war mir völlig bewusst, dass ihn ein Schlag meinerseits noch weiter provoziert hätte. Körperlich war ich ihm ganz eindeutig unterlegen. Daher hätte ich dabei bestimmt den Kürzeren gezogen. Auch ein Weglaufen kam nicht infrage. Daher blieb ich ruhig stehen und hielt ihm meine zweite Wange hin. In dem Moment dachte ich an die Bibelstelle, die mir spontan als religiös erzogener Mensch in Erinnerung kam. Auch wenn es mich damals einiges an Überwindung gekostet hatte, gehe ich doch davon aus, dass diese Geste mich vor einer weiteren Tracht Prügel bewahrt hatte.

Meine zweite ganz persönliche Gewalterfahrung hatte ich gemeinsam mit meiner eigenen Familie bei einem Überfall. Ich war damals mit meiner früheren Frau Karin und meinen Kindern auf Urlaub in Sardinien. Wir kamen gerade von einer Wanderung in den Bergen zurück und unser Auto war am Ende einer Sackgasse geparkt. Natürlich waren wir alle sehr müde. Da tauchten plötzlich zwei Männer auf und bedrohten uns mit Waffen. Ich hatte ernsthafte Befürchtungen, erschossen zu werden. Die Männer zwangen mich, circa fünfzehn Meter Abstand zu meiner Familie einzuhalten. Schließlich fuhren die Banditen mit unserem Auto und unserem Rucksack davon. Sie ließen uns am späten Nachmittag am Ende einer 15 km langen Bergstraße allein – aber doch körperlich unversehrt – zurück. Dieses Erlebnis war für die ganze Familie sehr einschneidend. Natürlich konnten wir das nicht so einfach wegstecken. *Ich könnte hier Wut oder Hass gegenüber den Männern empfinden oder Angst haben, wieder in die Berge zu gehen. Das hatte und habe ich nicht. Ich hegte auch keinen Groll gegenüber den Tätern oder verspürte ein Bedürfnis der Vergeltung oder Rache. Ob die beiden erwischt wurden oder nicht, war mir egal. Letztlich war die Geschichte gut ausgegangen. Ein französisches Paar nahm uns wieder mit die Straße hinunter. Auch unser Auto fand die Polizei nach ein paar Tagen und gab es uns mit ein paar kleineren Schäden wieder zurück. Nur an eine einzige Sache in Bezug auf Angst kann ich mich in dem Zusammenhang erinnern. Damals stellte ich mir manchmal vor, allein oder mit meiner Familie durch einen Wald zu fahren. Wäre damals jemand gekommen, der eine Waffe auf mich gerichtet hätte, so wäre ich aufs Gas gestiegen und hätte notfalls diesen Menschen auch überfahren. Ich nehme an, das war im ersten Schock mein instinktives Bedürfnis, mich und meine Familie zu beschützen und mich zu wehren. Heute ist auch dieser Gedanke verschwunden.*

Vom Juristen zum Mediator

Mein Vater ist mit seinen 90 Jahren immer noch ein begeisterter Jurist. Obwohl er natürlich schon in Pension ist, engagiert er sich häufig bei Rechtsfragen. Früher war er als Sektionschef im Justizministerium tätig. Mein beruflicher Werdegang umfasst daher die Liebe zum Recht und die Faszination davon während meines gesamten Lebens. Ich übte auch jahrzehntelang einen Rechtsberuf aus. Lange Zeit war ich Leiter der Rechtsabteilung unterschiedlicher Unternehmen. Meine letzte Position als Angestellter war die Bereichsleitung Recht und Personal für Österreich in einem großen Konzern. In diesen Funktionen war ich der oberste Jurist meines Arbeitgebers und trug die Verantwortung für diesen Aufgabenbereich.

Meine Entwicklung zum Mediator erfolgte schrittweise. Es gab dabei kein Schlüsselerlebnis oder so etwas wie eine plötzliche Erleuchtung. Es war mehr ein sukzessives Erkennen. Menschen, die ein Gerichtsurteil erwirkten, waren nicht zufrieden damit. Interessanterweise auch dann nicht, wenn sie gewannen. Ein Klassiker dabei ist die gerichtliche Auseinandersetzung zwischen Arbeitgeber und Betriebsrat. Egal, wer gewinnt, angenehm ist das für keine der beiden Seiten. Das Gleiche gilt, wenn langjährige Mitgesellschafter, Lieferanten oder Kunden geklagt werden. Natürlich beschränkt sich diese Feststellung nicht nur auf die Wirtschaft. Auch Eltern von gemeinsamen Kindern sollten in der Lage sein, gemeinsam das Wohl ihrer Kinder zu fördern. In all diesen Fällen, wo es ein Miteinander in der Zukunft geben sollte, drängt sich meiner Meinung nach die Mediation auf. Gerichtsverfahren führen in diesen Beziehungen immer zu Eskalationen und sind daher kontraproduktiv. Auch damals in meiner Tätigkeit als Wirtschaftsjurist habe ich von Gerichtsverfahren immer abgeraten und war ein ausgleichender Mensch. Das einzige Arbeitsgerichtsverfahren, das ich führen musste, war anlässlich eines Diebstahls vonseiten eines Betriebsratsmitgliedes. Hier sieht das Recht bei einer Kündigung bzw. Entlassung eine Zustimmung des Arbeitsgerichts vor. In meinem Bemühen um Ausgleich ging es mir nicht vorwiegend um Kompromisse. Es lag mir immer daran, zu hinterfragen, was auch der andere konkret für eine Problemlösung braucht. Es ergab sich meistens, dass sich die Bedürfnisse des Unternehmens, das ich vertrat, dann leichter erfüllen ließen, wenn auch die Bedürfnisse des Partners dabei Berücksichtigung fanden. Daher ist es mir auch schon als Abteilungsleiter gut gelungen, Gerichtsverfahren zu vermeiden.

Heute habe ich zwei berufliche Standbeine. Das erste ist die Arbeit als Mediator. Hier arbeite ich mit Familien, aber auch für Unternehmen. Ich habe auch Fälle in der Mediation, die bereits gerichtsanhängig sind. Mein zweites Standbein ist das

Coaching, *bei dem ich meistens, aber nicht nur mit einer Person allein arbeite. Hier unterstütze ich Menschen dabei, mit einer bestimmten Situation besser zurechtzukommen. In diesen beiden Berufsfeldern bin ich auch in der Ausbildung tätig.*

Selbsterfahrung in der Mediationsausbildung

Als Trainer ist mir die Haltung der auszubildenden Mediatoren sehr wichtig. Hier liegt es mir besonders am Herzen, dass sie lernen, besser mit eigenen Konflikten umzugehen. Ein großer Wunsch von mir ist, dass angehende Mediatorinnen und Mediatoren zumindest einen eigenen Fall als Kunden – wir sagen Medianden – in einer Mediation bearbeiten. Das ist in der bisher gültigen Ausbildungsverordnung des Justizministeriums leider noch nicht vorgesehen. Aktuell erlebe ich es immer wieder, dass Mediationskolleginnen oder -kollegen es ablehnen, ihre eigenen Konflikte in eine Mediation einzubringen. Das ist für mich sehr irritierend, weil sie die Dienstleistung, die sie selbst anbieten, für sich selbst nicht in Anspruch nehmen. Ich gehe davon aus, dass sich dies ändern würde, wenn auch in der Ausbildung verpflichtend diese Art der Selbsterfahrung gefordert würde. Grundsätzlich wünsche ich mir einen größeren Schwerpunkt der Ausbildung im Bereich Selbsterfahrung. Das Modul dient dazu, sich selbst besser kennenzulernen. Je mehr man in sich selbst ruht, umso weniger leicht lässt man sich in die Konflikte der Kunden hineinziehen. Es ist ganz wichtig, dass Mediatorinnen und Mediatoren nicht Teil des Konfliktes werden. Medianden versuchen natürlich, den Mediator oder die Mediatorin auf ihre Seite zu ziehen. Je besser ich mich hier in der Arbeit abgrenzen kann, umso besser ist es für alle Beteiligten.

 Die letzte Anregung, die ich für die Ausbildung habe, betrifft den Berufseinstieg. Bei den meisten beratenden Berufen wird darauf Wert gelegt, bereits während der Ausbildung in die konkrete Fallarbeit mit fremden Menschen als Kunden einzusteigen. Dies erfolgt allerdings unter Anleitung und Supervision von erfahrenen Kräften. Alle diese Berufsgruppen, wie die der Anwälte, Architekten oder Lebens- und Sozialberater, haben ihre Ausbildung nach einem ähnlichen Modell organisiert. In der Mediationsausbildung gibt es zwar Fallbeispiele in Rollenspielen. Eine konkrete Arbeit mit „echten" Kunden ist aber nicht vorgesehen. Daher sind die geübten Situationen nie real. Es ist für mich erschreckend, dass Mediatorinnen und Mediatoren bereits nach dem Abschluss einer theoretischen Ausbildung allein und ohne Anleitung oder Supervision arbeiten dürfen und dies auch leider häufig tun. Hier wünsche ich mir einen schrittweisen Übergang nach dem oben erwähnten Vorbild.

Scheidungsmediation zum Erhalt der Elternbeziehung

Der wohl bekannteste Bereich der Mediation ist die Familien- bzw. Scheidungsmediation. Darunter verstehen wir die Vorbereitung einer (einvernehmlichen) Ehescheidung. Paare, die dieses Angebot in Anspruch nehmen, verbinden dies meist mit dem Wunsch, trotz der Scheidung oder Trennung als Paar eine gute Gesprächsbasis auf der Elternebene zu erhalten. Das Ziel einer Scheidungsmediation ist, typische Folgekonflikte von Trennungen oder Scheidungen so kooperativ wie möglich zu lösen. Die Themen der Betroffenen in diesen Fällen sind vielfältig: Meist betreffen sie die Kontaktmöglichkeiten der Eltern zu den Kindern und die finanziellen Fragen. Dennoch kommen immer wieder auch andere Konfliktpunkte vor. Eltern streiten sich darüber, ob die gemeinsamen Kinder nach klassischer oder alternativer Medizin behandelt werden sollten. Andere Eltern konnten sich nicht allein darauf einigen, in welcher Schule das schulpflichtige gemeinsame

Kind angemeldet werden sollte. Immer wieder bringen die Parteien Fragen des Wohnorts des jeweils anderen auf, weil dies auch die Kontaktmöglichkeiten des jeweils anderen Elternteils zum Kind erheblich beeinflussen kann. In einem Fall wollte eine Mutter, die bisher gemeinsam mit dem Vater in Österreich lebte, mit den gemeinsamen Kindern zurück in ihr Heimatland Australien gehen. Diese Ankündigung war für ihn selbstverständlich im ersten Moment ein Schock. In der Familienmediation können die Parteien alle offenen Fragen bearbeiten.

Besonders sinnvoll ist die Familienmediation für mich vor allem dann, wenn es gemeinsame Kinder gibt. Hier kann die ganze Familie unmittelbar erleben, dass sich Menschen trotz einer Trennung eine tragfähige Beziehung erhalten können. Davon profitieren nicht nur die beteiligten Erwachsenen. Auch die betroffenen Kinder spüren dies sofort, weil sie bemerken, dass die Eltern anders miteinander umgehen. Im Normalfall wollen die Kinder Mutter und Vater in einer gemeinsamen Beziehung erleben. Ich bin überzeugt, dass Kinder das von sich aus nicht so gut finden, wenn sie alle vierzehn Tage zum anderen Elternteil (Doppelresidenz) übersiedeln. Dies sage ich in vollem Bewusstsein der Wichtigkeit, dass Kinder zu beiden Eltern einen guten Kontakt haben. Dann gibt es noch das Fly-in-, Fly-out-Modell, bei dem die Kinder einen fixen Wohnsitz haben und die Elternteile abwechselnd siedeln. Das ist allerdings relativ teuer, weil es mindestens drei Wohnungen erfordert. Was ich damit ausdrücken möchte: Eine intakte Familie stellt auch für sich einen Wert da. Paare, die sich trennen, suchen sich üblicherweise in absehbarer Zeit neue Partner. Dies führt nicht nur bei kleinen Kindern zu vielen neuen Problemen. Die Organisation familiärer Treffen zu Weihnachten, bei Hochzeiten oder Taufen ist bei Patchworkfamilien ungleich schwerer als bei intakten. So kann beispielsweise die Mutter es dem Vater untersagen, seine neue Frau zur Hochzeit des gemeinsamen Kindes mitzubringen. Sie droht in dem Fall, selbst dem Ereignis fernzubleiben. Das kommt gar nicht so selten vor. Diese Vorgehensweise bedrückt mich immer, weil die Streitereien der Eltern auf Kosten der Kinder ausgetragen werden. Natürlich gibt es auch Familien, die die Trennung der Eltern gut verkraften. Als Mediator und Friedensstifter will ich selbstverständlich in diesem Sinne unterstützen.

Häusliche Gewalt und Mediation

Ein Thema, das bei Familien-Mediationen immer wieder vorkommt, ist die körperliche Gewalt. Die Parteien bringen diesen Aspekt dabei selbst in das Gespräch ein. Das äußert sich durch eine ausgesprochene Furcht voreinander. Offensichtlich wird das meist dadurch, dass die Parteien zeitlich versetzt kommen oder gehen möchten. Durch dieses Vorgehen wollen sie persönliche Begegnungen mit dem anderen außerhalb der Mediation vermeiden. In diesem Fall vereinbaren wir normalerweise, dass derjenige, der sich fürchtet, als Erster die Mediationssitzung verlassen kann und der andere noch ein paar Minuten länger bleibt. Ich hatte einige Fälle häuslicher Gewalt, bei denen es bereits Strafanzeigen wegen Körperverletzung gab. Auch behördliche Wegweisungen, bei dem es einem Partner verboten wird, die gemeinsame Wohnung zu betreten, sind immer wieder Inhalt einer Mediation. Hier bin ich wirklich stolz darauf, sagen zu können, dass bei allen diesen Paaren, die ich bisher als Mediator begleitet habe, die Ausübung häuslicher Gewalt reduziert werden konnte. Irgendwann kam der Zeitpunkt, wo beide wieder gemeinsam weggehen konnten. Diese Tatsache werte ich eindeutig als Friedensstiftung.

Gewalt ist für mich der Ausdruck von Sprachlosigkeit. Es gibt viele Menschen, die sich nicht so gut ausdrücken können. Lernen sie jedoch, jene Dinge, die sie bewegen und aufregen, auszusprechen, reduzieren sich Gewalthandlungen deutlich. Sie brauchen diese Handlungsform dann nicht mehr. Dabei ist es unerheblich, ob Gewalt körperlich oder durch Worte ausgeübt wird. Eine Methode, die sich bei dieser konkreten Arbeit gut bewährt hat, ist die gewaltfreie Kommunikation von Rosenberg. Menschen lernen dabei, eigene Wünsche klar und ohne Vorwurf zu formulieren. Das kann viel bewirken. Ich erinnere mich noch gut an ein sehr junges Paar, die beide gewalttätig zum jeweils anderen waren. Sie hatten gemeinsam drei kleine Kinder. Die Frau formulierte am Anfang einen Satz, der mich sehr bewegte: „Es ist ja kein Wunder, dass wir so handeln. Wir haben es beide in unserer ursprünglichen Familie gelernt, dass Konflikte mit körperlicher Gewalt ausgetragen werden." Dieses junge Paar lernte eine gemeinsame friedliche Form zu streiten und blieb zusammen. Das fand ich sehr schön – auch weil ich das Gefühl hatte, dass sich beide Elternteile nun miteinander wesentlich wohler fühlten.

Chancen und Grenzen
der Scheidungsmediation

Natürlich kann die Mediation keine Wunder wirken, sondern nur so weit unterstützen, wie es die Beteiligten zulassen. Ein Paar kam einige Jahre nach der Scheidung zu uns in die Mediation. Dabei erzählten sie auch von ihren Gerichtserfahrungen, die bereits mehrere Jahre dauerten. Diese Eltern waren nicht in der Lage, sich darauf zu einigen, bei welcher Schule sie das Kind anmelden wollten. Das führte dazu, dass sie die Anmeldefrist versäumten und das Kind nach Ablauf der vorgegebenen Frist an keiner Schule angemeldet war. Diese Situation war für mich ein erschreckendes Beispiel, wie aus einem Konflikt der Eltern ein unmittelbarer Nachteil für das Kind entstand. Dabei waren beide Elternteile Akademiker, dementsprechend gut ausgebildet und gehörten sicher einer gehobenen Gesellschaftsschicht an. Dennoch hatten beide einen derart großen Hass aufeinander, dass sie genau jene Schule ablehnten, die der jeweils andere vorschlug. Auch die Bearbeitung des Themas in der Mediation brachte hier leider keine Änderung.

Auf der anderen Seite wünschen sich auch immer mehr Paare Unterstützung dabei, für beide Seiten faire Vereinbarungen für die Zeit nach der Trennung zu treffen. So kamen beispielsweise in einer Mediation Eltern zu uns, die sich in allen Fragen, die die Kinder betrafen, gut selbst einigen konnten. Was sie nicht alleine schafften, war eine Regelung zu finanziellen Themen. Es kommt auch immer wieder vor, dass sich Paare im Zuge einer Scheidungsmediation wieder versöhnen und zusammenbleiben. Auch wenn es mir schwerfällt, hier Zahlen zu nennen, so glaube ich, dass rund zwanzig Prozent der Paare, die mit dem Ziel einer Scheidung zu mir kommen, diese nach der Mediation nicht mehr anstreben. Das finde ich besonders schön. Bei nahezu jedem Paar, das länger zusammenlebt, gibt es Trennendes und Ver-

bindendes．Lernen sie, mit trennenden Situationen anders umzugehen, und entdecken sie neue oder bereits bestehende verbindende Themen, so verändert sich auch der Trennungswunsch. Am Anfang einer Familienmediation stehen meist gegenseitige Vorwürfe im Raum. Das Mediationsteam unterstützt sie dabei, so gut wie möglich genau davon Abstand zu nehmen. Das geht nur dann, wenn die Beteiligten lernen, ihre wirklichen Bedürfnisse auszusprechen und ihrem Partner oder ihrer Partnerin auch die Wahl zu lassen, diese zu erfüllen oder auch nicht. Viele Paare, die zu uns kommen, kennen die wahren Bedürfnisse ihrer Partnerin oder ihres Partners nicht. Sie glauben nur zu wissen, was der jeweils andere will. Es ist ein großer Lerneffekt, wenn Menschen, die sich bereits eine lange Zeit kennen und auch zusammen leben, entdecken, was sie sich wirklich voneinander wünschen. Oft ist es nicht dasselbe, was sie jahrelang glaubten. Ein Punkt, der immer wieder unterschätzt wird, ist die Anerkennung des Geleisteten. Wirft in einer Familie die Frau ihrem Mann häufig vor, dass er nie zu Hause ist, so fehlt ihre Wertschätzung dafür, dass der Mann für den Familienerhalt die notwendigen Mittel beschafft. Andererseits kommt es auch häufig vor, dass sich eine teilzeitbeschäftigte Frau von ihrem vollzeitbeschäftigten Mann anhören muss, dass sie deutlich weniger Geld verdient und außerdem den Haushalt nicht ordentlich führt. Das Paar kommt dann in eine Phase, wo ihnen am anderen nichts mehr passt. In diesen Beziehungen fehlt die gegenseitige Wertschätzung.

Was ich mir in meiner Zeit als Mediator abgewöhnt habe, ist eine Vorab-Einschätzung, ob sich in der Mediation eine Einigung ergeben und wie lange der Prozess dazu dauern kann. So gab es ein Paar, das hochemotional bei der Tür hereinkam. Hier war ich der Meinung, dass eine Einigung nahezu unmöglich wäre. Trotzdem ergab es sich, dass sich die Lage innerhalb einer Stunde drehte. Nach dieser Stunde war die Mediation zur Zufriedenheit aller abgeschlossen. Das hat mich damals sehr ver-

wundert. Es gab natürlich auch andere Fälle. Bei dem Paar, das alle Fragen zur Kinderbetreuung gut selbst lösen konnte und bei dem nur mehr finanzielle Fragen offen waren, lief es ganz anders. Damals war ich überzeugt, dass diese Klärung nicht sehr lange dauern könne. Dennoch war dies meine längste Mediation überhaupt. Laut Familienministerium dauern geförderte Familien-Mediationen im Schnitt siebeneinhalb Stunden. Die Förderung umfasst maximal zwölf Stunden, die im Laufe meiner Praxis nahezu immer ausreichend waren. Die Höhe der Förderung hängt vom Einkommen des Paares und der Anzahl der Kinder ab.

Wandel und Kontinuität in der Familie

In den acht Jahren als Familienmediator, in denen ich immer gemeinsam mit einer Co-Mediatorin arbeitete, kamen rund 300 Paare zu mir. In dieser Zeit konnte ich einen deutlichen Wandel feststellen. Junge Väter bringen sich heute viel mehr in eine Beziehung ein als am Anfang meiner mediatorischen Tätigkeit. Damit meine ich die Übernahme von Pflichten im Haushalt, die Kindererziehung, aber auch das aktive Bemühen der Väter, die Kinder nach einer Trennung von der Partnerin ungefähr im selben Ausmaß zu versorgen, wie die Mütter. Am Beginn meiner Arbeit als Scheidungsmediator war es mehr oder weniger eine Selbstverständlichkeit, dass der Hauptaufenthaltsort der Kinder bei der Mutter war. Das Besuchsrecht sah meistens vor, dass der Vater seine Kinder jedes zweite Wochenende und einmal abends während der Woche betreute.

In einer meiner kürzlich stattgefundenen Mediationen war das einzige Thema die Aufstockung der Betreuungszeiten des Vaters von sechs auf sieben Tage innerhalb von 14 Tagen. Der Vater wollte sein Kind gleich lange betreuen wie die Mutter. Diese lehnte das vorerst kategorisch ab. In der Mediation gelang es, eine Testphase zu vereinbaren. Es wurde auch klar festgelegt, dass diese Regelung nach dieser Zeit nicht automatisch in den Normalbetrieb übergeht, sondern dass das Paar vor einer weiteren Entscheidung eine nochmalige offene Diskussion darüber führt. Dieses sogenannte Doppelresidenzmodell wünschen sich immer mehr Paare im Rahmen von Scheidungs-Mediationen. Dabei leben die Kinder abwechselnd bei Vater und Mutter. Dieses Modell wurde auch im Rahmen der Familienrechtsreform 2013 diskutiert, dabei aber abgelehnt. Das heißt konkret, dass Paare einvernehmlich diese Variante vereinbaren können, Richter werden im Regelfall anders entscheiden. Zum Zeitpunkt der Gesetzesänderung war es eine anerkannte Meinung, dass es das Kindeswohl verlange, dass es eine Hauptbezugsperson gebe. Das ist natürlich durchaus diskussionswürdig.

Für die allermeisten Menschen ist eine Trennung oder Scheidung eine sehr schwierige Situation. Ich habe schon den Eindruck, dass sich die meisten Paare am Beginn einer Ehe oder einer Partnerschaft eine langfristige Bindung wünschen. Viele erhoffen sich eine lebenslange Beziehung. Daher geht es den meisten Menschen nicht gut, wenn das Gemeinsame greifbar zu Ende geht. Sie sind daher in einer Ausnahmesituation, in der sie üblicherweise vorher noch nie waren. Aus diesem Grund sind die Mediationstermine für sie selten angenehm. Verstärkt wird dieser Effekt durch eine oft vorhandene emotionale Schieflage. Ein Partner hält üblicherweise noch mehr an der Beziehung fest, während sich der andere bereits deutlich distanziert. Diese Situation ist sehr schwer auszuhalten. Das Leid des „Verlassenen" ist offensichtlich. Doch auch der Partner, der schon abgeschlossen und möglicherweise bereits eine außereheliche Beziehung hat, befindet sich in einer Zwickmühle. Juristisch hat dieser Scheidungswillige keine guten Argumente, um die Ehe schnell einseitig zu beenden. Willigt der andere nicht in eine Scheidung ein, so sieht das österreichische Recht eine Wartezeit von drei Jahren vor. Eine Ausnahme dazu *ist nur dann möglich, wenn bewiesen wird, dass der andere auch einen Scheidungsgrund setzte.* Dieser Sachverhalt erklärt auch den unterschiedlichen Zugang von Gericht und Mediation.

Strittige Familienkonflikte

Gelingt dem Paar keine Einigung hinsichtlich der Trennung oder Scheidung, müssen sie ihre strittige Scheidung vor Gericht austragen. Hier geht es vorrangig darum, ein Verschulden zu suchen bzw. zu beweisen. Das Scheidungsurteil ist die rechtliche Beurteilung des Richters, ob es eine Eheverfehlung gab. Der klassische Grund dafür ist die außereheliche Beziehung. Daneben gibt es noch Gründe wie Sucht, Anwendung körperlicher Gewalt, Psychoterror oder Ähnliches. Hier richtet sich der Fokus in die Vergangenheit, um eine Schuld zu beweisen und zu dokumentieren. Die Mediation hat hier eine andere Perspektive. Sie schaut in die Zukunft und prüft Rahmenbedingungen, mit denen das Paar und dessen Kinder einigermaßen gut in der Zukunft leben können. Das ist ein wesentlicher Unterschied, sowohl was den Zeithorizont betrifft, als auch den Gesprächsinhalt. Nach einem eventuellen Verschulden fragen Mediatoren üblicherweise nicht. Idealerweise kommt es im Zuge einer Mediation zu einer Lösung in Fragen, bei denen Uneinigkeit herrscht. Das Gerichtsverfahren bringt eine Entscheidung, ob die Ehe geschieden ist oder nicht.

Ein weiterer entscheidender Nachteil des Gerichtsverfahrens ist die dadurch hervorgerufene Eskalation, die eine einvernehmliche Einigung wesentlich schwerer macht. Eltern sollten zum Wohl der Kinder auch nach einer Trennung noch weiter Kontakt haben können. Im Gerichtsverfahren bringen beide Seiten alle Argumente vor, die sie als hilfreich einschätzen, auch wenn diese noch so haarsträubend sind, wie beispielsweise ein einmalig nicht abgewaschener Teller. Wenn sie das persönlich nicht machen, dann übernimmt das ihr Anwalt. Ich möchte selbstverständlich der Berufsgruppe der Anwälte daraus keinen Vorwurf machen. Sie sind entsprechend ihrem Berufsbild verpflichtet, das Beste für den Klienten herauszuholen – was immer das auch bedeutet. Ich sehe immer wieder Schriftsätze, wo Gründe aufgezählt werden, warum die Mutter eine schlechte Mutter war oder Väter ihre Pflichten verletzten. Wenn nun ein entsprechender Schriftsatz eines Anwalts zugestellt wird, dann führt das normalerweise zu sehr großen Kränkungen und Verletzungen. Es ist für niemanden leicht, wenn auf zehn Seiten schriftlich zusammengefasst wird, warum jemand angeblich ein schlechter Vater oder eine schlechte Mutter ist. Aus dem Blickwinkel der auftauchenden Emotion ist es unerheblich, ob das Dargestellte der Wahrheit entspricht oder nicht. Außerdem ist eine rasche Reaktion notwendig, weil niemand die erhobenen Vorwürfe ganz unkommentiert auf sich sitzen lassen kann. Das übliche Verhalten in diesen Fällen ist die Zurückweisung der Anklagen mit dem Argument, dass es so nicht stimmt, wie es geschrieben steht. Die darauf folgende eigene Richtigstellung ist für den anderen falsch. Mediationen aus einem gerichtsanhängigen Scheidungsverfahren sind üblicherweise schwieriger. Das begründe ich damit, dass es meistens in der Phase von Beweisaufnahmen zu großem wechselseitigem Ärger kam.

Ehrenamtliche Vereinsarbeit zur Bewusstseinsbildung

Ich habe den Eindruck, auf die Butterseite des Lebens gefallen zu sein. Es ist für mich ein sehr großes Glück, dass ich hier in Österreich wohnen und leben darf. Ich kann jeden Tag frisches Wasser aus der Leitung trinken und muss dafür nicht eine Stunde Gehzeit in Kauf nehmen. Daher steht es auch an, der Gesellschaft etwas zurückzugeben. *Zwar schätze ich meine Freizeit sehr. Ich verbringe gern die Zeit mit meinen Lieben und freue mich, ein gutes Buch lesen zu können.* Trotzdem engagiere ich mich immer wieder ehrenamtlich. Eine dieser Aktivitäten war meine sechsjährige Arbeit im Vorstand des Österreichischen Netzwerks Mediation. Drei Jahre davon übte ich die Funktion des Obmanns aus. Das Netzwerk Mediation ist ein Dachverband, bei dem österreichische Mediationsvereine als Mitglieder aufgenommen werden. Mein Hauptanliegen in dieser Zeit war, dass die Mediatorinnen und Mediatoren eine gemeinsame Sprache sprechen. Nur so können relevante Organisationen, wie beispielsweise Ministerien, ORF usw., die Mediationsszene ernst nehmen. Bislang fehlt bei den Mediatorinnen und Mediatoren ein konkreter Ansprechpartner, der für die gesamte Szene sprechen kann, weil es keine Berufsvertretung gibt.

Ich habe den Eindruck, dass die Mediatorinnen und Mediatoren in Österreich sehr hungrig sind. Nahezu alle hätten gerne mehr Mediationsfälle, als sie tatsächlich haben. Wir Mediatorinnen und Mediatoren sollten uns damit beschäftigen, wie der gesamte Markt für die Mediation vergrößert werden kann. Mediation muss für interessierte Menschen erreichbarer werden. Dann gibt es auch mehr Fälle. Aktuell bietet beispielsweise die offizielle Mediatorenliste des Justizministeriums keine Suchfunktion für geförderte Familienmediation an. Diese Situation ist bereits seit mehr als zehn Jahren so. Das ist für mich sehr enttäuschend. Menschen mit geringerem Einkommen können bei Gericht eine Verfahrenshilfe beantragen. Das bedeutet konkret, dass sie sich dieses Verfahren finanziell leisten können, wenn es notwendig ist. Würden sie ihre Probleme mithilfe der Mediation bearbeiten wollen, müssten sie das selbst bezahlen. Das geht sich mit dem Einkommen vieler nicht aus. Daher sollte es auch so etwas Ähnliches wie eine Verfahrenshilfe für Mediation geben. Doch darum muss sich jemand bemühen. Es kann sich nur die Gemeinschaft der Mediationsszene *effizient für Änderungen einsetzen, sonst wird das niemand tun. Deshalb war und ist es gerade in der ehrenamtlichen Arbeit der Vereine so wichtig, Aktivitäten zu bündeln und gemeinsam zu kommunizieren. Das wollte ich im Rahmen meiner Verbandstätigkeit initiieren. Mein Lieblingsbeispiel für eine abgestimmte Aktion in meiner Funktionärszeit war eine gemeinsame Stellungnahme vom Österreichischen Netzwerk Mediation und dem Bundesverband für Mediation zu einem Gesetzesentwurf im Jahr 2013. Diese Neuerung ist aufgefallen und hat aus meiner Sicht auch die Mediation als solches weitergebracht. Ich schätze den Markt für Mediation in Österreich riesig ein und glaube auch, dass er beständig wächst. Es gibt pro Jahr 600.000 neue Verfahren vor Gericht. Daher gehe ich davon aus, dass es hier viele Konflikte gibt, die die Menschen nicht selbst lösen können. Ich hoffe sehr, dass in Zukunft Mediation noch mehr als bisher als wirkliche Alternative zu Gericht angenommen wird.*

Gerechtigkeit und Recht

Im Zusammenhang mit Frieden ist Gerechtigkeit ein ganz wesentlicher Begriff. So stellt sich die Frage nach einer gerechten Strafe, wenn jemand etwas anstellt. Auch bei der Aufteilung einer Torte für Kinder geht es um Gerechtigkeit. Auch das Teilen in zwei gleiche Teile kann ungerecht sein. Hat ein Kind die Nuss sehr gern, die als Verzierung dient, so wird es unglücklich sein, nur die Hälfte davon zu bekommen. Vor allem dann, wenn es weiß, dass die anderen Kinder die Nuss gar nicht so gern mögen. Eine zentrale Frage ist auch, woran die Gerechtigkeit festgemacht wird. Offensichtlich beinhaltet sie das Wort „Recht". Im Zuge einer Rechtsbetrachtung beurteilt ein Experte einen Sachverhalt, indem er ein juristisches Schema anwendet. Das ermöglicht eine Entscheidung, ob jemand schuldhaft eine bestimmte

Situation verursacht hat. *Das betrifft das Strafrecht genauso wie ein Ehescheidungsverfahren. Beim Ersten geht es um die Frage, ob ein Straftatbestand vorliegt, beim Zweiten, ob einer der Partner schuldhaft zur Zerrüttung der Ehe beigetragen hat. Diese Vorgehensweise des Beurteilens setzt voraus, dass sich der Beurteilende unter Berufung auf das Rechtssystem über das Verhalten eines Menschen stellt. Das führt automatisch zu einer Schräglage. In der Mediation sind alle Beteiligten auf gleicher Augenhöhe – auch die Mediatoren, die bei einer Lösungsfindung unterstützen. Sie können und sollen dabei von einer eigenen Beurteilung abgehen, ob eine Lösung von den Mediatoren bevorzugt wäre oder nicht.*

Durch meine Hinwendung zur Mediation habe ich mich ein Stück von der juristischen Tätigkeit entfernt. Der Hauptgrund dabei war die Wahrnehmung, dass für mich die Beurteilung dessen, was ein anderer tut, nicht stimmig ist. Ich möchte nicht als Anwalt für einen anderen kämpfen oder als Richter Urteile fällen. Mein Wunsch als Friedensstifter ist, dass die Menschen, die ich begleite, selbst so miteinander umgehen lernen, dass alle zufrieden sind. Dann brauchen sie keinen Richter mehr, der entscheidet, wer etwas falsch oder richtig gemacht hat. Dann können sie selbst jenen Weg wählen, der beiden gerecht wird.

Frieden als Wahlmöglichkeit auf unterschiedlichen Ebenen

Frieden hat verschiedene Ebenen und wahrscheinlich ist es gut, diese voneinander zu trennen. Der Frieden zwischen Staaten ist mehr als die Abwesenheit kriegerischer Handlungen durch Waffengewalt. Vielmehr braucht es eine gegenseitige Anerkennung durch politische und diplomatische Kontakte. Heruntergebrochen auf einzelne Menschen oder Gruppen beinhaltet ein Leben in

Frieden für mich vorwiegend Selbstbestimmtheit. Das umfasst eine Wahlmöglichkeit in wichtigen persönlichen Fragen: Wo jemand lebt, was jemand arbeitet und wie jemand seine Freizeit gestaltet. Hirnforscher weisen zwar darauf hin, dass viel mehr vorbestimmt ist, als wir üblicherweise annehmen. In der Form hat die Frage nach dem freien Willen wieder eine andere Dimension erhalten. Dennoch ist für mich Frieden sehr stark mit dem Gefühl verbunden, selbst Einfluss auf sein eigenes Leben nehmen zu können.

Es ist aus meiner Sicht nicht möglich, Frieden mit Gewalt durchzusetzen. Ich verbinde Krieg mit der Ausübung von Gewalt. Hier reicht auch schon die Androhung. Damit können Menschen maximal eine bestimmte Phase lang ruhiggestellt werden. Ich war einige Male in ehemaligen Ostblockländern, wie der DDR, der Tschechoslowakei oder Bulgarien. Dabei hatte ich stark den Eindruck, dass hier der Staat ein sehr großes Gewicht auf Überwachung legte. Es gab viel Polizei auf den Straßen. Nun könnte man meinen, diese vermittelten einen hohen Status an Sicherheit. Dies habe ich so allerdings nicht empfunden. Aus meiner Sicht war die Anwesenheit der Staatsgewalt dort eher dazu da, mögliche Gegner des Staates zu identifizieren und entsprechend des damals geltenden Gesetzes zu bestrafen. Ich wurde zwar persönlich nie bedroht oder behindert, habe aber doch einiges erlebt, was mich zu dieser Annahme brachte. Ein Beispiel dafür war das Reiseverbot für die Bürger ehemaliger Oststaaten. Meine frühere Frau hatte eine langjährige Brieffreundin aus der DDR. Vor der Wende konnten die beiden Frauen einander nur Briefe schreiben. Selbst dabei kam nur jeder zweite davon auch tatsächlich bei der Empfängerin an. Es war sehr berührend und aufregend, als diese Freundin das erste Mal ins Ausland telefonieren und mit meiner Frau persönlich sprechen konnte. Auch das erste persönliche Treffen war wie ein Wunder. Ich war zwar körperlich nicht bei dem Mauerfall dabei. Trotzdem habe ich dadurch einen ganz speziellen Bezug dazu.

Friedensstifter als Wahlhelfer

Friedensstifter sind Personen, die aktiv dazu beitragen, Konflikte für die Beteiligten positiv aufzulösen. Dabei ist für mich sehr wichtig, dass Friedensstifter keine Entscheidungen dafür treffen. Das führt nicht zu Frieden. Daher ist für mich die Mediation eine friedensstiftende Tätigkeit, egal ob in der Familie, am Arbeitsplatz oder zwischen Staaten. Der Unterschied ist für mich auch körperlich spürbar. Am Beginn einer Mediation kommen die Parteien angespannt, wenn nicht verspannt und aufgeregt in die Sitzung. Manchmal haben sie auch Angst. Können dieselben Menschen mit einem zufriedenen Lächeln aus der Sitzung hinausgehen, dann fand Friedensstiftung statt.

Ich habe das Gefühl, dass die soziale Kompetenz in unserer Gesellschaft grundsätzlich schlechter wird. Es mag konservativ klingen – aber in Zeiten, bei denen der finanzielle Wohlstand geringer war, war es eher notwendig, sich zu einigen. So gab es beispielsweise in einer Familie nur ein Radio und alle mussten sich darauf verständigen, welcher Sender wann gespielt wird. Heute hat oft jedes Familienmitglied einen eigenen Fernseher in einem eigenen Raum. So passiert es, dass jeder in seinem Zimmer sitzt und sich dort einen Film oder eine Sendung ansieht. Die gemeinsamen Gespräche kommen dabei zu kurz. Es ist für mich auch ein erschreckendes Bild, wenn eine Gruppe, die gemeinsam in den Skiurlaub fährt, sich in Fahrpausen ausschließlich mit dem Handy beschäftigt. Es sollte ihnen auch ein Anliegen sein, miteinander zu reden. Eine andere Angewohnheit unserer Jugend sehe ich auch mit Bedauern. Für mich ist es nicht in Ordnung, dass heute Beziehungen per SMS beendet werden. Diese Art nimmt dem „Verlassenen" die Möglichkeit zu hinterfragen, warum das so gekommen ist. So bleiben viele Fragen offen. Das verursacht wiederum Unzufriedenheit, Unsicherheit und Zweifel am Selbstwert. Das tut niemandem gut.

Der Hang zum Individualisten führt zu einer verminderten Fähigkeit, gemeinsam Probleme zu lösen. Dabei wird gerade diese Kompetenz immer wichtiger. Das höre ich auch von den Kollegen aus der Wirtschaft. Soziale Fähigkeiten werden bei der Besetzung neuer Arbeitsstellen mehr nachgefragt denn je. Friedensstifter der Zukunft haben mehr Möglichkeiten, wenn sie gesellschaftliche Trends erkennen. Das bedeutet nicht zwangsläufig, dass sie fortschreitende Entwicklungen stoppen oder ihnen gegensteuern können. Ich erachte es als weitaus hilfreicher, unterschiedliche Varianten für ständig neu auftretende Herausforderungen anbieten zu können. Wie der Kellner auf einer Cocktailparty eine Auswahl an Getränken oder Speisen hat, so sollen auch Friedensstifter Optionen bieten. Dennoch muss ihnen bewusst sein, dass unter Umständen keiner ihrer Varianten Gefallen findet. Auch das gilt es auszuhalten. Das ist nicht einfach. Schließlich bietet man nur etwas an, von dem man überzeugt ist, dass es nützlich ist. Gibt einem der andere unmissverständlich zu verstehen, dass er das nicht so gut findet, so trifft uns das. Friedensstifter sind gefordert, anderen eine Wahl zu lassen, statt ihnen Ratschläge zu geben. In der U-Bahn höre ich öfters den Rat unter Freunden: „Dann wirf sie (oder ihn) doch raus!" Sie beziehen sich dabei auf Lebenspartner, die Probleme verursachen. Als Mediator muss ich nicht alle Details kennen. Wenn jemand nach dem Weg zum Stephansdom fragt, brauche ich nicht zu wissen, woher er kommt. Auch die Frage, ob jemand fremdgegangen ist oder nicht, ist mir nicht wichtig. Zu besprechen ist sie dann, wenn die Kunden das Bedürfnis dazu haben.

Seit dem letzten Drittel des 20. Jahrhunderts gibt es in den westlichen Industrieländern eine Bewegung, die sich „Alternative Dispute Resolution" nennt. Sie setzt dort an, wo sich die Defizite in klassischen Gerichtsverfahren zeigten. Vor allem das Schadenersatzrecht und die Unsicherheiten hinsichtlich des Verfahrensergebnisses in den USA trugen dazu wesentlich bei. Als größten Nachteil des Zivilprozessurteils ist jedoch das Prinzip „Alles oder nichts" zu sehen, das seit der Antike unverändert ist. Die ersten Bestrebungen der alternativen Konfliktregelung konzentrierten sich auf eine Neuausrichtung der Verhandlungen. Ein sehr bekanntes Modell ist die Harvard-Methode. Sie unterscheidet zwischen Positionen und dahinterliegenden Interessen. Bald aber zeigte sich, dass Betroffene eines eskalierten Konflikts trotz aller Erkenntnisse nur schwer zu Lösungen gelangen, die beiderseitigen Interessen dienen. Aus dieser Ursache heraus entstand das Konzept der Mediation. Der Grundgedanke dazu ist bereits seit Jahrtausenden bekannt. Es gab Mediatoren, die zwischen dem Willen Gottes und der Menschheit vermittelten. China kennt Vermittler seit schätzungsweise sechs Jahrtausenden. Es gibt in der arabischen Welt Zeugnisse, die auf Mediation hinweisen. Auch dem antiken Griechen Solon sagte man Mediationstätigkeit nach, als er ein Schuldenregulierungsverfahren umsetzte. Anhaltspunkte für dieses Konzept ziehen sich durch alle Epochen und Regionen. Neu ist der Gedanke also nicht. Neu ist aber die Entwicklung, dass Mediation in unterschiedlichen Konfliktsituationen, wie Privat-, Verwaltung- und sogar Strafrecht, eingesetzt wird und sich dadurch die Berufsgruppe der MediatorInnen entwickelte. Kennzeichnend für den Beruf ist das Fehlen eines formellen Machtmittels. Mediatoren können niemanden zu einer Vereinbarung zwingen. Sie haben darauf zu achten, dass sie das Vertrauen sämtlicher Parteien gewinnen. Nur so kann eine Mediation Erfolg haben.

Der kultivierte Umgang mit Konflikten in der Vermittlung ist nicht gleichbedeutend mit Konfliktlösung. Er beinhaltet zuallererst die Akzeptanz von Konflikten als grundlegenden Bestandteil unseres Lebens – das verborgene Bindeglied zwischen Frieden und Krieg. Gerade in der heutigen westlichen Welt, in der es nahezu Gewohnheit wurde, dass fast alle Wünsche unmittelbar erfüllt werden, findet eine fundamentale Verdrängung von Konflikten statt. Dennoch waren und sind sie immer vorhanden. Das beweist die Geschichte der Menschheit genauso wie die eigene Biografie. Möglicherweise ist einer der Hauptgründe für die Verleugnung von Konflikten jener, dass wir uns ihnen meist erst dann stellen, wenn bewusste wechselseitige Verletzungen geschehen. Dann befinden wir uns in einem Kriegszustand. Dieser beinhaltet die Absicht, andere zu schädigen. Er verursacht allerdings noch andere negative Voraussetzungen. Menschen, die sich mit einem anderen in einem Krieg befinden, setzen Taktiken der Täuschung ein. Außerdem führen sie zu Wahrnehmungsverzerrungen. Das „Böse" des anderen verstärkt sich, um eigene Taten zu rechtfertigen. Die gegenseitigen Handlungen konzentrieren sich auf die Schädigung. Die Beseitigung von Konfliktursachen tritt in den Hintergrund. Als Lösung des Konflikts wird meist allein schon die Tatsache gewertet, dass die Angriffe gegeneinander aufhören. Dies kann beispielsweise durch den Aufbau von Mauern geschehen, durch die Anwendung des Rechts oder im Extremfall die Vernichtung des anderen. Ist von zwei Streitparteien einer tot, ist der Konflikt scheinbar gelöst. Ein kultivierter Umgang mit Konflikten sieht anders aus. Verstehen Menschen, dass Konflikte allein dadurch entstehen, dass unterschiedliche Bedürfnisse miteinander im Widerspruch stehen, so können sie bereits viel früher eingreifen. Sie können unter Umständen dadurch einen Krieg verhindern.

1995 fand die Gründung des aktuell größten Mediationsverbandes in Österreich statt. Die Geschichte der Mediation spiegelt sich auch im Österreichischen Bundesverband für Mediation wider. Der Verein wuchs in den zwanzig Jahren auf mehr als 2.200 Mitglieder. Doch der Wandel vollzieht sich nicht nur durch das Ansteigen der Mitglieder. Er umfasst auch die inhaltliche Ausrichtung. Während sich der Ursprungsgedanke eher um jene Menschen drehte, die Mediation zumindest als berufliche Nebentätigkeit ausübten oder ausüben wollten, so liegt das aktuelle Hauptaugenmerk auf der Verbreitung der Mediation an sich. Vor allem durch das Bestreben des Präsidenten des Verbands, Herbert Drexler, ergab sich auch eine strukturelle Dreiteilung des Mediationsgedankens.

Die klassische Darstellung der Mediation als Beruf oder Prozess ist jene, in der zumindest zwei Streitparteien auf die Hilfe neutraler Dritter zurückgreifen. Mediatorinnen und Mediatoren unterstützen dabei, Konflikte kultiviert auszutragen. Sie fördern dabei einen möglichst kooperativen und eigenverantwortlichen Umgang mit unerfüllten Bedürfnissen. Die dabei eingesetzten Techniken sind natürlich nicht nur von professionellen Mediatoren einsetzbar. Jeder Interessierte kann sie erlernen und selbst im Alltagsleben oder in speziellen Situationen einsetzen. Die Basis und die Grundlage jedes mediatorischen Handelns ist jedoch die mediative Grundhaltung. Menschen mit dieser Einstellung gehen davon aus, dass es Lösungen für Probleme gibt, bei denen alle gewinnen können. Deshalb sehen sie das Auftreten von Konflikten nicht notwendigerweise als Angriff von anderen. Sie können daher auf die Suche nach Schuldigen weitgehend verzichten und sich gemeinsam mit den anderen Streitparteien auf die Suche nach sinnvollen Veränderungen machen. Gemeinsame Vereinbarungen müssen dabei nicht alle offenen Wünsche erfüllen. Sie sollten aber folgende

Grundbedürfnisse berücksichtigen: die Klarheit und Einigkeit darüber, ob und in welcher Form eine Kooperation oder Beziehung weiter möglich ist.

Der deutsche Psychologe und Hochschulprofessor Leo Montada ist der Meinung, dass Konflikte ausschließlich durch widersprüchliche Gerechtigkeitsvorstellungen entstehen. Jemand, der sich subjektiv ungerecht behandelt fühlt, sieht seine eigenen Erwartungen verletzt oder bedroht. Mit dieser Behauptung setzte sich auch der deutsche Mediator und Rechtsprofessor Anusheh Rafi auseinander. Er stimmt Montada zu, dass Ungerechtigkeit soziale Konflikte verursacht. Allerdings bringt er schlüssige Beispiele dafür, dass es auch andere Ursachen für sie gibt. Besonders anschaulich ist die Situation während einer Trennung oder Scheidung. Möchte ein Elternteil in ein weit entferntes Land ziehen, dann haben beide Eltern den berechtigten und gerechtfertigten Wunsch, die Kinder (sofort) bei sich zu haben. Es ist auch klar, dass ein Modell mit zwei gleichzeitigen Wohnsitzen hier nicht infrage kommt. Beide Eltern teilen sich die Sorge, die Beziehung zu den Kindern zu verlieren. Oft sind sich auch beide Elternteile darüber einig, dass jeder von ihnen einen gleichberechtigten Anspruch auf die Kinder hat. Entsprechend Montada gäbe es dann gar keinen Konflikt. Rafi widerspricht dem.

Frieden und Gerechtigkeit stehen unmittelbar miteinander in Bezug. In einer ungerechten Welt kann kein Frieden sein. Dennoch zeigt die oben dargestellte Diskussion, dass für den Frieden die Bedürfniserfüllung die stärkere Komponente ist als die Gerechtigkeit. Auch in einer „gerechten" Gesellschaft gibt es unerfüllte Bedürfnisse, in einer „ungerechten" gibt es sie jedenfalls. Diese Auseinandersetzung mag zwar auf den ersten Blick als Wortklauberei erscheinen, hat allerdings wesentliche Konsequenzen. Die Entscheidung „gerecht" oder „ungerecht", die ohnehin jeder nur subjektiv für sich bewerten kann, ist aus diesen Erkenntnissen heraus nicht mehr so wichtig. Der Friedenszustand, in dem alle Bedürfnisse erfüllt sind, ist jedenfalls gerecht. In der Konfliktarbeit sollte daher der Fokus mehr auf die Bedürfnisse als auf die Gerechtigkeit gelegt werden. Das bedeutet ein großes Umdenken für die Zukunft. Heute hat das Recht als Hoffnungsträger der Gerechtigkeit einen immens hohen Stellenwert. Wahre Bedürfnisse sind oft nicht bekannt, werden verdrängt oder vernachlässigt. Dennoch hängt Frieden eher von der Befriedigung von Bedürfnissen ab als von der Verwirklichung von Gerechtigkeit. Das oben angeführte Beispiel der trennungswilligen Eltern illustriert das sehr eindrucksvoll. Kein Gesetz kann hier Grundlage für ein gerechtes Urteil in der Frage bieten, bei welchem Elternteil die Kinder bleiben sollen. Möglich ist maximal die Feststellung einer Kindesentführung. Das steht in krassem Widerspruch zu den Bedürfnissen der gesamten Familie. Gefordert ist vielmehr ein Verfahren, welches das Bedürfnis der Aufrechterhaltung aller Beziehungen zwischen Familienmitgliedern fördert. Sowohl der Prozess einer Mediation, unterstützt durch professionelle Mediatoren, als auch eine in der Familie vorherrschende mediative Grundhaltung kann dazu beitragen.

Nicole Sveda
Büroadministration Österreichischer
Bundesverband für Mediation

Großfamilie als Grundstein

Meine Eltern haben mich sehr jung bekommen. Sie hatten beide damals gerade ihre Lehre abgeschlossen. Mein Vater ist Wiener und meine Mutter kommt ursprünglich aus dem Burgenland. Soweit ich es nachvollziehen kann, habe ich österreichische Wurzeln – vielleicht auch ungarische. Ich habe noch zwei jüngere Brüder, von denen einer noch zu Hause wohnt. Ich bin die Älteste. Wir hatten und haben einen sehr starken Familienzusammenhalt in der Großfamilie. Das ist uns allen sehr wichtig. Meine Cousinen und Cousins sind gemeinsam mit mir aufgewachsen. Wir haben früher oft Kindertausch gemacht. Da kamen die Cousins zu uns und wir zu ihnen. Daher lernten wir uns gut kennen und mögen uns bis heute alle fast wie Brüder und Schwestern. Wir sind das gemeinsame Aufwachsen gewohnt. Auch heute noch sehen wir uns regelmäßig einmal in der Woche. So gehen meine Brüder beispielsweise einmal in der Woche mit dem Vater Fußball spielen. Daher pflegen wir nicht nur ein Auskommen miteinander, sondern ein gemeinsames Leben.

Die Familie – speziell meine Mutter – hat mich sehr geprägt. Sie war meine Ansprechperson für alle Fragen. Mein Vater hat viel gearbeitet und meine Mutter hat das innerfamiliäre Gleichgewicht gehalten. Sie ist mit uns sehr liebevoll umgegangen. Trotzdem hat sie auch Strafen verteilt. So kann ich mich erinnern, dass ich einmal den Satz „Ich darf den Christbaum nicht alleine anzünden" hundert Mal schreiben musste. Dabei wollten wir Kinder nur nochmals Weihnachten spielen. Wir haben die Spielsachen noch einmal eingepackt und ich habe die Kerzen ohne Anwesenheit meiner Eltern angezündet. Meine Mutter war nur kurz weg. Nach ihrer Rückkehr hat sie bemerkt, dass Wachs getropft war. Seitdem haben wir keine echten Kerzen mehr am Christbaum. Ich musste die Sätze schreiben, damit ich mir das merkte. Meist haben wir aber geredet – auch wenn es unterschiedliche Meinungen gab. Dies lief so ab, dass wir uns in der Küche getroffen haben und bis in die Nacht hinein dort saßen. Meine Mutter war damals selbst auch in Vollzeit berufstätig. Irgendwann sagte sie dann: „Niki, jetzt gehen wir schlafen." Wir haben dort über alles Mögliche geredet: über die Probleme in der Familie, in der Schule, mit den Freunden. Sie hat mir zugehört und fast nie Vorwürfe gemacht – auch wenn sie in vielen Dingen anderer Meinung war als ich. Natürlich hat sie mir auch Grenzen gesetzt.

Ich habe einmal versucht, die Schule zu schwänzen. Ich habe damals stundenlang im Stiegenhaus gewartet, bis sie weggeht. Irgendwann dachte ich, dass es so weit sei. Ich läutete bei unserer Wohnungstür an und wollte gerade den Schlüssel hineinstecken, als plötzlich meine Mutter bei der Tür stand. Sie hat damals nicht wirklich mit mir geschimpft. Es war für mich schlimm genug, ihr in die Augen sehen zu müssen. Den Versuch habe ich nie wieder gemacht. Sie hat mir klargemacht, dass sie in Zukunft in der Schule anrufen werde, ob ich da sei. Eine kurze Zeit hat sie mich auch ignoriert. Es waren deutliche Zeichen, dass ich etwas getan hatte, was für sie nicht in Ordnung war.
 Bei den typischen Alltagsfragen war sie auch sehr diplomatisch. Wollte ich einmal den Müll auf ihren Wunsch nicht runtertragen, so sagte sie Folgendes: „Okay, Nicole, du wirst auch von mir wieder etwas brauchen. Und dann werde ich auch Nein sagen." Das hat ein Nachdenken bei mir ausgelöst. Ich habe erkannt, dass ich sicher wieder mal etwas von ihr will. Weil ich auch ihre Konsequenz kannte, konnte ich mir vorstellen, dass sie ihre Worte wahr machen würde. Sie erinnerte sich an dieses „Versprechen" sehr lange. Ihre Antwort auf meine Wünsche war dann: „Okay, wie war das nochmals mit dem Müll runtertragen? Jetzt willst du von mir zehn Euro?" Sie hat mir ein schlechtes Gewissen in diesen Fällen regelrecht anerzogen.

Auch später hatten wir ein ausgezeichnetes Verhältnis zueinander. Wir meisterten meine Pubertät ohne große Diskussionen. Wir waren füreinander da. Ich durfte alle meine Freunde zu mir mit nach Hause nehmen. So hat meine Familie auch diese kennengelernt. Ein einziges Mal habe ich die aktive Beziehung mit ihr unterbrochen. Ich war damals 23 Jahre alt und hatte bereits eine eigene Wohnung. Sie hatte sich in dem Fall zu sehr in mein Leben eingemischt. Ich hatte damals einen Freund, der mir nicht gutgetan hat. Die Situation mit meiner Familie und ihm war sehr schwierig. Meine Familie hat mir empfohlen, ihn zu verlassen. Mein Freund hat sich dadurch natürlich in die Ecke gedrängt gefühlt. Einmal hatte dann mein Vater mit ihm einen sehr ernsten Streit. Ich habe meine Mutter damals sehr eindringlich gebeten, sich nicht weiter einzumischen. Das konnte sie nicht. Mir hat dies ziemliche Probleme mit meinem Freund gemacht. Meine Mutter hat zu diesem Zeitpunkt meine Grenze deutlich überschritten. Am meisten hat mich gekränkt, dass sie mich als „Unwissende" hingestellt hat. Sie hat mich belächelt. So nach dem Motto: Niki, was weißt denn du vom Leben? Das war für mich sehr überheblich. Damals hatte ich ein halbes Jahr lang keinen Kontakt mit ihr. Das war sehr lange für mich und für sie. Meine Mutter rief mich natürlich an und versuchte, mich zu erreichen. Teilweise habe ich dann auch Telefongespräche mit ihr unterbrochen. Für meine Mutter war das sicher eine schwierigere Zeit als für mich. Dann wurde mein schlechtes Gewissen ihr gegenüber immer größer. Mir war allerdings klar, dass ich das nicht ewig machen wolle. Sie hat natürlich auch mir gefehlt. Eines Tages bin ich dann wieder zu ihr gefahren. So ganz geklärt ist diese Situation aber bis heute noch nicht. Ich habe ihr erklärt, warum ich den Abstand brauchte. Ich hätte mir damals erwartet, dass sie sich bei mir entschuldigt. Das ist nicht passiert. Sie hat auch bisher nicht zugegeben, dass sie falsch reagiert hat. Allerdings hat sie ihr Verhalten mir gegenüber verändert. Das zeigt mir zu-

mindest, dass sie ein gewisses Einsehen hat. Die Überheblichkeit mir gegenüber gibt es heute nicht mehr. Auch wenn ich ihr Kind bin, sieht sie mich als gleichwertig an. Etwas anderes würde sie sich nicht mehr trauen. Das ist der Respekt, den man sich auch als Kind bei seinen Eltern schaffen muss. Natürlich kann ich mich auch in die Situation meiner Mutter versetzen. Es ist sehr schwer, wenn ich in gewisse Geschehnisse meines Kindes nicht eingreifen kann. Es war mir schon klar, dass sie damals Angst um mich hatte. Eltern haben ein großes Bestreben, ihre Kinder vor allen Unannehmlichkeiten zu beschützen. Sie dürfen dabei aber nicht die Würde und Eigenverantwortung ihrer Kinder übersehen. Normalerweise zeige ich nicht diese Härte oder Kälte, doch in dem Fall hat es geholfen. Es hat mir und ihr gezeigt, dass es wichtig ist, dass sie mich auf Augenhöhe behandelt. Die Frage, ob sie oder ich in der kritischen Situation recht gehabt hat, haben wir nie geklärt. Das ist auch nicht nötig.

Partnerschaft und Familie

Viel gelernt habe ich auch aus der partnerschaftlichen Beziehung, die zum Streit mit meinen Eltern führte. Ich war damals mit einem älteren Mann zusammen. Er und seine sechsjährige Tochter haben bei mir gelebt. Eine 17-jährige Tochter von ihm wohnte noch bei ihrer Mutter. Die Mutter der Kinder war sehr mit sich selbst beschäftigt. Daher ergaben sich zu ihr nicht viele Kontakte. Die Beziehung dauerte drei Jahre lang. Im dritten Jahr der Partnerschaft verbrachte dann auch die zweite Tochter viel Zeit bei mir. Ich hatte somit eine vierköpfige Familie in einer 50-m^2-Wohnung. Konflikte waren da vorprogrammiert. Besonders einprägsam waren die Auseinandersetzungen über die Kindererziehung mit meinem Partner – vor allem wegen der jüngeren Tochter. Ich habe damals gar nicht verstanden, dass ein anderer – das Kind – ständig im

Mittelpunkt stand. Das wiederum provozierte meinen Lebensgefährten. Er war der Meinung, dass seine Tochter zu wenig gefordert sei. Meine Art, mit Kindern zu lernen, waren YouTube-Videos oder Singen. Ich habe ein Belohnungssystem eingeführt. Für ihn war das eine Soldatenregelung. Er war zwar froh, dass er sich nicht um die Erziehung kümmern musste. Doch war es ihm nicht recht, wie ich es gemacht habe. Mir hat auch die Enge zu schaffen gemacht. Ich konnte nie mehr alleine sein. Irgendwann wollten sie auch noch das Schlafzimmer zum Kinderzimmer umfunktionieren. Ich hätte ins Wohnzimmer ziehen müssen. Das war mir dann zu viel. Weil auch die Schwierigkeiten mit meinem Partner immer größer wurden, habe ich mir weniger von den Kindern gefallen lassen. Mein Partner war damals sehr dominant. Manchmal kam es sogar zu kleinen Handgreiflichkeiten. Das war mir sehr fremd, weil ich bisher diese Erfahrung nicht gemacht hatte.

In der Regel hatte ich unterschiedliche Strategien, um ihn wieder zu beruhigen. Er war ein Diskutierer und hat viel dramatisiert. Manchmal zeigte ich Verständnis und meinte: „Ja, es war mein Fehler." Wenn das nichts geholfen hat, habe ich ihn ignoriert. Oft hat er sich dadurch aber nicht ernst genommen gefühlt. Das hat ihm dann auch nicht gefallen und manchmal den Streit noch verschlimmert. Auch das Witzemachen war manchmal im Programm. Ein „Ist ja nicht so schlimm, meine Güte, was ist denn schon passiert?". Bei wirklichen Streitereien hat das Weggehen am besten funktioniert. Ich bin dann aus der Wohnung raus und habe ihn ausspinnen lassen. Doch manchmal hat alles nichts genutzt.

    Irgendwann kam dann der Punkt, wo das Ende der Beziehung begann. An den Abend erinnere ich mich noch genau. Ich kam von einer Generalversammlung des ÖBM – meines Arbeitgebers – nach Hause. Es war fast Mitternacht. Er kannte vom Programm her das offizielle Ende der Veranstaltung und war wütend. Natürlich hatte ich ihn darüber informiert, dass ich länger bliebe. Ich kam mit dem Taxi nach Hause. Beim Aussteigen hat er dann schon auf mich gewartet. Er zerrte mich aus dem Taxi und warf die Blumen und die Pralinen, die ich erhalten hatte, auf den Boden. Irgendwann lag ich draußen auf dem Boden und fühlte mich sehr hilflos. Obwohl alles viel Lärm machte, kam niemand von den Nachbarn zu Hilfe. Dann dachte ich mir, dass ich mir das nicht gefallen lassen könne. In dem Moment bin ich aufgestanden und habe ihm ebenfalls eine Ohrfeige gegeben mit den Worten: „So kannst du mit mir nicht umgehen." Dann ging es hin und her. Die Nacht habe ich im Badezimmer verbracht. Ich habe nicht geschlafen. Am nächsten Tag wollte mein Partner nicht zur Arbeit. Irgendwann musste er dann doch raus – zum Arzt. Ich kann mich noch genau erinnern, dass er damals sein Verhalten vom Vorabend sehr bedauert hatte. Er kniete vor mir und fragte mich, ob ich noch da sei, wenn er zurückkäme. In dem Moment musste ich eine Maske aufsetzen. Ich wusste, dass er nicht gehen würde, wenn ich ihm die Wahrheit sagte. Daher beruhigte ich ihn und versicherte ihm, dass ich bliebe. Und das, obwohl ich anderes vorhatte. Ich konnte nicht anders. Am schlimmsten für mich waren dabei seine Worte: „Weil du dich falsch verhalten hast ..." Das hat mir den Rest gegeben. Er war bis zum Schluss davon überzeugt, dass er mich nur deshalb so behandelt hätte, weil ich einen Fehler gemacht hatte. Das habe ich nicht mehr ausgehalten.

Ich habe in dieser Situation deutlich gesehen, wie eifersüchtig und besitzergreifend er war. Er konnte nicht anders. Ich entschloss mich zur Trennung von ihm. Das ist mir sehr schwer gefallen. Am meisten habe ich wegen seiner Tochter gelitten. Sie wussten damals nicht, wohin. Daher habe ich sie noch einige Zeit in meiner Wohnung gelassen, um sich eine neue zu suchen. Ich habe in der Zwischenzeit bei meiner Familie und meinen Freunden gelebt –

mit dem Koffer vom einen zum anderen – wie ein Vagabund. Das hat ungefähr ein halbes bis ein Dreivierteljahr gedauert. Bei den Gesprächen mit meinem ehemaligen Partner war dann immer ein anderer dabei. Geschafft habe ich die Trennung und das wegen meiner Freunde und meiner Familie. Sie standen in dieser sehr schwierigen Zeit voll hinter mir. Am Anfang holten sie mich von der Arbeit ab und brachten mich auch dorthin. So bin ich nie allein gewesen und musste keine Angst haben. Sie haben mir mehr als Ratschläge gegeben. Diese habe ich am Anfang auch nicht so wahrhaben wollen. Mein Ex-Partner hat das natürlich wahrgenommen. Wäre mir die Familie nicht beigestanden, wäre ich sicher länger geblieben. So hat mir eine Cousine regelrecht ein Ultimatum gestellt. Ich hatte ihr von den Vorkommnissen erzählt. Sie meinte dazu, dass sie bei der nächsten Steigerung die Eltern informiere. Sie wollte natürlich auch nicht tatenlos zusehen. An dem Abend der Generalversammlung war ich sehr verzweifelt. Ich rief sie an und sie informierte meinen Onkel. Meine Eltern konnte ich in dem Moment nicht kontaktieren. Das wäre für mich ein Gesichtsverlust gewesen. Mein Onkel ist Polizist. Er hat mir von Frauenhäusern erzählt und wie es dort sei. Für mich selbst war das gar nicht so schlimm. Es war ja nicht so, dass ich jeden Tag eine Ohrfeige bekam. Wenn es passiert war, hatte ich es eher als ein „Hand-Ausrutschen" erlebt. Wie in einem Film habe ich es runtergespielt. Ich hätte auch nicht mehr zu ihm zurück gekonnt. Das, was an dem Abend passiert war, hätte ich ihm nie mehr verziehen.

Ich habe über das Geschehene lange und immer wieder nachgedacht. Es war mir klar, dass mein Freund mir nichts Böses tun wollte. Es waren die Erfahrungen seiner Vergangenheit, die ihn zu den Handlungen gebracht hatten. Er wollte mich nicht verlieren, weil ich ihm sehr wichtig war. Wir hatten in anderen Situationen auch sehr viel Spaß miteinander. Von allen meinen *partnerschaftlichen Beziehungen habe ich aus dieser am meisten gelernt. Ich kenne nun die Herausforderungen bei der Erziehung von Kindern. Ich weiß, dass Gewalt im Zusammenleben vorkommen kann. Ich weiß aber auch, wie ich da wieder rauskomme. Auch der Umgang mit Haushalt und Budget war damals ganz neu zu regeln. Auch davon habe ich sehr profitiert. Durch diese Beziehung bin ich wesentlich selbstständiger geworden. Ich weiß nun, dass ich eine ganze Familie versorgen kann.*

Freundeskreis zur Förderung der Vielfalt

Ein wichtiger Teil meines Lebens sind natürlich auch meine Freunde. Ich habe einen sehr konträren Freundeskreis. Eine Freundin ist Türkin, die ganz spezielle Vorstellungen von Familie und Ehre hat. Eine andere wiederum ist sehr fixiert darauf, was andere Leute von ihr denken. Eine weitere ist sehr offen. Es gibt natürlich auch Freaks darunter. So habe ich eine Runde von fünf Freundinnen, die sich einmal im Monat an einem Abend treffen. Wir kennen uns seit rund drei Jahren und haben uns durch die Abendschule kennengelernt. Besonders schön finde ich eine konkrete Regelung von uns: Wir machen abwechselnd Vorschläge zur Gestaltung des Treffens. Das bedeutet, dass wir an dem Abend einen Teil des Lebens von einer anderen kennenlernen. Das reicht von der Gothic Szene bis zum Lesbenumfeld. So waren wir einmal im schwarzen Reigen, wo alle Anwesenden sehr düster gewirkt haben. Ich habe mich in Schwarz gekleidet. Trotzdem war für alle deutlich, dass ich hier „fremd" war. Zu Beginn haben mich alle ganz komisch angesehen, weil ihnen nicht klar war, wie ich in das Lokal gekommen war. Nicht nur ich mit meinem Hintergrund war da, auch die sehr konservative Türkin hatte sich auf das Experiment eingelassen. Das ist nicht ganz selbstverständlich, wenn man bedenkt, dass in dem Lokal alle fast nackt waren. Für mich war besonders der böse Blick fürs gemeinsame Foto eine große Herausforderung, weil ich eine Frohnatur bin. Durch das gemeinsame Tanzen und Reden ist der Abend dann sehr lustig geworden. Es war alles sehr fremd, letztlich habe ich mich aber total wohlgefühlt. Das ist natürlich nicht einseitig. Unsere Gothic Freundin geht auch mit in die Cocktailbar – in ihrem Outfit.

Arbeit im Bundesverband für Mediation

Ich bin seit sechs Jahren beim ÖBM. Er war mein erster und bisher einziger Arbeitgeber. Bei der Arbeitssuche war ich nach unterschiedlichen Kriterien vorgegangen. Erfahren hatte ich von dem Jobangebot über eine Freundin. Deswegen hatte ich mich beworben. Ich wollte in ein kleines Büro, weil ich glaube, dass man dort am meisten lernen könne. Das hat sich auch sicher bewahrheitet. Außerdem gab es auch immer einen sehr familiären Umgang miteinander. Besonders interessant ist es für mich, mit so unterschiedlichen Menschen in Kontakt zu kommen. Auch der Hintergrund des ÖBM spricht mich sehr an. Es macht für mich einfach Sinn, sich über die Art und Weise des Umgangs mit Konflikten Gedanken zu machen. Hier geht es um die Menschlichkeit. Das ist auch mir persönlich ein wichtiges Anliegen. Ich brauche keine Kochtöpfe zu verkaufen. Das, was wir hier im Verein machen, kann nur ein Vorteil für alle sein. Es fühlt sich richtig an. Insofern war es bisher eine ausgezeichnete Ergänzung zur Familie. Ich hatte sozusagen auch hier am Arbeitsplatz ein Zuhause. Ich habe hier auch Freiräume. Wenn zum Beispiel mein Opa krank ist, dann wird niemand sagen, dass ich nicht zu ihm gehen dürfe. Natürlich hat auch alles seinen Rahmen. Jedenfalls konnte ich immer ehrlich sagen, was ich brauche. Das ist nicht so selbstverständlich.

Als ich angefangen habe, waren wir im Büro zu zweit, jetzt sind wir zu dritt. Dazu kommen viele ehrenamtliche Funktionäre und über 2000 Mitglieder. Wir haben auch ziemliche Schwankungen, was den Arbeitsanfall betrifft. Im Sommer ist es meistens sehr ruhig. Dafür gibt es zu anderen Zeiten wirkliche Spitzen. Wir hatten beispielsweise 2013 bundesweit rund 60 Veranstaltungen, die alle über das Büro abgewickelt wurden. Bei diesen Rahmenbedingungen ist es logisch, dass viele Wünsche an das Büro herangetragen werden. Dies passiert oft gleichzeitig mit dem Hinweis, dass alles sehr dringend sei. Vor allem für die Mitglieder ist das Büro eine Art Beschwerdeanlaufstelle. Daher sind wir hier sehr gefordert, mit den Anfragen von außen gut umzugehen.

Das Wichtigste in meinem Job ist, neutral zu bleiben. Ich höre von allen unterschiedlichen Menschen in der Arbeit unterschiedliche Meinungen und manchmal auch Ärgernisse. Manchmal reicht es, nur zuzuhören. Manchmal bin ich aber auch mit konträren Wünschen konfrontiert. Dann gebe ich das an jene Personen weiter, die das sonst noch betrifft. Meist nenne ich dann aber keine Namen, sondern halte nur fest, dass die Fachgruppen, der Vorstand oder ein oder mehrere Landessprecher dieser Meinung seien. Sozusagen sehe ich mich manchmal auch als Friedensstifterin für die Mediatoren. Hier ergibt sich die Spezialsituation, dass hier die Profis in der Konfliktbearbeitung miteinander arbeiten. Unsere Funktionäre sind sehr engagiert und arbeiten oft viele Stunden ehrenamtlich für den Verein. Sie haben sehr konkrete Vorstellungen von dem, was hier passieren soll. Natürlich gibt es dabei Meinungsverschiedenheiten und es entstehen auch viele Konflikte. Im Gegensatz zu vielen anderen Menschen gehen Mediatoren meist sehr bewusst mit ihnen um. Oft erkennen sie persönlich, wenn sie sich in einem Konflikt befinden. Sie haben durch ihre spezielle Ausbildung und ihre Erfahrungen auch ein weites Spektrum an Alternativen im Umgang damit. Trotzdem kommt es immer wieder zu Situationen, in denen sie nicht aufeinander zugehen können – obwohl es hilfreich wäre. Ich werde auch immer wieder gefragt, wie ich bestimmte Situationen einschätze. Dabei ist es mir immer wichtig, ehrlich zu sein und dann auch zu meiner Meinung zu stehen. Trotzdem muss gerade ich bei meiner Arbeit besonders darauf achten, dass ich niemanden benachteilige. Gab es heftigere Auseinandersetzungen, bin ich oft die Erste, die die Wut auf andere zu spüren bekam. Dann war es mir immer ein Anliegen, zuzuhören und dem anderen die Gelegenheit zum Reden zu geben.

Am wichtigsten ist mir allerdings, dass das Klima im Kleinbüro stimmt. Wenn das passt, dann haben Einflüsse von außen keine so große Wirkung. Daher ist Zusammenhalt bei uns in der Gruppe besonders wichtig. Wir sind sozusagen das Herz des ÖBM. Gelingt bei uns die Zusammenarbeit, dann wirkt sich das auch auf außen aus. Haben wir interne Schwierigkeiten, so merken das nicht nur unsere unmittelbaren Vorgesetzten, sondern auch die Mitglieder – sozusagen die Gemeinschaft der Mediatoren, der Konfliktexperten. Das entwickelt dann eine ganz unterschiedliche Dynamik.

Frieden in ehrlichen und sicheren Beziehungen

Frieden gibt es dann, wenn alle Bedürfnisse gedeckt sind. Dann sind Menschen zufrieden. Auch wenn nicht alle Wünsche erfüllt werden, kann es Frieden geben. Es ist logisch, dass nicht alles so funktioniert, wie ich mir das so vorstelle. Daher ist eine Priorisierung so wichtig. Konflikte geben mir einen Wegweiser, welche Bedürfnisse für meinen eigenen Frieden wichtig und welche unwichtig sind. Dann weiß ich, dass ich an dieser konkreten Situation etwas ändern muss. Manche Bedürfnisse stellen sich dann nicht nur als unerfüllbar heraus, sondern vielleicht auch als unerwünscht. Die wirklich wichtigen Bedürfnisse sind wenige.

Ich kann sehr schlecht damit umgehen, wenn ein anderer leidet. Da ist es einfacher für mich, selbst zu leiden. Wenn es meiner Mutter oder meinen Geschwistern schlecht gegangen ist, war das schlimmer, als wenn ich selbst betroffen war. Daher sind mir auch **Beziehungen** *so wichtig. Mir tut es weh, wenn ich sie beenden muss, weil ich andere nicht leiden sehen kann. Wenn es schon sein muss, ist es mir lieber, wenn der andere die Beziehung beendet. Dann brauche ich mich nur mit meiner eigenen Trauer auseinandersetzen. Ich weiß, dass der andere es so wollte. Ich selbst fördere meine Beziehungen aktiv und überlege mir Trennungen sehr gut. Innerhalb der Familie kann ich mir keine Situation vorstellen, in der ich von mir aus den Kontakt total abbrechen würde. Unterbrechungen sind möglich, doch immer nur mit der Gewissheit, dass sich das irgendwann wieder richten wird.*

Die meisten Schwierigkeiten haben wir heute – aus meiner Sicht – mit der **Ehrlichkeit**. *Es hat keinen Sinn, jemandem etwas vorzuspielen. Trotzdem setzen wir immer wieder eine Maske auf. Wir täuschen uns und anderen etwas vor, was nicht ist. Es ist sehr schwierig für uns, offene Worte für Unangenehmes zu finden. Dabei ist gerade diese Eigenschaft unumgänglich. Was hilft mir* *ein teures Geschenk, das mir nicht gefällt. Spreche ich das nicht an, so werde ich nie das bekommen, was ich wirklich will. Macht sich jemand aufrichtige Gedanken, womit er mir Freude bereitet, so ist es egal, wie viel Geld dafür ausgegeben wurde. Das kann man auch so formulieren, dass man den anderen nicht verletzt. Viele von uns können auch mit Ehrlichkeit nicht umgehen. Sie fühlen sich dann zurückgewiesen oder nicht wertgeschätzt. Dabei müsste ihnen doch Gewissheit lieber sein. Das ist heute leider nur selten so. Lügen oder Ausweichen ist auch oft Taktik, weil wir durch das Ansprechen der Wahrheit einen Nachteil befürchten. Wir handeln entsprechend unserer Erfahrung. Wahrscheinlich haben viele Menschen durch die Wahrheit echte Schwierigkeiten bekommen. Hat jemand in der Vergangenheit bereits erlebt, dass Ehrlichkeit Vorteile bringt, so wird er auch eher offen sein. Dabei müssen wir bei uns selbst beginnen. Wir müssen uns zuerst selbst kennenlernen. Das ist wichtig. Man kann sich nur selbst treu bleiben, wenn man weiß, was zählt. Dann stehe ich auch dazu, auch wenn mich die anderen gern anders hätten. Der zukünftige Frieden in Österreich hängt meiner Meinung nach davon ab, wie ehrlich wir mit uns selbst und den anderen umgehen. Die Ehrlichkeit ebnet das wechselseitige Verständnis. Innovationen sind nur möglich, wenn wir von anderen lernen können. Das funktioniert nur dann, wenn wir voneinander wissen, in welchen Punkten wir uns voneinander unterscheiden und wo wir gleich sind.*

Ein weiteres wichtiges Bedürfnis ist **Sicherheit**. *Sie besteht nicht nur in dem guten Gefühl, wenn ich allein am Abend nach Hause gehe oder in ein Flugzeug steige. Voraussetzung für Sicherheit ist Vertrauen – in Menschen, in die Umwelt und Technik. Sicherheit ist auch Zusammenhalt – in der Familie, am Arbeitsplatz oder in der Freizeit. Hauptsächlich ist das Verlässlichkeit. Bei Menschen beinhaltet es vor allem Beistand in kritischen Situationen, aber auch das Einhalten von Vereinbarungen. Die*

Umwelt sollte uns das liefern, was wir zum täglichen Leben brauchen. Von der Technik erwarten wir, dass sie funktioniert und mehr Nutzen als Schaden stiftet. Das dritte wichtige Bedürfnis ist **Verständnis**. Das ist die Fähigkeit, auf andere eingehen zu können. Dabei geht es darum, dass man sich in die Situation des jeweils anderen versetzen kann. Dadurch erkennt man dessen Probleme besser und kann damit leichter umgehen. Es ist aber auch die Akzeptanz des Problems eines anderen, das für mich allein gar kein Problem wäre. Dadurch, dass jemand ein Problem daraus macht, ist es da. Ein Konflikt entsteht. Nicht jeder Konflikt muss ausgetragen werden. Hier gilt es zu prüfen, ob es die Angelegenheit wert ist, Energie dafür zu verwenden. Die anderen sollte man „schlucken". Konflikte zu ignorieren ist dann eine gute Taktik, wenn ich sie selbst schnell wieder vergessen kann. Eine anhaltende Auseinandersetzung mit immer wiederkehrenden unangenehmen Fragen zeigt das Gegenteil. In dem Fall kommt es manchmal auch zu einer Trennung. Eine Loslösung von jemandem oder etwas, was uns einmal wichtig war, ist nie einfach. Sie wird aber dann notwendig, wenn sich an dem unangenehmen Gefühl gegenüber dem anderen nichts ändert. Natürlich sollten wir vor einer Trennung noch Alternativen prüfen. Je bedeutender uns etwas oder jemand war, umso genauer sollten wir das tun.

Frieden hängt einerseits von den Charakteren der Beteiligten ab, aber auch ganz wesentlich von deren Einstellung. Ist jemand der Meinung, dass er besser gestellt sei, wenn er allein kämpft, so gibt es eher Krieg. Ich selbst bin überzeugt, dass man zusammen mit anderen mehr schaffen und bewegen kann. Aber es scheint, dass nicht alle so denken. Viele wollen sich mit Konflikten auch nicht beschäftigen. Sie meinen, es sei nicht notwendig. Das kann auch so sein. Doch nicht immer lösen sie sich von selbst auf. Manchmal haben wir Kreuzungspunkte mit ihnen. So kann ich zum Beispiel einer Nachbarin, die ich nicht besonders mag, aus dem Weg gehen. Wenn ich mit ihr klären muss, wer den Schnee auf dem Gehsteig räumt, geht das nicht mehr. Dann muss ich mich nicht nur mit der Frage des Schneeräumens auseinandersetzen, sondern auch mit meiner Antipathie ihr gegenüber. Wenn sich Wege durch ein Projekt kreuzen, muss man mit anderen Menschen gemeinsam etwas bewegen. In einem Dilemma findet man sich dann, wenn es in dem Projekt deutlich unterschiedliche Vorstellungen von Zielen oder Maßnahmen gibt. Dann gibt es „Krieg".

Wenn ich einen Konflikt habe, dann versuche ich meistens, ihn von unterschiedlichen Seiten zu betrachten. Es ist dann auch notwendig, viele verschiedene Meinungen einzuholen. Nur so lerne ich unterschiedliche Perspektiven kennen. Ich habe auch den Vorteil von Freundschaften, die aus konträren Gruppierungen kommen. Durch diese Vielfalt an Meinungen bekomme ich einen ganz anderen Blickwinkel auf das Problem. Wichtig dabei ist, den gemeinsamen Kern der differenzierten Ansichten herauszufinden. Den gibt es fast immer.

Es ist nicht mein Anliegen, die anderen so zu verändern, dass sie so werden wie ich. Es ist ja gerade diese Unterschiedlichkeit, die uns so besonders macht. Wenn jemand vegan isst, dann muss ich ihn nicht dazu bekehren, Fleisch zu essen. Diese Toleranz gegenüber dem Anderssein ist sehr wertvoll. Ich muss mich auf die Welt des anderen freiwillig einlassen. Sonst entgeht mir die Chance, etwas Neues kennenzulernen. Ich gebe anderen auch gern Freiräume. Wenn eine Freundin einmal keine Zeit hat, dann bin ich ihr nicht böse, auch wenn wir uns vorab verabredet haben. Eine wesentliche Komponente ist das Dasein für andere – wenn sie das brauchen. Bei wirklichen Notfällen ist es für mich selbstverständlich, dass ich Hilfe anbiete und leiste. Besonders in der Konfrontation mit dem Fremden ist das Verständnis für das andere unumgänglich. Auch wenn ich in der Aufregung nicht korrekt handle, möchte ich die Chance zur Wiedergutmachung. Speziell in Krisenzeiten scheiden sich oft die Wege. Wirkliche Freundschaft zeichnet sich dadurch aus, dass ich mit anderen ohne Vorwürfe echte Probleme offen besprechen kann.

Friedensstifter als geduldige Verständnisförderer

Friedensstifter sollen einfühlsame und geduldige Menschen sein, die auf der Grundlage des Verständnisses für das Problem aller Beteiligten vermitteln. Daher ist eine Grundvoraussetzung für Frieden die Ehrlichkeit. Friedensstifter müssen diese fördern. Sie müssen Menschen dazu bringen, wieder die zu sein, die sie wirklich sind. Dazu müssen sie sich selbst wieder besser kennenlernen. Es muss ihnen gelingen, die Hemmung zu überwinden, über Gefühle zu reden. Offen ausgesprochene Gefühle erzeugen eine Art Nacktheit – die nackte Wahrheit. Dies ist nur dann hilfreich, wenn alle Betroffenen sich dem stellen. Dazu muss auch der Mediator einen Beitrag leisten. Verlässlichkeit fördert Vertrauen. Daher ist auch diese Komponente wichtig bei dieser Arbeit. Mediatoren müssen verbindliche Vereinbarungen schaffen. Die Kommunikation ist dabei für den Mediator so etwas Ähnliches wie die Waffe eines Ritters. Sie ist das Mittel zum Zweck.

Mediatoren brauchen Toleranz und Einfühlungsvermögen. Sie brauchen die Fähigkeit, sich in die Lage von anderen Menschen versetzen zu können – auch wenn diese ganz andere Ansichten haben als sie selbst. Sie müssen mit dem Risiko umgehen, dass eine ehrliche Stellungnahme eine Ablehnung bei anderen hervorrufen kann. Daraus entsteht die umfassende Sicht auf das Problem. Die Menschen können dann konkret an den Ursachen arbeiten.

Auch die Geduld ist ein wichtiger Erfolgsfaktor. In manchen Situationen ist auch abwarten gefragt. Gerade in Konfliktsitua-

tionen soll man nichts überstürzen. Solange es keine persönliche Betroffenheit gibt, muss nicht alles aufgeschaukelt werden. Jedenfalls müssen sie einen Appell an andere geben, in sich hineinzuhören und Reaktionen weniger spontan, sondern – wenn möglich – überlegt zu setzen. Mir fällt dazu auch die Situation deines Vaters (Anm. des Vaters von Elvira Hauska) ein. Er war indirekt auch ein Friedensstifter. Durch sein Hungern konnte er verhindern, dass er im Krieg kämpfen musste. Dieses Ergebnis hat er sicher nicht sofort gesehen, sondern er musste es über einen längeren Zeitraum aushalten.

Ganz wichtig ist es, dass Mediatoren Gerechtigkeit fördern. Damit meine ich nicht, dass sie alle Wünsche aller Menschen erfüllen. Es sollte in einem Prozess allerdings für jeden ein Gewinn möglich sein, d. h., es muss zumindest ein Bedürfnis für jeden erfüllt werden. Das kann auch sein, dass jemand die Möglichkeit erhält, seine Sichtweise darzulegen. Ich habe davon auch eine bildliche Vorstellung: Alle Beteiligten eines Problems sitzen an einem Tisch und diskutieren darüber. Gerechtigkeit besteht dann, wenn danach alle mit einem Lächeln aufstehen. Dann können die Menschen auch nach einem Streitgespräch mit einem guten Gefühl wieder auseinandergehen. Es kann auch festgestellt werden, dass an dem einen oder anderen Punkt noch weiter gearbeitet werden muss. Ob dabei auch konkrete Wünsche erfüllt wurden, ist nicht so wichtig. Jeder hat andere Vorstellungen darüber, was ein Problem ist oder nicht. Ein gutes Beispiel dafür war ein ehemaliger Bundessprecher des ÖBM, der bei der letzten Generalversammlung dabei war. Bei allen offen durchgeführten Abstimmungen hat er als Einziger gegen die Anträge gestimmt. Dabei hat er sicher vieles als ungerecht empfunden. Sein Vorgehen war sehr mutig, weil es sicher nicht einfach ist, als Einziger dagegen zu sein. Er hat dabei sicher auch viel Unverständnis geerntet. Doch zum Schluss hat er noch deutlich gemacht, dass er die aktuelle Entwicklung mit den Fachgruppen gut findet, und ist mit einem Lächeln gegangen.

Um Gerechtigkeit durchzusetzen, braucht es Mut. Manchmal ist es auch nötig, sich aufzulehnen. Das kann auch in einen Kampf münden – je nachdem, wie wichtig eine Situation eingestuft wird. So haben aktuell beispielsweise die Fachgruppen in einer internen Sitzung beschlossen, mit ihrem noch verfügbaren Budget Fachgruppen Roll Ups anzuschaffen. Die Meinung des PR-Teams dazu ist, dass diese aktuell nicht notwendig sind. In dem Gespräch zur Budgetverteilung wird es dann aber sicher nicht nur darum gehen, ob Roll Ups angeschafft werden oder nicht. Sondern es wird eher darum gehen, wer über welches Budget bestimmen darf und welche Grenzen dabei zu beachten sind. Ob dann eine konkrete Anschaffung gemacht wird, hängt davon ab, wie wichtig sie den Beteiligten ist. Es gehört Mut dazu, aufzustehen und zu sagen, dass die Fachgruppen das Recht haben, über ihr eigenes Budget selbst zu bestimmten. Wenn dem nicht zugestimmt wird, stellt sich unweigerlich die grundsätzliche Frage, welches Recht sie überhaupt haben. Dieser Prozess des Ausverhandelns ist wichtig für alle Beteiligten.*

Interessanterweise ist die Chance auf Gerechtigkeit umso größer, je mehr Menschen mit der aktuellen Situation unzufrieden sind. Einer allein wird oft nicht wahrgenommen. In Wahrheit ist das auch eine Ungerechtigkeit. Daher braucht es für die Gerechtigkeit immer einen mutigen Menschen, der Veränderungen ins Rollen bringt. Eigentlich braucht es nicht nur Friedensstifter, sondern auch Unfriedensstifter. Manchmal ist es auch gut, wenn das zwei verschiedene Personen sind. Wir haben das mit unserer früheren Buchhalterin oft so durchgespielt, wenn Mitglieder ihren Beitrag nicht zahlen wollten. Dabei habe ich zu Beginn versucht, die meisten Anrufe abzufangen. Der letzte Ausweg war dann immer, den Mitgliedern zu sagen, dass sie mit der Buchhalterin darüber reden müssen. Auch wenn sie dasselbe in einem meist härteren Ton sagte, so konnten wir durch diese Taktik viele Mitglieder *zum Zahlen bewegen. Aus dieser Sicht ist ein gut aufeinander abgestimmtes Team von Frieden- und Unfriedensstiftern die optimale Voraussetzung für ein gelingendes Zusammenarbeiten oder Zusammenleben. Dann gibt es vermehrt Situationen, bei denen alle lächeln können.*

8 DIE KUNST DES FRIEDENSSTIFTENS

Ursprünglich wollte ich an dieser Stelle die vorangegangenen Kapitel zusammenfassen. Doch ist jede Lebensgeschichte einzigartig und unverwechselbar. Das Leben und Wirken der hier dargestellten Friedensstifterinnen und Friedensstifter liefert vielfältige Ideen und unterschiedliche Denkanstöße. Dabei steht jeder Einzelne für sich wie ein Bild in einem entsprechenden Rahmen. Kein Mensch würde je auf die Idee kommen, unterschiedliche reale Zeichnungen auf ein einziges zu reduzieren. Es würde das einzelne Kunstwerk unkenntlich machen. Daher habe ich auf zusammenfassende Bemerkungen hier verzichtet. So kann jeder Leser selbst entscheiden, was er als brauchbar einstuft und was nicht. Es liegt bei jedem Einzelnen, was er selbst versuchen will, aber auch kategorisch ablehnt. Es ist nicht nur legitim, sondern auch sinnvoll, dass sich dadurch unterschiedlichste Vorstellungen zur Kunst des Friedens entwickeln. Auch der Maler Pablo Picasso hat Frieden unterschiedlich geschaffen. So hat er das Bild der Friedenstaube mit dem Olivenzweig geprägt, das nach wie vor eine große Symbolkraft hat. Er hat aber auch viele andere Kunstwerke zum Thema Frieden geschaffen. Ein weniger bekanntes Bild von ihm zeigt das Leichenhaus. Auch hier ist die Verbindung zu Frieden durchaus herstellbar. Sie hat allerdings einen anderen Beigeschmack. Selbst die Friedenstaube wird sehr kontrovers dargestellt. Beispiele dafür liefert der Band „Zeichnen für den Frieden" der Landessammlungen Niederösterreich. Er zeigt unterschiedliche Aspekte des Friedens in der Karikatur. Klaus Stuttmann lässt darin beispielsweise im Jahr 2013 weiße Friedenstauben auf den amerikanischen Präsidenten und Friedensnobelpreisträger Obama regnen, während er erstmals in seiner Amtszeit Israel einen Besuch abstattet. Oder Erich Sokol, in dessen Darstellung des Jahres 1956 sich eine große sowjetische Friedenstaube auf ungarischen Leichen breitmacht. Diese und viele andere Bilder verkörpern die unterschiedlichen Aspekte des Friedensstiftens.

Auch das durchaus nachvollziehbare Bestreben, Frieden ausschließlich durch friedliche Mittel zu erreichen, ist unterschiedlichen Interpretationen ausgesetzt. Die russischen Soldaten in Ungarn von 1956 fühlten sich möglicherweise selbst als „friedliche" Friedensstifter. Vielleicht schloss sich sogar ein Teil der ungarischen Bevölkerung dieser Meinung an. Jene, die Familienmitglieder, Arbeit und Besitz verloren, waren sicherlich gegenteiliger Ansicht. Egal, um welches prägende Konflikt- oder Kriegsereignis es sich in der Geschichte handelte – die Vorstellung darüber, wann Mittel zur Friedensstiftung friedlich oder gerechtfertigt sind, ist eine subjektive Einschätzung. Es ist daher schwer vorstellbar, dass irgendein festgeschriebenes Gesetz ein gerechtes Urteil über die Schuldfrage ermöglicht. Gerechtigkeit ist dann gegeben, wenn für alle Beteiligten Schuld und Sühne angemessen scheinen. Aus heutiger Sicht scheint dies nur dann verwirklicht werden zu können, wenn die Grundbedürfnisse aller Beteiligten befriedigt sind.

Jede Zeit hat und braucht ihre Friedensstifter. Keine Situation gleicht der anderen vollständig. Jeder Friedensstifter steht also vor einer neuen Aufgabe. Wahrscheinlich gibt es Mechanismen, die oft funktionieren. Eine der wichtigsten Voraussetzungen ist die Anerkenntnis von Konflikten. Nur dann kann die Dynamik über ihre Ursachen und Wirkungen besser erforscht werden. Heute neigen Menschen in Europa sehr stark dazu, Konflikte zu verleugnen oder zu verdrängen. Die Frage, ob jemand einen Konflikt hat, wird zum überwiegenden Teil mit „Nein" beantwortet. Oft kommt der Zusatz, dass man natürlich andere Menschen kennt, die Konflikte haben. Sehen sich dieselben Menschen mit der Frage konfrontiert, wie viel Prozent ihrer Zeit sie mit Konflikten verbringen, so ist die Antwort darauf durchaus verblüffend. Kaum jemand nennt hier die Zahl null! Dabei wäre es logisch, wenn jemand keine Konflikte hat, dann braucht er auch keine Zeit dafür aufzuwenden. Allein dieser Gedanke macht das volle Ausmaß klar, welche Chancen heute durch diesen Verdrängungsmechanismus vergeben werden.

Die Konsequenz ist naheliegend. Derjenige, der keine Konflikte hat, braucht sich damit nicht näher auseinanderzusetzen. Erkennt jemand allerdings, dass ihm die durchschnittlichen 30 Prozent der Zeit, die er täglich mit Konflikten zu tun hat, zu viel sind, ist er aktiv gefordert. Dann beginnt die Suche nach dem, was Menschen für die Veränderung brauchen, um sie zu initiieren. Wahrscheinlich finden diese Menschen Weggefährten, die ähnliche Vorstellungen haben. Sicherlich wird es auch solche geben, die alles beim Alten lassen wollen oder einen ganz anderen Wandel anstreben. Durch das konkrete Ansprechen von offenen Bedürfnissen können Lösungen zur Zufriedenheit aller ausverhandelt werden. Es ist für alle Beteiligten notwendig, dies zu tun. Ein bekanntes Zitat von Picasso besagt, dass Inspiration existiert. Diese müsse Menschen aber bei der Arbeit finden. Großartige Ideen entstehen durch die geistige Auseinandersetzung mit einer beabsichtigten Handlung und deren Umsetzung. Das gilt für Maler ebenso wie für Friedensstifter.

Denkt ein Künstler nicht darüber nach, was er auf seinem Bild darstellen will, und versucht er auch nicht, Farbe auf die Leinwand zu bringen, so wird er nichts erschaffen. Stellt der Friedensstifter keine Überlegungen an, wie er Frieden fördern kann, oder setzt er keine Aktionen, so kann er auch keinen Frieden bewirken. Der immerwährende und weltumspannende Friede ist der Traum vieler Menschen. Zu bedenken gilt es dabei, dass immer dort, wo zwei Wesen aufeinandertreffen, automatisch auch Konkurrenz entsteht. Die Konfrontation unterschiedlicher Wünsche erzeugt Rivalität. In ihrem Drang nach Überleben und Entwicklung treten Bedürfnisse auf, die denen anderer widersprechen. Das liegt in der Natur der Sache. Globalisierung, Spezialisierung und Technologisierung verschärfen diese Thematik in der heutigen Zeit. Können Menschen anerkennen, dass Konflikte nicht durch „das Böse" verursacht werden, brauchen sie keine Schuldigen mehr dafür zu suchen. Im Gegenteil, sie müssen dann jenen danken, die Konflikte konkret benennen. Nur in diesem Fall ergibt sich die Chance auf eine zielgerichtete, bedürfnisorientierte Anpassung auf neue Erfordernisse. In unserer Gesellschaft werden „Unfriedensstifter" oft als Kriegstreiber oder notorische Nörgler eingestuft. Dabei hat das Stiften von Unfrieden nicht notwendigerweise mit mangelnder Friedensliebe oder gar Kriegslust zu tun. Jemand, der Wandel einleitet, beabsichtigt damit nicht zwangsweise eine Schädigung anderer, sondern bezweckt möglicherweise sogar eine Verbesserung der Lage einer Gruppe, vielleicht sogar der gesamten Welt. Niemand sollte an der Friedensliebe anderer zweifeln, nur weil dieser eine andere Meinung vertritt. Vielmehr sollte Freude entstehen, dass man etwas Sinnvolles gemeinsam tun kann.

Auch wenn die Realisierung des Traumes vom ewigen Frieden heute schwer vorstellbar ist, so bedeutet das nicht notwendigerweise, dass es dadurch automatisch Krieg gibt. Bereits Sunzi kam zum Schluss, dass jener wahrlich siegt, der nicht kämpft. Ich formuliere diese Aussage nur geringfügig um. Ein Kampf kann – beispielsweise im sportlichen Bereich – durchaus positive Aspekte beinhalten. Er beinhaltet das Training bestimmter Fähigkeiten. Daher steht für mich nicht so sehr im Vordergrund, Kämpfe zu vermeiden. Ich meine, das Ziel von Friedensstiftern sollte es eher sein, Kriege zu vermeiden. Hier haben Menschen die Absicht, andere zu schädigen oder zu verletzen. Kriege können meiner Meinung nach nur dann verhindert werden, wenn vorhandene Konflikte bedürfnisorientiert geregelt werden. Dann braucht man Kriege auch nicht zwangsweise zu verbieten. Sie werden in dem Fall einfach unnötig. Friedenszeiten wechseln sich dann mit Konfliktsituationen ab. Der wahre Sieger wird also jener, der keine Kriege führen muss.

Es liegt in der Entscheidung jedes Einzelnen, wie er sich im Zuge eines Konflikts verhält. Sind zukünftige Helden gute Vermittler und Mediatoren – auch in eigener Sache –, dann gibt es eine gute Chance, gesunde Beziehungen zu gestalten. Kontakte zu anderen müssen Sinn machen. Ist den Menschen klar, dass sie zum Leben und zur eigenen Freude auch die Freude der anderen brauchen, hat der Traum vom lang währenden Frieden eine Chance. Echte Freundschaften zeichnen sich dadurch aus, dass es beiden in ihrer Beziehung zueinander besser geht als jedem allein für sich. Beide gewinnen durch ihre Beziehung zueinander. Je mehr Freunde und je weniger Feinde jemand hat, umso eher kann er auf bewusste Verletzungen und Kränkungen anderer verzichten. Je höher der Anteil der Freundschaften und je geringer der Anteil der Feindschaften an der Gesamtbevölkerung ist, umso eher lässt sich der Traum erfüllen. Mit den Worten von Richard Coudenhove-Kalergi: Solange Tausende an Freundschaft statt Feindschaft glauben und sich dafür einsetzen, ist Frieden Utopie; handeln bereits Millionen nach diesen Prinzipien – wird es zum politischen Auftrag; tatsächlich verwirklicht ist er erst dann, wenn alle Bürger sich dazu bekennen. Die Zukunft der Erde hängt also davon ab, ob die ersten tausend Anhänger die Überzeugungskraft besitzen, um die Utopie von gestern in eine Wirklichkeit von morgen verwandeln zu können.

Ich lade herzlich dazu ein, selbst Friedensstifter zu werden. Sie müssen dabei nicht notwendigerweise die Erlangung des Nobelpreises anstreben. Natürlich sollten Sie das auch nicht von vornherein ausschließen. Es reicht, wenn Sie Ihre eigene Situation analysieren und diesbezügliche Verbesserungsmöglichkeiten entdecken. Gelingt es Ihnen, auch nur einen einzigen Feind zu Ihrem Freund zu machen oder auch nur eine scheinbare Freundschaft in eine wirkliche zu wandeln, dann haben Sie sich diesen Titel bereits verdient. Auch dann, wenn Sie Kooperationen am Arbeitsplatz fördern oder in der Familie harmonischer zusammenleben, sind Sie auf einem guten Weg. Allein der Vorsatz, dass jeder Tag besser sein soll als der vorangegangene, ist bereits ein Wegbereiter. Wenn Sie als Leser Friedensstifter kennen oder möglicherweise selbst einer sind, so haben auch Sie die Chance, Ihren Beitrag zur Verbreitung des Wissens über die Friedensstiftung zu leisten. Wie bereits mehrmals erwähnt, ist die Kunst des Friedensstiftens überwiegend eine verborgene. Das muss nicht so bleiben. Erzählen Sie anderen über Ihre Erfahrungen und Erlebnisse. Vielleicht wollen Sie Ihre eigene Geschichte auch schriftlich festhalten oder Sie finden jemanden, der für Sie Ihre Erlebnisse darstellt. Oder Sie kennen jemanden, dessen friedensstiftende Erfahrungen für andere wertvoll sein können, und kennen Wege, diese in der Öffentlichkeit bekannt zu machen. Durch den Kontakt und den Austausch miteinander können Menschen voneinander lernen und auf dem Wissen anderer aufbauen. Daher liegt es in der Absicht der Autorin, dieses Buch nicht als Einzelwerk zu belassen. Im besten Fall ist es der Beginn einer Reihe über die verborgenen Geheimnisse einzelner Friedensstifterinnen und Friedensstifter. Das Ziel dabei ist, unterschiedliche Vorgehensweisen aufzuzeigen, um eine Auswahl zu ermöglichen. Idealerweise kann auch ich damit andere Menschen motivieren, sich selbst in der Kunst des Friedens zu üben.

Weiterführende Informationen

Aus der vielfältigen Auswahl an Informationen über Frieden und Friedensstifter findet die Autorin folgende Quellen besonders hilfreich:

Plattform inCoop: www.incoop.at

Auf dieser Seite von Elvira Hauska und weiteren Impulsgebern finden Sie weiterführende Details über die in dem Buch präsentierten Friedensstifterinnen und Friedensstifter, hilfreiche Tools, wie beispielsweise das Teamgeistbarometer, sowie laufende Neuigkeiten aus dem Themenbereich.

Informationen über Friedensstifter auf der Online Enzyklopädie Wikipedia – diese Seite hat die Autorin erstellt und ergänzt sie laufend
https://de.wikipedia.org/wiki/Friedensstifter (Vermittler)

Information über Frieden auf der Online Enzyklopädie Wikipedia *https://de.wikipedia.org/wiki/Frieden*

Nigel J. Young (Hg.), *The Oxford International Encyclopedia of Peace*, Oxford University Press, 2010.

Lester Kurtz (Hg.), *Encyclopedia of violence, peace & conflict*, 2. Ausgabe, Elsevier, 2008.

Fritz Pasierbsky, *Krieg und Frieden in der Sprache*, Fischer Taschenbuch Verlag, 1983.

Gerhard Schöpfer (Hg.), *Frieden – eine Utopie?*, Schriftenreihe der Arbeitsgemeinschaft für Wirtschafts- und Sozialgeschichte Graz, 1996. In dieser Ausgabe ist besonders der Beitrag des langjährigen Leiters des Grazer Friedensbüros Karl Kumpfmüller über seine Aktivitäten im Zuge des Bosnienkrieges in den 90er Jahren bemerkenswert.

Informationen rund um die Mediation
Österreichischer Bundesverband für Mediation,
www.oebm.at,
größter österreichischer Mediationsverband

Netzwerk Mediation,
http://www.netzwerk-mediation.at/,
Dachverband österreichischer Mediationsvereine

Experts Group Wirtschaftsmediation,
www.wirtschaftsmediation.cc, Organisationseinheit der Österreichischen Wirtschaftskammer

Informationen und MediatorInnenliste des Bundesministeriums für Justiz,
http://www.mediatorenliste.justiz.gv.at/mediatoren/mediatorenliste.nsf/contentByKey/VSTR-7DYGZB-DE-p

Informationen um den Tag der Mediation,
www.tagdermediation.at

Schweizer Dachverband für Mediation, *www.infomediation.ch*

Bundesverband Mediation in Deutschland, *www.bmev.de*

Die nachfolgenden Quellen lieferten die Basis für die in dem Buch dargestellten Ausführungen. Sie sind nach Kapitel und Themenbereich geordnet.

Einleitung

Hermann Kamp, *Friedensstifter und Vermittler im Mittelalter*, Wissenschaftliche Buchgesellschaft, 2001.

Richard N. Coudenhove-Kalergi, *Pan-Europa*, Pan-Europa-Verlag Wien, 1924.

Carl R. Rogers, *Der neue Mensch*, Klett-Cotta Stuttgart, 8. Auflage, 2007.

**Kapitel 1
Frieden und Wissen**

Fritjof Haft, *Aus der Waagschale der Justitia – eine Reise durch 4000 Jahre Rechtsgeschichte*, Beck im dtv, 4. Auflage, 2009. In dieser Quelle findet sich die hier verwendete Darstellung der Mauerschützen der ehemaligen DDR.

Ábdu'l-Bahá, *Gedanken des Friedens*, Horizonte Verlag Wien.

Offizielle Website der Baháí Gemeinde Österreich: *http://at.bahai.org/*

Website des Festivals Allegro Vivo (gegründet von Bijan Khadem-Missagh): *www.allegro-vivo.at*

Website der Denkwerkstatt GlobArt (initiiert von Bijan und Shirin Khadem-Missagh): *www.globart.at*

Zeitschriftendatenbank der Universität Regensburg: *http://rzblx1.uni-regensburg.de/ezeit/*

Plattform Glücksarchiv des deutschen Psychologen Karl Kreichgauer: *www.gluecksarchiv.de*

Plattform für friedliche Gesellschaften der norwegisch amerikanischen Soziologin Elise Boulding: *http://www.peacefulsocieties.org*

Anselm Eder, *Risikofaktor Einsamkeit – Theorien und Materialien zu einem systemischen Gesundheitsbegriff*, Springer, 1990.

Anselm Eder, *Über das Glück zu zweit und das einsame Unglück, Zeitschrift Ursache und Wirkung, http://www.ursache.at/spiritualitaet/ethik/149-ueber-das-glueck-zu-zweit-und-das-einsame-unglueck-*

**Kapitel 2
Frieden und Sicherheit**

Organisation für Sicherheit und Zusammenarbeit in Europa, *Europäische Sicherheitscharta*, Dokument von Istanbul, 1999, *http://www.osce.org/de/mc/39571?download=true*

Homepage des Global Peace Index, der durch ein internationales Gremium von Wissenschaftlern erstellt wird: *http://www.visionofhumanity.org/*

Website des Konfliktbarometers des Heidelberger
Instituts für Konfliktforschung: *http://hiik.de/index.html*

Sunzi, *Die Kunst des Krieges*, Nikol Verlagsgesellschaft, 2014.

Wolf Schneider, *Den Anfang machten die Menschenrechte*,
GEO Nr. 6/1999, S. 104–122.
Aus dieser Quelle stammt die Beschreibung über
Alexander den Großen.

Plattform Peacemaker der Vereinten Nationen mit unterschiedlichen Mediationstools: *http://peacemaker.un.org/*

Aaron Ralby, *Atlas der Militärgeschichte – Kriege, die die Welt veränderten*, Parragon Books.

Jan C. Jansen, Jürgen Osterhammel,
Dekolonisation, Beck Wissen 2013.
Aus dieser Quelle stammen die Informationen über die Zwangsmigration in Indien nach der Kolonialherrschaft und der Unabhängigkeit Indiens.

Wolfgang Büscher, *Gandhis Erbe*, GEO Nr. 7/1997,
S. 54–76 sowie Nr. 8/1997, S. 106–125.
Aus dieser Quelle stammen die Informationen über weitere Konsequenzen von Gandhis Wirken in Indien.

Offizielle Seite des Österreichischen Bundesheeres:
http://www.bundesheer.at/

Homepage von Oliver Jeschonek, *http://www.c-m-t.at/*

Oliver Jeschonek, *Jetzt platzt mir gleich der Kragen*, Akademiker Verlag 2013. Zusammenfassung des Corporate Identity Projekts beim ÖBH.

Elvira Hauska, Oliver Jeschonek: *Veränderungen gesund managen*, Sichere Arbeit 5/2014
http://www.c-m-t.at/wp-content/uploads/Veränderungen-gesund-und-sicher-managen-Hauska-Jeschonek.pdf

**Kapitel 3
Frieden in Bildung und Erziehung**

Homepage des Bundesministeriums für Bildung und Frauen *https://www.bmbf.gv.at/schulen/unterricht/index.html* Überblick über die Bildungsstandards an den Schulen Österreichs.

Markus Hengstschläger, *Die Durchschnittsfalle – Gene – Talente – Chancen*, Ecowin 2012.

Peer-Mediation in Schulen, Leitfaden, Bundesministerium für Bildung, Wissenschaft und Kultur, 2006.
*https://www.bmbf.gv.at/schulen/unterricht/ba/
peermed06_13866.pdf?4dzgm2*

Homepage der Kinderrechtskonvention der Unicef
https://www.unicef.at/kinderrechte/die-un-kinderrechtskonvention/

Jesper Juul, *Von der Erziehung zur Beziehung*, Abendvortrag von 2009 in Leer, Auditorium Netzwerk, *www.auditorium-netzwerk.de*

Adolf Freiherr von Knigge, *Über den Umgang mit Menschen*, Lichtenberg Verlag, Nachdruck der Ausgabe von 1878.

Kapitel 4
Frieden im Spannungsfeld zwischen Wirtschaft und Sozialem

Stephen Zarlenga, *Der Mythos vom Geld – die Geschichte der Macht*, Conzett Verlag 1999.

Geo Epoche, *Der Kapitalismus – wie ein Wirtschaftssystem die Welt eroberte*, 2014.

Peter F. Drucker, *Management Challenges for the 21st Century*, HarperBusiness, 1999.

Die Presse, *Milliardengrab Hypo – Ein Drama in fünf Akten*, http://diepresse.com/layout/diepresse/files/dossiers/hypo/

Österreichische Pensionsversicherungsanstalt, *Jahresbericht 2013*. Hier finden sich Zahlen und Fakten rund um die Pensionszahlungen in Österreich.

Michael Fuchs, *Die weitere Erwerbsbiographie von Arbeitern und Angestellten, deren Antrag auf Invaliditätspenison abgelehnt wurde*, Soziale Sicherheit, Ausgabe 5 / 2013,

Homepage der Arbeitsassistenz Interwork
http://www.psz.co.at/angebote/berufliche-integration/arbeitsassistenz/

Website von Margit Burger als Teammitglied von Health Skills http://healthandskills.at/index.php/Margit+BURGER

Beethoven Museum in Baden bei Wien
http://www.beethovenhaus-baden.at/
Hier gibt es eine erlebnisorientierte Darstellung der Veränderung von Beethovens Hörverlauf über die Jahre.

**Kapitel 5
Frieden und Gesundheit**

Ingrid Dengg, *Offene Wunden – Gesundheitsreform,* Trend Nr. 2 / 2009, S. 64–71.

Kurt Langbein, *Weißbuch Heilung – wenn die moderne Medizin nichts mehr tun kann,* Ecowin 2014.

Elvira Hauska, Herbert Drexler, *Gesundheitsförderliche Strukturen des Miteinanders,* Sichere Arbeit, Nr. 5 / 2012, http://www.elvira-hauska.at/downloads/Gesundheitsfördernde Strukturen des Miteinanders.pdf

Elvira Hauska, Marie-Christine Pranter, *Krankheitsursache Konflikt,* Sichere Arbeit, Nr. 2 / 2013, http://www.elvira-hauska.at/downloads/Krankheitsursache Konflikt Sichere Arbeit Elvira Hauska Marie Christine Pranter Juni 2013.pdf

Aaron Antonowvsky, *Salutogenese – Zur Entmystifizierung der Gesundheit,* deutsche erweiterte Ausgabe von Alexa Franke, Deutsche Gesellschaft für Verhaltenstherapie, Tübingen 1997.

Plattform Gesundheit, Öffentliches Gesundheitsportal mit der Listung aller Gesundheitsberufe
https://www.gesundheit.gv.at/Portal.Node/ghp/public/ content/gesundheitsberufe-auflistung.html

Michael Wunder, *Die alte und die neue Euthanasiediskussion: Tötung auf wessen Verlangen?,* Vortrag im Rahmen der Wiener Vorlesungen im Rathaus am 7. Mai 2012, Picus Verlag Wien.

Homepage der Pflegemediation,
http://www.pflegemediation.at/

Pflegemediation und ihre Verankerung, News auf der Homepage des ÖBM, 2014,
http://www.oebm.at/aktuelle-news-details/pflegemediation-und-ihre-verankerung.html

Collin et al., *Psychologie,* Dorling Kindersley, London, 2012. Dieser Band fasst Konzepte und Ideen des Status quo psychologischer und psychotherapeutischer Erkenntnisse zusammen. Es fehlt darin eine Darstellung der positiven Psychotherapie. Auch der wissenschaftlich mit Abstand am häufigsten zitierte Artikel zum Thema „Human Needs" von Ryan und Deci wird nicht erwähnt.

Ryan, Deci, *Self-Determination Theory and the Facilitation of Intrinsic Motivation, Social Development and Well Being,* American Psychologist, Vol. 55, No. 1, 2000, S. 68–78. Dieser Artikel ist der im Social Science Citation Index (Jahr 2015) am häufigsten zitierte zum Stichwort „human needs".

Nossrat Peseschkian, *Auf der Suche nach Sinn*, Geist und Psyche, Fischer, 12. Auflage 2003.

Homepage des Weltverbands für Positive Psychotherapie, *http://positum.org/*

Imre Márton Reményi, *Konflikte – ergo sum!*, In: Gerda Mehta/Klaus Rückert (Hg.): Mediation. Instrument der Konfliktregelung und Dienstleistung. Falter Verlag Wien, 2008.

Homepage von Imre Márton Reményi, *http://www.remenyi.at/*

Kapitel 6
Frieden und Medien

Mira Beham, *Kriegsberichterstattung – vom Telegrafen zum Echtzeitkrieg und Internet,* in: Gute Medien – böser Krieg, österreichisches Studienzentrum für Frieden und Konfliktlösung (Hg.), Lit Verlag 2007, S. 39–55.

Cornelia Geißler, *Ich wollte sie alle nur angemessen ohrfeigen,* Sprachkritiker und Autor Wolf Schneider über das Glück und seine Prediger, Berliner Zeitung, 30.6.2007, *http://www.berliner-zeitung.de/archiv/der-sprachkritiker-und-autor-wolf-schneider-ueber-das-glueck-und-seine-prediger--ich-wollte-sie-alle-nur-angemessen-ohrfeigen-,10810590,10487240.html*

Homepage von Nina Krämer-Pölkhofer, *http://www.hopetown.at/*

Kapitel 7
Frieden und Gerechtigkeit

Franz Brandl: *Staatsprozesse,* Verlag Kremayr & Scheria, Wien, 1953. Aus dieser Quelle stammt die Darstellung von der Verurteilung des Sokrates in der Antike.

Fritjof Haft: *Aus der Waagschale der Justitia – Eine Reise durch 4000 Jahre Rechtsgeschichte,* 4. Auflage, Beck im Deutschen Taschenbuchverlag, München, 2009. Der Beitrag zur Alternativen Konfliktbeilegung beschäftigt sich mit dem Entstehen der Mediation als Beruf.

Kramer, Wette (Hg.): *Recht ist, was den Waffen nützt – Justiz und Pazifismus im 20. Jahrhundert,* Aufbau Verlag, Berlin, 2004. Aus dieser Quelle stammen primär die Betrachtungen um das Sonderstrafrecht im Zweiten Weltkrieg.

Gerhard Luf: *Grundfragen der Rechtsphilosophie und Rechtsethik Teil III,* Manz Skriptum, Wien, 2004.

Peter Ziegler: *200 Jahre Friedensrichter im Kanton Zürich, 1803–2003,* Verband der Friedensrichter und Friedensrichterinnen, 2003.

Joseph Duss-von Werdt, *homo mediator – Geschichte und Menschenbild der Mediation,* Klett-Cotta, 2005.

Anusheh Rafi: *Vorstellung von Gerechtigkeit. Montadas Irrtum,* Spektrum der Mediation, Wolfgang Metzner Verlag, Ausgabe 54, 2. Quartal 2014.

Herbert Drexler, Elvira Hauska, *Was ist Mediation?*,
Mediation aktuell, Nr. 2/2014

Homepage von Reinhard Dittrich,
http://www.mcc-dittrich.at/

Kapitel 8
Die Kunst des Friedensstiftens

Morris und Grunenberg (Hg.), *Picasso — Frieden und Freiheit*, DuMont, 2010.

Gusenbauer und Krug (Hg.), *Zeichnen für den Frieden — Die Friedenstaube in der Karikatur*, Werke aus den Landessammlungen Niederösterreich, Bibliothek der Provinz, Ausgabe anlässlich der gleichnamigen Ausstellung 2014–2015 im Karikaturmuseum Krems.

Bildquellennachweis:
S. 18, 40, 65, 69, 112, 130, 152, 174, Bild Taube © Elvira Hauska
(S. 65 nach einer Skizze von Imre Márton Reményi);
S. 194, 200 © Nina Krämer Pölkhofer, www.hopetown.at;
S. 22, 32, 42, 56, 74, 81, 89, 95, 114, 125, 139, 144, 153, 163, 175, 184, 213, 220, 239, 247 © Berndt Exenberger: b.exenberger@web.de;
<http://portfolio.fotocommunity.de/berndt-exenberger>

Bewerten Sie dieses Buch auf unserer Homepage!

www.novumverlag.com

Die Autorin

Die Autorin Elvira Hauska wurde 1966 geboren und arbeitet als selbstständige Mediatorin und Betriebswirtin im Bereich Konfliktmanagement mit Spezialisierung auf Evaluierung, Mediation und Coaching. Sie veröffentlichte und beeinflusste in den letzten fünf Jahren über 50 Texte, Artikel und wissenschaftliche Abhandlungen in einschlägigen Fachmagazinen, Tageszeitungen und Büchern im In- und Ausland. Hauska ist verheiratet und Mutter zweier Kinder. Sie lebt mit ihrer Familie in Baden bei Wien.

„Konflikte sind Teil unseres Lebens. Es geht dabei nicht um die Frage, ob wir *Konflikte* haben oder nicht, sondern vielmehr darum, wie wir sie für unser Leben nützen."

Der Verlag

> *Wer aufhört
> besser zu werden,
> hat aufgehört
> gut zu sein!*

Basierend auf diesem Motto ist es dem novum Verlag ein Anliegen neue Manuskripte aufzuspüren, zu veröffentlichen und deren Autoren langfristig zu fördern. Mittlerweile gilt der 1997 gegründete und mehrfach prämierte Verlag als Spezialist für Neuautoren in Deutschland, Österreich und der Schweiz.

Für jedes neue Manuskript wird innerhalb weniger Wochen eine kostenfreie, unverbindliche Lektorats-Prüfung erstellt.

Weitere Informationen zum Verlag und seinen Büchern finden Sie im Internet unter:

www.novumverlag.com